Günther Schuh, Stephan Krumm, Wolfgang Amann

CHEFSACHE KOMPLEXITÄT

Navigation für Führungskräfte

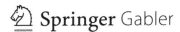

Prof. Dr. Günther Schuh, Aachen, Deutschland
Dr. Stephan Krumm, Aachen, Deutschland
Dr. Wolfgang Amann, Aachen, Deutschland

ISBN 978-3-658-01613-5   ISBN 978-3-658-01614-2 (eBook)
DOI 10.1007/978-3-658-01614-2

Die Deutsche Nationalbibliothek verzeichnet diese Publikation in der Deutschen Nationalbibliografie; detaillierte bibliografische Daten sind im Internet über http://dnb.d-nb.de abrufbar.

Springer Gabler
© Springer Fachmedien Wiesbaden 2013
Das Werk einschließlich aller seiner Teile ist urheberrechtlich geschützt. Jede Verwertung, die nicht ausdrücklich vom Urheberrechtsgesetz zugelassen ist, bedarf der vorherigen Zustimmung des Verlages. Das gilt insbesondere für Vervielfältigungen, Bearbeitungen, Übersetzungen, Mikroverfilmungen und die Einspeicherung und Verarbeitung in elektronischen Systemen.

Die Wiedergabe von Gebrauchsnamen, Handelsnamen, Warenbezeichnungen usw. in diesem Werk berechtigt auch ohne besondere Kennzeichnung nicht zu der Annahme, dass solche Namen im Sinne der Warenzeichen- und Markenschutz-Gesetzgebung als frei zu betrachten wären und daher von jedermann benutzt werden dürften.

Covergestaltung/Innengestaltung/Satz: schönit und freunde, Dreieich
Herstellung: Gabriele Singer
Druck und Bindung: AZ Druck und Datentechnik, Berlin

Gedruckt auf säurefreiem und chlorfrei gebleichtem Papier

Springer Gabler ist eine Marke von Springer DE.
Springer DE ist Teil der Fachverlagsgruppe Springer Science+Business Media
www.springer-gabler.de

Günther Schuh, Stephan Krumm, Wolfgang Amann

CHEFSACHE KOMPLEXITÄT

Navigation für Führungskräfte

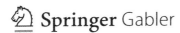

INHALT

INHALT

Vorwort von Prof. Wolfgang Jenewein		6
Vorwort der Autoren		8
Abbildungsverzeichnis, Tabellenverzeichnis		12

1	**VERANTWORTUNG KLÄREN**	14
[1.1]	*Die Notwendigkeit eines Erfolgsrezeptes*	16
[1.2]	*Hochseetauglichkeit von Firmenkapitänen*	22
[1.3]	*Zusammenfassung – Worauf wir zuerst achten müssen*	25

2	**NEUESTES KARTENMATERIAL SICHTEN**	28
[2.1]	*Ein modernes Verständnis von Komplexität*	31
[2.2]	*Der Komplexitätskubus für die Treiber der Komplexität*	38
[2.3]	*Der undifferenzierte Ruf nach Vereinfachung*	53
[2.4]	*Führungs- und Strukturperspektive für Unternehmenskomplexität*	58
[2.5]	*Evolutionsstufen der Komplexitätsführung*	61
[2.6]	*Ansätze der Komplexitätsführung*	64
[2.7]	*Zusammenfassung – Worauf wir zuerst achten müssen*	70

3	**KOMPASS AUSRICHTEN**	72
[3.1]	*Komplexitätsführung und -management im Innovationsprozess*	74
[3.2]	*Die 12 Prinzipien des Lean Innovation aus komplexitätsverändernder Sicht*	79
[3.3]	*Zusammenfassung – Worauf wir zuerst achten müssen*	97

4	**FALLSTRICKE ANTIZIPIEREN**	100
[4.1]	*Wahrnehmungsfallen*	103
[4.2]	*Beschleunigungsfallen*	109
[4.3]	*Energie- und Fokusfallen*	115
[4.4]	*Unternehmenskulturfallen*	119
[4.5]	*Zusammenfassung – Worauf wir zuerst achten müssen*	122

5	**KURS SETZEN**	124
[5.1]	*Ganzheitliche Herangehensweise bei Komplexitätsprojekten*	127
[5.2]	*Der Stellhebel „Einstimmung der Crew"*	127
[5.3]	*Der Stellhebel „Kompetenzaufbau"*	132
[5.4]	*Der Stellhebel „Relokation"*	147
[5.5]	*Die Conditio sine qua non – Moderne Komplexitäts-Governance*	150
[5.6]	*Zusammenfassung – Worauf wir zuerst achten müssen*	166

6	**SINNVOLL BESCHLEUNIGEN**	168
[6.1]	*Entwicklung hin zu Komplexitätslösungen 3. Grades*	170
[6.2]	*Situativ entscheiden – Fallstudie aus der Konsumgüterindustrie*	174
[6.3]	*Zusammenfassung – Worauf wir zuerst achten müssen*	184

7	**AUSBLICK**	186

Über die Autoren	196
Stichwortverzeichnis	198
Literatur	200
Quellenangaben / Erläuterungen / Bildnachweise	204

VORWORT → PROF. WOLFGANG JENEWEIN

„THE 21TH CENTURY IS THE CENTURY OF COMPLEXITY"

STEVEN HAWKING

In Seminaren für Führungskräfte zeigen sich immer wieder aktuelle Herausforderungen, über die Führungskräfte aller Branchen angeregt diskutieren. Das operative und strategische Geschäft ist in letzter Zeit in auffallend vielen Fällen zunehmend komplex geworden und erschwert dadurch eine fokussierte und effektive Führung. Ehemals sichere Märkte sind zunehmend umkämpft und immer neue Produktvarianten sprechen kleinere Marktnischen mit differenzierten Angeboten an. Schon Charles Darwin erkannte, dass nicht die Stärksten oder gar die Intelligentesten einer Spezies diejenigen sind, die langfristig im Vorteil sind. Das Rennen machen jene, die sich am schnellsten an Wandel anpassen können. William Ross Ashby beschreibt sehr treffend, dass nur ein hohes Maß an Vielfalt und Handlungsvarietät Komplexität absorbieren kann. Das heißt, erst wenn eine Führungskraft auf viele Alternativen und möglichst viele verschiedene Ressourcen zugreifen kann, ist für jede komplexe Herausforderung die bestmögliche Antwort erreichbar.

Bedeutet das nun mehr Komplexität als Mittel gegen sich selbst? Nicht unbedingt! Führungskräfte von heute verstehen es, im System für Vielfalt und Geschwindigkeit zu sorgen, ohne unübersichtliche Strukturen und zusätzliche Komplexität zu erzeugen. Ein visionärer Leader treibt den organisationalen Wandel voran, fördert die Kreativität und Ideenvielfalt der Mitarbeiter und regt alle Beteiligten an, eigene Ideen zu entwickeln und persönlich Verantwortung zu übernehmen. Es entsteht ein vernetztes System, in dem alle Teile den Grund ihres Handelns kennen und ihre Rolle selbst mitdefinieren, ja sogar diese Rolle leben. Jeder Mitarbeiter als Teil des Netzwerkes trifft auf der Basis der eigenen Erfahrung selbst eine Entscheidung und fordert auch von Kollegen ein hohes Maß an Einsatz und Verantwortung. Wie in einem dynamischen Schwarm entstehen kollektive Geschwindigkeit und eine hohe interne Variabilität, ohne einem einzigen Organ Planung und Steuerung bis ins letzte Detail abzuverlangen.

In dem vorliegenden Buch „Chefsache Komplexität" wird dieses Thema mit Fokus auf den Mensch als wertvollste Ressource eines modern geführten Unternehmens beleuchtet. Die Autoren erklären eindrucksvoll, wie Komplexität entsteht, welche Risiken und Chancen sich daraus ergeben und welche Ansätze im Komplexitätsmanagement auf welche Weise wirken. Sie geben Entscheidern Prinzipien für Lean Innovation an die Hand, zeigen kritische Erfolgshebel auf und decken in der Praxis weit verbreitete Wahrnehmungsfallen auf. Gerade durch die Kombination aus wissenschaftlich fundierten Erkenntnissen mit praxiserprobten Konzepten entwickelt dieses Buch einen großen Mehrwert, der Führungskräften jeder Branche und Nationalität neue Perspektiven und Möglichkeiten aufzeigen wird.

Wolfgang Jenewein
St. Gallen, im Mai 2013

VORWORT → GÜNTHER SCHUH, STEPHAN KRUMM, WOLFGANG AMANN

VORWORT DER AUTOREN

Seit über 20 Jahren beschäftigen wir uns mit dem Thema Komplexitätsmanagement. Es erschienen dazu eine ganze Reihe von Büchern und Dutzende von Fallstudien. Wir führten zahlreiche Seminare, Schulungen und Beratungsprojekte durch, weil wir von der Notwendigkeit und dem riesigen Potenzial des Komplexitätsmanagements überzeugt sind, aber auch, weil wir kontinuierlich von konkreten Ergebnissen bestätigt wurden. Durch die Finanzkrise stieg das Interesse noch weiter. Es wird immer klarer, wie herausfordernd es doch immer wieder ist, gesteckte Ziele zu erreichen, hoch innovativ zu bleiben oder manchmal auch nur das reine Überleben der Unternehmen zu sichern.

Oft werden wir von Vorständen und Führungskräften auf die Frage angesprochen, was das wirklich Wesentliche beim Komplexitätsmanagement ist. Wir werden gefragt, was denn konkret zu tun sei. Dieses Buch stellt eine erste Antwort auf diese Fragen dar. Es ist reduziert auf das Wesentliche. Es regt zu einer offenen Realitätsüberprüfung an, wie sehr ein Unternehmen und eine bestimmte Führungskraft von Komplexitätsherausforderungen betroffen sind. Wir erklären die in unseren Augen wichtigen Treiber der Komplexität. Wir legen dar, wie sich Komplexitätsmanagement über die Zeit entwickelt hat und in welcher Richtung wir Zukunftspotenzial sehen. Komplexitätsmanagement ist dabei allerdings kein Selbstzweck. Es dient in unserem Verständnis dem Auf- und Ausbau der Innovationskraft des ganzen Unternehmens. Die Notwendigkeit, Komplexitätsmanagement in den Dienst der Innovation zu stellen, beruht auf der Einsicht, dass unsere Firmen hier im Westen einem gnadenlosen „Innovate-or-die"-Spiel ausgesetzt sind. Chefs und Führungskräfte können durch modernes Komplexitätsmanagement die Innovationskraft sichern und fördern. Dieses Buch zeigt dazu hilfreiche Wege, aber auch Fallstricke auf.

Da wir dieses Buch aus der Sicht von Führungskräften und in erster Linie für diese geschrieben haben, kommt dabei den zu leitenden Menschen eine besondere Rolle und ein entsprechendes Gewicht zu. Wir wollen Komplexitätsherausforderungen folglich nicht nur mit IT, modernsten Produktionstechnologien und Kernprozessen adressieren, sondern mit den Menschen im System. Auch sie stellen für uns eine zu priorisierende Anspruchsgruppe dar. Bei ihnen soll es uns nicht nur um maximale Schaffenskraft und beeindruckende Leistungssteigerungen im Sinne eines jährlichen oder sogar monatlichen „Höher, Weiter und Mehr" gehen, sondern auch darum, dass sie sich als aktiver Bestandteil der Lösung fühlen und es tatsächlich sind. Auch ihre Bedürfnisse wollen wir ganzheitlich und in sinnvollem Maße befriedigen und dem entsprechende persönliche Wachstumschancen genauso berücksichtigen wie vielleicht den Wunsch, selbst von der Komplexität nicht überwältigt zu werden. Gegebenenfalls kann es daher zum wirklichen Lackmustest für eine Führungskraft werden, ob die eigenen Leistungsträger im Team freiwillige Loyalität zeigen, also nicht nur bleiben, um z. B. mit mehr Sicherheit den Kredit für das private, kreditfinanzierte Haus abbezahlen zu können. Die Frage stellt sich also, wie unsere Leistungsträger reagieren, wenn sie ein

VORWORT → GÜNTHER SCHUH, STEPHAN KRUMM, WOLFGANG AMANN

Headhunter anruft. Antworten sie dann: „Danke, ich bin hier glücklich und in einer spannenden Herausforderung" oder nicht? Eine wirklich effektive Führungskraft meistert auch diese Aspekte der eigenen Schlüsselrolle!

Danken möchten wir all unseren sehr wertgeschätzten Kolleginnen und Kollegen sowohl auf der Forschungs- wie auch Beratungs- und Schulungsseite für die sehr fruchtbaren Gespräche zum Thema Komplexität und das Feedback zum Manuskript. Ganz besonderer Dank gebührt Herrn Marcus Rennekamp als Senior Consultant sowie Frau Bettina Rennekamp als Marketingleiterin der Schuh & Co. für die tatkräftige Mitarbeit. Die inhaltlichen Diskurse und die Zusammenarbeit an Projekten prägen unseren Fortschritt beim Thema wesentlich.

Günther Schuh, Stephan Krumm und Wolfgang Amann,
Aachen und St. Gallen, im Juni 2013

ABBILDUNGSVERZEICHNIS, TABELLENVERZEICHNIS

ABBILDUNGSVERZEICHNIS

ABBILDUNG 1	Die Schlacht von Salamis	19
ABBILDUNG 2	Kernelemente im Umgang mit Komplexität und Struktur des Buches	23
ABBILDUNG 3	Aspekte eines in die Jahre kommenden versus modernen Komplexitätsverständnisses	33
ABBILDUNG 4	Komplexitätsführungskräfte versus Komplexitätsmanager	39
ABBILDUNG 5	Der Komplexitätskubus zur ersten Situationsanalyse der Komplexitätstreiber	41
ABBILDUNG 6	Ashby versus Luhmann im Umgang mit Komplexität	57
ABBILDUNG 7	Zusammenfassung der drei Ansätze	69
ABBILDUNG 8	Die dominante Rolle des Innovationspotenzials	75
ABBILDUNG 9	Grundparadigmen der Innovation im Zeitverlauf	77
ABBILDUNG 10	Die 12 Prinzipien von Lean Innovation	81
ABBILDUNG 11	Konzept der strategischen Erfolgspositionierung	83
ABBILDUNG 12	Elemente des Produkt-Technologie-Roadmappings	85
ABBILDUNG 13	Notwendigkeit und Vorteilhaftigkeit von mehr Interdependenz	87
ABBILDUNG 14	Prinzip des Lösungsraum-Managements	91
ABBILDUNG 15	Typischer Kreislauf einer Beschleunigungsfalle	113
ABBILDUNG 16	Ganzheitlicher Ansatz bei der Komplexitätsführung	129
ABBILDUNG 17	Grenznutzen und Grenzkosten durch Komplexitätsmanagement	131
ABBILDUNG 18	Vier Arten von Komplexitätskompetenzen	135
ABBILDUNG 19	Verbildlichung der radikalen Innovation	141
ABBILDUNG 20	Entwicklungschancen von Führungskräften und Teammitgliedern	145
ABBILDUNG 21	Rollen von Aufsichtsräten bei der Komplexitäts-Governance	157
ABBILDUNG 22	Wissensstände von Aufsichtsräten	159
ABBILDUNG 23	Strukturierungsmöglichkeiten des Komplexitätsthemas	161
ABBILDUNG 24	Sinnvoll beschleunigen – mit Lösungen 3. Grades	171
ABBILDUNG 25	Marktsegmente mit andersgelagerten Anforderungen	175
ABBILDUNG 26	Schalenmodell im Rahmen des Komplexitätsmanagements	179
ABBILDUNG 27	Interdependenz der Markt- und Produktionssicht	181
ABBILDUNG 28	Reflexionsfragen	193

TABELLENVERZEICHNIS

TABELLE 1	Wahrnehmung bei Komplexitätsherausforderungen	51
TABELLE 2	Perspektiven im Umgang mit dem Thema Komplexität	59
TABELLE 3	Drei Versionen von Komplexitätsführung und -management	63
TABELLE 4	Alternativen in der Komplexitäts-Governance	165

VERANTWORTUNG KLÄREN

Was ist Chefsache? Welche Aufgaben und Verantwortungen gehören dazu? Dieses Buch zum Thema „Chefsache Komplexität" stellt sich zunächst diese Fragen. Denn konsultieren wir den einen Experten, z. B. zum Thema IT, so wird dieser antworten, dass natürlich IT das Fundament eines jeden erfolgreichen Unternehmens sei und es erst wirklich intelligent und steuerbar machte. Befragt man Einkaufsexperten, so pochen diese darauf, dass sich Chefs dem Einkauf widmen mögen, da hier riesige Potenziale schlummerten. Jeder Personalchef schickt sich zudem an, strategischer Partner werden zu wollen, und verlangt nach Aufmerksamkeit und Einbindung. Die Logistikexperten wiederum erinnern gerne an Napoleons Weisheit, dass Strategie etwas für Amateure sei und sich der wahre Experte auf die Logistik fokussiere.

VERANTWORTUNG KLÄREN → 1

DIE NOTWENDIGKEIT EINES ERFOLGSREZEPTES [1.1]

Keiner von diesen zuvor genannten Silo-Experten mit ihrem eingeschränkten Blickfeld hat notwendigerweise Unrecht. Reserven gibt es im ganzen Unternehmen. Verschiedene Bereiche und nicht nur Ideen zur Produkt-Markt-Sicht erklären den Erfolg. Wir wollen in dieser Navigationshilfe für Führungskräfte anders vorgehen und umso mehr den gesunden Menschenverstand ansprechen. Anstelle eines „Sich-im-Detail-Verlieren" fragen wir, was denn wirklich Chefsache ist – oder sein muss! Gibt es gar ein relativ zeitloses Verständnis dessen, was Führungskräfte leisten müssen? Welche Verantwortung sie tatsächlich tragen? Welche Rollenerwartung sie erfüllen müssen? Um dies besser beantworten zu können, wollen wir im Folgenden das Rad der Zeit zurückdrehen. Wir wollen Sie als Leser auf eine Reise ins alte, sonnige Griechenland einladen, und zwar genauer gesagt in das Jahr 480 vor Christus. Es hätte den Griechen damals eigentlich sehr gut gehen können. Viele Künste blühten auf, die Gesellschaft war klar strukturiert und ein jeder fand sich mit der eigenen Rolle ab. Doch damals wie heute kämpfte Griechenland ums Überleben. Genau wie heute stand nichts weniger als der Untergang oder zumindest die Wahrung einer Chance der dauerhaften Rettung Griechenlands auf dem Spiel.

Was war geschehen? Der persische König Xerxes plante im Jahre 480 vor Christus, Griechenland mit einer nie da gewesenen Wucht anzugreifen. Er verfolgte damit zwei Ziele: Zum einen wollte er seinen Vater rächen, der in der Schlacht von Marathon zwei Jahre zuvor empfindlich geschlagen wurde. Noch heute wissen insbesondere viele Langstreckenläufer, dass damals ein Bote ohne Unterbrechung von Marathon nach Athen lief, um voll der Freude diesen außerordentlichen Sieg anzukündigen, nur um dann erschöpft und sterbend zusammenzubrechen. Diese Strecke inspirierte den heutigen Marathonlauf. Die Griechen hätten sich gern länger über ihren historischen Sieg gefreut. Xerxes hingegen war von Rache getrieben. Zum anderen wollte er sein Imperium nach Westen hin ausweiten. Das Vermögen der 32 reichen Städte, in die Griechenland damals grob aufgeteilt war, sollte seine Expansion im Westen finanzieren. Sein Reich sollte von Indien bis nach Gibraltar reichen und den ganzen Mittelmeerraum und Kontinentaleuropa umspannen.

Dafür stellte er eine immense Flotte von über 1.000 Schiffen zusammen.[1] Letztere waren groß und mit Hunderten von Ruderern und Bogenschützen bestückt. Gleichzeitig schickte er 100.000 Fußsoldaten auf ihren Marsch auf Griechenland. Sie näherten sich über die nördliche Seite. Damit sie schneller vorankamen, transportierten die Schiffe ihre Versorgung. Xerxes selbst nahm am Tag der entscheidenden Schlacht auf einem der Sage nach goldenen Thron Platz, von dem aus er die Schlacht gut sehen und genießen konnte. Soweit zumindest der Plan.

Reserven gibt es im ganzen Unternehmen. Verschiedene Bereiche und nicht nur Ideen zur Produkt-Markt-Sicht erklären den Erfolg.

Die Griechen hingegen waren kein auf Expansion oder Krieg ausgerichtetes Volk. Es fehlte ihnen an Einheit. Die 32 Städte konkurrierten untereinander, wer denn die besten Dichter, Philosophen und sonstigen hellen Köpfe hervorbrachte oder wer die schönsten Theater bauen konnte. Es gab keinen die Macht missbrauchenden Herrscher, keine Zentralregierung. Diese Fragmentierung erschwerte zunächst jegliche Koordination. Die Stadtstaaten waren hoffnungslos zerstritten. Eine Person namens Themistokles schien jedoch dieser Aufgabe gewachsen zu sein und vermochte zunehmend, allen zu verdeutlichen, was denn die Folgen eines ausbleibenden reibungslosen Zusammenwirkens wären. Er konnte überzeugend vermitteln, dass ohne gemeinsame Strategie wirklich alles verloren wäre, was den Griechen lieb war. Die Männer würden in der Schlacht untergehen, als Sklaven enden und im nächsten Krieg verheizt werden. Gar nicht auszumalen, was mit den Angehörigen passieren würde. Tempel, Theater, ja ganze griechische Städte würden noch im selben Jahr zerstört werden. Dies vereinte die ansonsten eher separat agierenden griechischen Gruppierungen. Doch alle zu vereinen und gemeinsam an einem Strang zu ziehen, reichte bei Weitem noch nicht aus, um gegen die anrollende Kriegsmaschine zu bestehen. Es bedurfte einer Leitidee bzw. eines funktionierenden Erfolgsrezepts, wenn dies überhaupt möglich war. Die Angst vor dem, was anrollte, hätte lähmen können. Themistokles' Antwort bestand aus folgenden Elementen:

Es bedurfte einer Leitidee bzw. eines funktionierenden Erfolgsrezepts …

- Zunächst sandte er seinen ihm treuen persischen Sklaven zu den Persern. Er sollte vorgeben, Deserteur zu sein, und die Nachricht vermitteln, dass sich die Griechen uneins und somit wirklich leicht zu schlagen seien.

- Er stattete die knapp 400 den Griechen verfügbaren, viel kleineren, aber dafür manövrierfähigeren Schiffe mit Unterwasser-Rammböcken aus.

- Er beschloss, die Schlacht nicht wie sonst üblich zuerst auf offener See stattfinden zu lassen. Dort hätten die persischen Schiffe ihre volle Stärke ausspielen können. Dennoch positionierte er ein paar Schiffe auf offener See, um den Persern gegenüber den Eindruck zu vermitteln, dass die Schlacht wie erwartet auf offener See stattfinden würde, bevor sie dann an Land fortzusetzen wäre. Die riesige persische Flotte ruderte die ganze Nacht durch, um die griechische Flotte neben den vereinzelt aufgefundenen Schiffen zu lokalisieren – ohne Erfolg. Dies ermüdete und verwirrte.

- Bei Tagesanbruch versuchten die übrigen, wenigen auf offener See positionierten griechischen Schiffe, sich hinter der Landzunge von Salamis in Sicherheit zu bringen, wo die restlichen Schiffe bereits warteten, wie in der folgenden *Abbildung 1* dargestellt. Die Perser schluckten den Köder und folgten ihnen. Als Machtbeweis reihten sie sich dicht nebeneinander auf, um frontal anzugreifen und die griechische Flotte zu vernichten.

VERANTWORTUNG KLÄREN → 1

- Zunächst versuchten die Griechen auch, den Eindruck eines Frontalangriffs und -krieges aufrechtzuerhalten. Insbesondere die Spartaner übernahmen diese Rolle. Was wirklich die gewinnende Idee ausmachte war der Gedanke, mit den deutlich wendigeren Schiffen der Griechen von oben im Norden die aufgereihten persischen Schiffe anzugreifen, sie zunächst mit den Rammböcken unter Wasser zu beschädigen und sie so eines nach dem anderen zu versenken. Drei bis fünf kleine, agile Boote, die besser auf den Nahkampf ausgerichtet waren, griffen jeweils ein persisches Riesenschiff an. Diesen fehlte aufgrund des Platzmangels in der Meerenge der Raum für Manöver. Eines nach dem anderen wurde angegriffen und versenkt.

- Schließlich reüssierten die Griechen dabei, das Schiff mit dem Admiral der persischen Flotte zu erobern und diesen auszuschalten. Nun kopflos, wussten die persischen Schiffskapitäne nicht, was zu tun war. Ein paar kämpften weiter, andere wollten fliehen und sich, das Boot und die Mannschaft retten. Die Griechen ließen alle, die fliehen wollten, davonziehen. Denn sie wussten selbst, dass niemand so hart kämpft, der keine Fluchtmöglichkeit sieht.

- Hier kam den Griechen ein gutes Verständnis der Umgebung zugute. Zum einen erschwerte der starke Wind, der aus dem Süden und somit direkt aus ihrer Fluchtrichtung kam, den fliehenden persischen Schiffen, schnell wegzukommen. Panik brach unter ihnen aus. Andererseits war dieser Wind gewöhnlich so stark, dass er die See sehr rau werden ließ. Unzählige Bogenschützen hatten zwar Köcher mit Pfeilen en masse dabei, konnten aber aufgrund des unruhigen Wassers nicht genau zielen und waren somit neutralisiert.

- Ferner konnten viele der persischen Krieger auf dem Schiff nicht schwimmen. Doch Themistokles hatte eine Überraschung für alle diejenigen parat, die es von den sinkenden Schiffen dennoch bis an das rettende Ufer der Landzunge von Salamis schafften. Dort warteten mit Schwertern ausgerüstete Frauen, die sich wiederum zu fünft und mit viel Geschrei auf einen Perser stürzten, wohl wissend, was ihnen und ihren Kindern sowie Gatten im Falle einer Niederlage drohte. Frauen spielten bis dahin in Schlachten kaum eine aktive Rolle. Kriegsführung war Männersache, und es war zusätzlich für die Perser demotivierend zu sehen, wie die, die es zum Ufer schafften, ungewohnt von Soldatinnen dort abgeschlachtet wurden. Mehr und mehr Perser wollten fliehen, was die Griechen zuließen. Im weiteren Verlauf der Schlacht sank die Moral der Perser immer mehr.

- Die Moral schwand auch immer mehr unter den 100.000 Fußsoldaten, die am nördlichen Ufer warteten und nicht mehr rechtzeitig zur Schlacht zu kommen schienen. Die Historiker sind sich dabei nicht einig, was der Hauptgrund für diesen Moralverlust war. Mit den Schiffen sank auch ihr Proviant, und vor Ort für 100.000 keine Nahrung zu finden war verheerend. Andererseits

Hier kam den Griechen ein gutes Verständnis der Umgebung zugute.

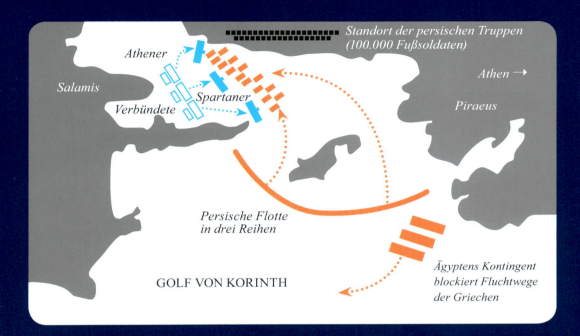

ABBILDUNG 1 | *Die Schlacht von Salamis*[2]

VERANTWORTUNG KLÄREN → 1

dürfte es wohl ebenso demotivierend gewesen sein, zuschauen zu müssen, wie die anderen Perser in der Seeschlacht zerrieben wurden und ertranken. Die Fußsoldaten spielten insgesamt ebenso wenig eine Rolle wie das ägyptische Kontingent, das von Xerxes zur Blockierung möglicher Fluchtwege der Griechen abkommandiert wurde. Ressourcen wurden somit verschwendet.

Was können Führungskräfte von dieser Schlacht lernen, was nun wirklich Chefsache ist? Es ist das richtige Zusammenspiel mehrerer Faktoren.[3] In ihrem Kern finden wir die Gewährleistung eines Erfolgsrezepts, eine der Komplexität gerechten Leitidee und deren minutiöser Umsetzung. Durch Konzentration der eigenen Kräfte auf sie wurde eine größtmögliche Wirkung erzielt. Dies erlaubte, aus einer verzwickten Situation mit gedanklicher Klarheit einen Sieg zu ermöglichen. Dazu analysierte und nutzte Themistokles die Umgebung besser und wusste, wie er Stärken entwickeln und ausspielen konnte. Sein Erfolgsrezept neutralisierte die Stärken der Perser. Die Schlacht war vorbei, bevor die 100.000 persischen Fußsoldaten überhaupt eine Rolle spielen konnten. Tausende von Bogenschützen auf den persischen Schiffen wurden überflüssig, da das Meer viel zu unruhig für ein effektives Zielen war. Die Naturkräfte erschwerten ihre Arbeit zu sehr. Während sich Xerxes auf Hierarchien verlassen wollte, war Themistokles nicht von einem Admiral als Leiter der Flotte abhängig. Jeder erfüllte dezentral seine Rolle.

Themistokles hätte sogar gefangen genommen werden können. Jeder wusste dennoch, was die Prioritäten und richtigen Verhaltensweisen sind. Er musste nicht im Vordergrund stehen. Er ließ sogar die lautstarken Spartaner ihren harten direkten Kampf mit den Persern führen. Themistokles konnte die Interessen, aber auch die Stärken der Spartaner in sein Erfolgsrezept einbauen. Zur Chefsache gehört somit an allererster Stelle, die richtige Motivation zu nutzen und weiter aufzubauen. Dabei muss die gewonnene Aktivierung immer auch in erster Linie den „Mitstreitern", und nicht egozentrierten Anliegen dienen. Auf der griechischen Seite kämpfte jeder mit voller Kraft. Auf Perserseite hingegen gab es Völkergruppen, die zuvor erobert, dann untergeordnet und schließlich zu einer Reihe von weiteren Kriegen gezwungen worden waren. Im Vordergrund stand bei Xerxes Macht- und Expansionsstreben sowie mit der Rache ein seinen Mitstreitern nicht wirklich dienendes Motiv. Man kann durchaus Parallelen zu heutigen Unternehmenskäufen und -zusammenschlüssen ziehen, nach welchen oft die Motivation, Moral und Innovationskraft in der übernommenen Einheit einbrechen.

Neben diesem ersten Punkt der Motiv- und Motivationsklärung ging es bereits vor 2.500 Jahren beim Thema Chefsache um gedankliche Klarheit bezüglich eines Erfolgsrezepts, welches wiederum mit der entsprechenden Motivation ein Gewinnen ermöglicht. Dies galt auch wie in dieser für Europa und die westliche Zivilisation wohl wichtigsten Schlacht aller Zeiten. Denn bei einem Erfolg Xerxes hätten die Griechen bestimmte kulturelle Werte wie grundlegende Versionen von

Was können Führungskräfte von dieser Schlacht lernen, was nun wirklich Chefsache ist? Es ist das richtige Zusammenspiel mehrerer Faktoren.

Zur Chefsache gehört somit an allererster Stelle, die richtige Motivation zu nutzen und weiter aufzubauen.

Individualismus, Demokratieorientierung oder Emanzipation nicht weitergeben können. Die Schlacht von Salamis verdeutlicht auch, dass gedankliche Klarheit bei Erfolgsrezepten selbst in noch so hoffnungsloser Situation möglich und notwendig ist. In diesem Buch fordern und beschreiben wir darüber hinaus einen Meta-Detaillierungsansatz erfolgreicher Lösungen. Dieser beschreibt die Pflicht, gewinnende und gewinnbringende Ideen mit der erforderlichen „Strukturarbeit" und vice versa zu verbinden. Größe, ein relativ blindes Verlassen auf eigene Stärken, ein Vernachlässigen eines Plan B, C oder D sind schwerwiegende Fehler, die auf Perserseite begangen wurden. Die Niederlage war verdient! Auch heute verlässt sich der eine oder andere Chef auf die eigenen Stärken, Unschlagbarkeit und gegebenenfalls beachtliche zur Verfügung stehende Ressourcen der Firma, bis es wie bei Xerxes zu spät ist. Das kann heute wie damals sehr schnell geschehen. In diesem Buch hoffen wir, mehr Einsichten zu ermöglichen, wie solche Leitideen für hinreichend komplexe Situationen entworfen werden können und dabei immer die Motivationsseite berücksichtigt wird. Es geht zwar heutzutage nicht um das biologische Überleben, aber in vielen Firmen um das Wirtschaftliche angesichts immer zahlreicherer „Angriffe" von Wettbewerbern, „Rabattschlachten" mit „Kampfpreisen" in „hart umkämpften" Kundensegmenten und „Verlierern" im Wettbewerb um Positionen, die sich dann vom Feld schleichen müssen.

Wir gehen nun beim dritten einführenden Punkt neben der Motivation (im Dienste der Mitstreiter) und der meta-detaillierten klaren Erfolgsidee auf weitere Aspekte des Rollenverständnisses und der Verantwortung eines Chefs bzw. Kapitäns und Steuermanns eines Schiffs ein. Natürlich ist ein jeder Mitstreiter zum Mitdenken und Aufpassen angeregt. Jedes Crew-Mitglied kann, soll bzw. muss über die jeweils zugeordnete Funktion hinaus auch eine Radarfunktion übernehmen und mitdenken. Chefs und Kapitäne, wenn sie diese Rolle und Verantwortung wirklich tragen wollen, müssen sich ihrer Verantwortung stets bewusst sein, diese vollumfänglich akzeptieren und sich nicht in Gedanken an Ruhm und Ehre – oder Entgelt – verlieren. Es obliegt ihnen, den Gesamtüberblick zu behalten und die Situation jeweils realistisch einzuschätzen. Diese Klärung der Verantwortung ist unser Anliegen im ersten Kapitel. Wir geben Ihnen dazu ein Steuerrad in die Hand, das Sie stets fest im Griff haben müssen, insbesondere wenn Sie mit dem Thema Komplexität nicht stranden, sondern erfolgreiche Ziele erreichen und somit Ihre Daseinsberechtigung sowie das in Sie gesetzte Vertrauen untermauern wollen. Im Folgenden wollen wir einen Realitätscheck durchführen, wie sehr die hohen Erwartungen bereits erfüllt werden.

Es geht zwar heutzutage nicht um das biologische Überleben, aber in vielen Firmen um das Wirtschaftliche angesichts immer zahlreicherer „Angriffe" von Wettbewerbern, „Rabattschlachten" mit „Kampfpreisen" in „hart umkämpften" Kundensegmenten und „Verlierern" im Wettbewerb um Positionen, die sich dann vom Feld schleichen müssen.

Natürlich ist ein jeder Mitstreiter zum Mitdenken und Aufpassen angeregt. Jedes Crew-Mitglied kann, soll bzw. muss über die jeweils zugeordnete Funktion hinaus auch eine Radarfunktion übernehmen und mitdenken.

VERANTWORTUNG KLÄREN → 1

HOCHSEETAUGLICHKEIT VON FIRMENKAPITÄNEN [1.2]

Wie erfolgreich sind Chefs grundsätzlich bei der Gestaltung der Wettbewerbsaktivitäten? Gewinnen sie immer? Wie gut wehren sie im Geschäftsleben Angriffe ab? Wie erfolgreich sind sie beim Inspirieren und Aktivieren? Wie effektiv sind sie beim Ersinnen von Leitideen? Wir erlauben uns im Folgenden einen Realitätscheck:

- 80 % der Unternehmensstrategien werden nicht wie geplant umgesetzt.

- 95 % der wichtigen Innovationen scheitern.

- 80 % der Unternehmen in einer Branche überleben den früher oder später eintretenden Konsolidierungsprozess als unabhängige Spieler nicht.

- Die Lebensdauer von Unternehmen beträgt heute durchschnittlich nur noch 15 Jahre im Vergleich zu 80 Jahren vor 80 Jahren.[4]

- Viele Firmen scheitern im Internationalisierungsprozess. Wenngleich wir im Ausland viele Vorteile vorfinden sollten (z. B. günstigere oder bessere Arbeitskräfte, Kapitalzugang, Märkte und Kunden), so können die wenigsten Firmen auf Dauer diese erwarteten Früchte auch ernten.[5]

- 85 % der Chefs verbringen monatlich weniger als eine Stunde, um mit ihren Teams über Strategie zu reden.[6]

- 90 % der „Weißkragen" lassen entweder ein ausreichendes Maß an Fokus in ihrer Arbeit vermissen oder das Mindestmaß an notwendiger Energie oder beides.[7]

- 95 % der Angestellten kennen die für ihre Ebene relevanten Elemente der Unternehmensstrategie nicht, geschweige denn das große Gesamtbild.[8]

- 67 % der Personal- oder IT-Abteilungen sind nicht auf eine Linie mit der Unternehmensstrategie gebracht.[9] Es herrschen Diskrepanzen zwischen dem, was die linke und die rechte Hand tut.

- 60 % der Firmen verbinden Strategien nicht mit den entsprechenden Budgets. Somit lassen viele Chefs Mitarbeiter, die mit der Strategieumsetzung betraut sind, im Stich und schüren unrealistische Erwartungen.[10]

Wie erfolgreich sind Chefs grundsätzlich bei der Gestaltung der Wettbewerbsaktivitäten? Gewinnen sie immer? Wie gut wehren sie im Geschäftsleben Angriffe ab? Wie gut schaffen sie es, einen Sieg zu ermöglichen?

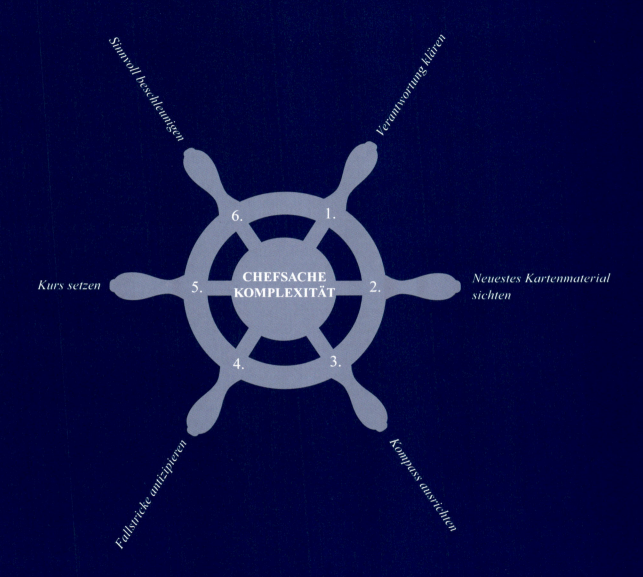

ABBILDUNG 2 | *Kernelemente im Umgang mit Komplexität und Struktur des Buches*

VERANTWORTUNG KLÄREN → 1

- 70 % im mittleren Management haben kein Anreizsystem, das mit der Unternehmensstrategie verknüpft ist.[11]

Während die Taten von Themistokles inspirieren sollten, muss dieser Realitätscheck warnen und wachrütteln. Er soll zu einer offenen und ehrlichen Selbstbeurteilung einladen. Ein Scheitern scheint mehr die Norm zu sein als Erfolg, was auch immer der Grund oder die Ausrede dafür ist. Er muss zu Fragen anregen, wie es z. B. mit obigen Statistiken in unserem Unternehmen steht.

Ein Scheitern scheint mehr die Norm zu sein als Erfolg …

Was Chefs, Führungskräfte und Firmenkapitäne brauchen, ist ein Orientierungsrahmen für die immer weiter wachsenden Herausforderungen, die sowohl die Planung als auch den tatsächlichen Erfolg erschweren. Wie herausfordernd, belastend oder überlastend gegenwärtige Herausforderungen auch sind, Themistokles war mit Sicherheit viel schlimmer dran und ersann Lösungen. Wir sehen insbesondere in einem professionellen, modernen Umgang mit Komplexität enorme Potenziale beim Ausarbeiten von Antworten. Zur (sprach-)bildlichen Unterstützung strukturieren wir diese Themen gemäß den Haltegriffen des in *Abbildung 2* dargestellten Steuerrades.

In der mit dem Steuerrad dargestellten Sequenz bieten wir in diesem Buch verschiedene Übersichten, Konzepte und Werkzeuge an, die wir anhand von Beispielen verdeutlichen. *Kapitel 1* rückt die großen Verantwortungen des Chef-Seins wieder in den Blick und stellt ihnen in einem Realitätscheck Kennzahlen gegenüber. In *Kapitel 2* dieses Buches widmen wir uns dem Thema des Sichtens neuesten Kartenmaterials. Im übertragenen Sinne steht dies für ein „Aufschlauen" bzw. eine Überprüfung der Umgebung und des Weges in das Zielgebiet. Konkreter klären wir, was der neueste Wissensstand bei der Herausforderung Komplexität ist. Wir definieren Komplexität, unterscheiden sie von Kompliziertheit, beschreiben ihre Treiber, führen aus, wie sich das Thema in den einzelnen Evolutionsstufen entwickelt hat und welche wichtigsten Führungsstile es im Umgang mit Komplexität gibt.

Wir definieren Komplexität, unterscheiden sie von Kompliziertheit …

Jedes Steuern, jedes Navigieren, jedes Führen braucht – wie in *Kapitel 3* behandelt – einen wegweisenden Kompass und eine Richtungsbestimmung. Wir fokussieren uns dabei auf die Kernfrage, wie Komplexitätsaspekte für eine Förderung der Innovationskraft genutzt werden können. Diese muss nicht in jeder Situation und zu jedem Zeitpunkt der einzige Kompass sein, er stellt jedoch einen der wichtigsten dar. Denn nach wie vor werden wir in unseren Breiten- und Längengraden nur über Innovation und Mehrwert gewinnen können. Genau wie im alten Griechenland, in der Schlacht von Salamis, sind es die gewinnbringende, neue Idee und makellose Umsetzung, die zählen. Wer sich auf reine Preiskämpfe mit den Herausforderern aus neuen Märkten messen will, wird das Versenken des eigenen Schiffes geradezu provozieren.

Das sich anschließende *Kapitel 4* sensibilisiert für verschiedene Fallstricke. Haben wir wichtige Trends und Einsichten richtig wahrgenommen? Würden weitere, die Komplexität verändernde Projekte die Organisation überlasten? Sind Mitarbeiter genügend energetisiert und fokussiert, um diese Projekte zu stemmen? Verlangen wir viel und mehr, müssen jedoch erst einmal Unternehmenskulturarbeit leisten? Diese sich weit von einem technokratisch-mechanischen Welt- und Unternehmensverständnis wegbewegenden Reflexionsmöglichkeiten sollen die Erfolgswahrscheinlichkeit von Komplexitätsprojekten deutlich erhöhen.

Kapitel 5 führt unsere gedankliche Reise zum Thema Komplexität mit dem Fokusthema „Kurs setzen" und den drei dafür wesentlichen Stellhebeln fort. Es geht nun um die konzeptionelle Gestaltung von Interventionen und großen Veränderungsprojekten. Die Einstimmung der involvierten Personen – vom Aufsichtsrat bis hin zu den Angestellten auf unteren Ebenen –, die Komplexitätskompetenzen und die tatsächlichen Komplexitätsniveaus an verschiedenen Stellen im Unternehmen sollen sich ändern. Als Conditio sine qua non des Erfolges tritt dabei eine moderne Komplexitäts-Governance in den Vordergrund. Wir präsentieren und diskutieren Strukturierungsrahmen.

Kapitel 6 beschäftigt sich mit dem Thema „Sinnvoll beschleunigen". Wie sehr wollen wir nach den Sternen greifen? Wie hoch sind unsere Ansprüche, wenn es um Komplexitätsführung und -management geht? Um sinnvoll zu beschleunigen, müssen wir diese Anspruchsfrage geklärt haben. Das bedingt, dass wir sehr firmenspezifisch und fallabhängig unterwegs sein werden. Jeder Kapitän wird einen eigenen Kurs einzuschlagen haben, da nicht zuletzt Ziele und Umstände anders gelagert sein sollten. Deshalb bieten wir im Anschluss daran nicht mehr Gesetzmäßigkeiten, die über Firmen hinweg gültig sein sollten, sondern einen ganz konkreten Einblick in ein anonymisiertes Praxisbeispiel, das sehr viele unserer Anforderungen erfüllt und im Firmenkontext zeigt. In *Kapitel 7* fassen wir unsere gemeinsame Lernreise zusammen und wagen einen Ausblick anhand dreier Thesen zum Thema Komplexität.

Die Einstimmung der involvierten Personen – vom Aufsichtsrat bis hin zu den Angestellten auf unteren Ebenen –, die Komplexitätskompetenzen und die tatsächlichen Komplexitätsniveaus an verschiedenen Stellen im Unternehmen sollen sich ändern.

ZUSAMMENFASSUNG – WORAUF WIR ZUERST ACHTEN MÜSSEN [1.3]

Unserer Auffassung nach und wie wir in diesem Buch erläutern, ist das Themenfeld Komplexität nicht nur eine Modeerscheinung, eines jener Themen, die für eine kurze Zeit dominierten, dann neben einer ganzen Reihe anderer existierten, bis sie an Attraktivität verlieren, irgendwann in der

VERANTWORTUNG KLÄREN → 1

Bedeutungslosigkeit versinkten, bis später einmal jemand bemerkt, dass da doch einmal etwas war. Seit 20 Jahren beschäftigen wir uns mit diesem Thema. Es wurden dazu weltweit inhaltliche Fortschritte gemacht, die wir in diesem Buch aus Führungskräftesicht und für Führungskräfte illustriert haben.

Das Meistern von Komplexitätsherausforderungen taucht in vielen Bereichen auf, es ist omnipräsent und nicht nur beim erfolgreichen Leiten von Firmen relevant. Das bedeutet im Umkehrschluss, dass wir natürlich auch aus vielen anderen Bereichen Inspiration und Lösungen gewinnen können, was wir auch mit der Schlacht von Salamis verdeutlichen wollten: Selbst in aussichtslosen Situationen von erschlagender Komplexität und Zeitdruck können Lösungen gestrickt werden, die mit jeglicher anfänglichen Komplexität umgehen können. Vielleicht entstehen solche wirklich großartigen Lösungen ja erst, wenn die Bedrohung dementsprechend überwältigend wirkt. Diese Lösungen müssen dabei immer erarbeitet werden – und dies fallabhängig. Das Beispiel der Schlacht definiert aber auch das Anspruchsniveau an Lösungen, welches wir für uns und unsere Crew als Standard etablieren müssen. Alles unterhalb der dargestellten Genialität sollte uns selbst nicht befriedigen bzw. würde vom knallharten, immer eiskalter werdenden Wettbewerb auch nicht geduldet.

Selbst in aussichtslosen Situationen von erschlagender Komplexität und Zeitdruck können Lösungen gestrickt werden, die mit jeglicher anfänglichen Komplexität umgehen können.

Wir haben aber auch zu verdeutlichen versucht, dass ein Gewinnen im heutigen Wirtschaften eher die Ausnahme als die Regel ist. Die meisten Strategien werden nicht umgesetzt. Sie sind ja auch nicht wirklich unter den Mitarbeitern bekannt. Ein Großteil der Innovationen scheitert. Die Mehrheit der Mitarbeiter sind normalerweise nicht genügend fokussiert, energetisiert und somit nicht adäquat geführt, um Schlachten zu gewinnen – und um ein Gewinnen über großes Glück hinaus überhaupt zu verdienen. Einfach nur darauf zu hoffen, dass dem stärksten Wettbewerber die gleichen Fehler unterlaufen und dort Untätigkeit herrscht, stellt keine wirkliche Option dar.

In diesem Buch vertreten wir dabei keinen fatalistischen Ansatz. Mit gezielter Führung und einem professionellen Management von Komplexitätsherausforderungen kann einiges für die Zielerreichung sowie den persönlichen und den Firmenerfolg getan werden. Es geht dabei um den gezielten Auf- und Ausbau von Komplexitätskompetenzen. Damit können obige Misserfolgsmuster durchbrochen werden, die ohne diese besonderen Bemühungen normalerweise eintreffen. Je mehr Kompetenz aufgebaut wird, desto leichter sind die Herausforderungen zu stemmen. Dies ist wie ein intensives, richtiges Training und eine gute Vorbereitung vor einem Wettkampf. Die Vorbereitung kann mit Hilfe des Buches inspiriert, verbessert und beschleunigt werden, denn wir stellen wichtige, moderne Prinzipien vor. *Kapitel 1* beschäftigt sich dabei mit dem ersten von sechs Prinzipien – der Klärung der Verantwortung. Im Folgenden werden die wichtigsten Aussagen zusammengefasst.

WORAUF WIR ZUERST ACHTEN MÜSSEN

① *Die Gesamtverantwortung für den Erfolg im Umgang mit Komplexität und somit der Unternehmung ist nicht delegierbar. Sie ist Chefsache!*

② *Egal wie groß die Herausforderungen in einem Unternehmen sind, sie sind nichts im Vergleich zu denen der Griechen, die es auch geschafft haben.*

③ *Nicht wer grundsätzlich könnte, es aber nicht tut, sondern wer gewinnbringende Ideen ersinnt, sie entsprechend kommuniziert und umsetzt, verdient die Führung wirklich! Der Heldenstatus von Themistokles ist das Ergebnis von Bemühungen, nicht der Anfang.*

④ *Wer keine Firmen- und Komplexitätsstrategie auf dem Niveau von Themistokles hat, hat keine Strategie!*

⑤ *Gute Lösungen motivieren und erlauben ein tatsächliches Gewinnen.*

⑥ *Gewinnen heißt, dass alle Mitstreiter und Crew-Mitglieder gewinnen.*

NEUES KARTENMATERIAL SICHTEN → 2

NEUES KARTEN-
MATERIAL SICHTEN

Oft hören wir am Anfang der Kooperation mit Forschungs- und Projektpartnern doch relativ klar, dass Wirtschaften und Führen heute extrem herausfordernd sind. Sie müssen sich Gedanken machen zu technologischer und produktorientierter Innovation, am besten schon vorgestern Markteintritts- und Penetrationsstrategien ausgearbeitet haben, sich noch mehr um Mitarbeiter kümmern oder mal wieder eine Kostensenkungsrunde einläuten. Es frustriert und wird nicht gerade als fair betrachtet, dass sie zwar individuell für Fortschritt und Ergebnisse verantwortlich gemacht werden, jedoch so viele Faktoren und Menschen in der tatsächlichen Leistungserstellung derart voneinander abhängig sind, dass vieles gar nicht ausreichend unter eigener Kontrolle und umfassendem Einfluss steht. Sachverhalte werden der eigenen Empfindung nach zu komplex, was in mehr oder weniger lauten und deutlichen Hilferufen insbesondere nach Vereinfachung mündet. Eine Vereinfachung kann helfen, doch wie wir in diesem Kapitel ausführen werden, ist dies nur eine Option, die Führungskräfte auf ihrem Radarschirm haben müssen.

NEUES KARTENMATERIAL SICHTEN → 2

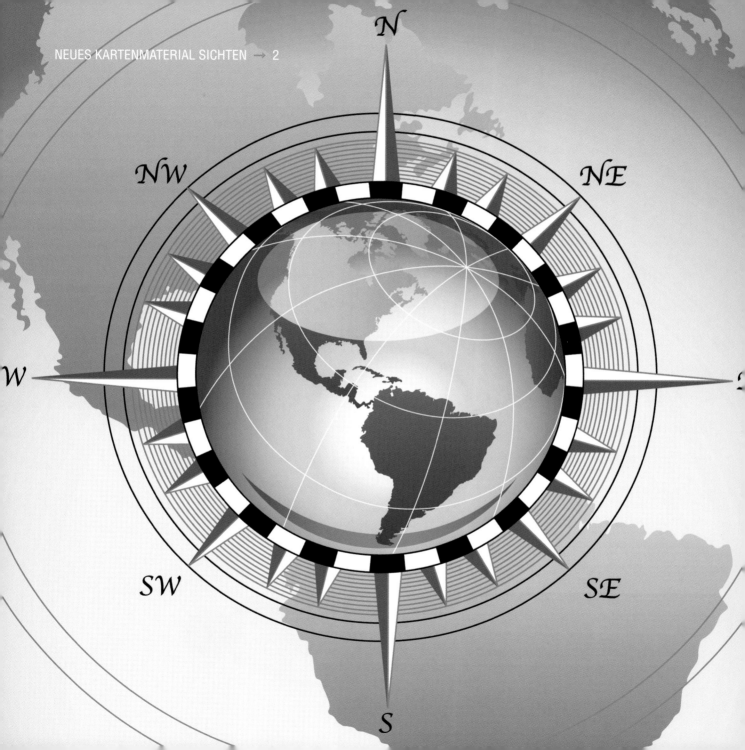

EIN MODERNES VERSTÄNDNIS VON KOMPLEXITÄT [2.1]

Die Herausforderung bis hin zur erreichten oder überschrittenen Überlastungsgrenze ist nicht ungewöhnlich. Manche Führungskräfte geben dies offener zu als andere. Sowohl in der theoretischen als auch praxisnahen Forschung konnten die Experten Orientierungskarten entwickeln und zugänglich machen. Neu ist zwar nicht immer besser, doch in diesem Zusammenhang helfen moderne Überblicke und Orientierungshilfen doch deutlich mehr. In diesem zweiten Kapitel führen wir neueste Grundlagen und darauf aufbauende Gedanken aus. Ein Navigieren durch die kurz- und langfristigen Herausforderungen sollte dadurch deutlich leichter fallen. Führen und Managen wird zielgerichteter und, da wir Erfolgshebel angehen, auch von deutlich mehr Erfolg gekrönt sein.

Komplexität hat eine lange Tradition …

Wenngleich die Orientierungshilfen modern sein müssen, sollten wir uns jedoch auf ein Grundmuster des Wirtschaftens zurückbesinnen. Komplexität hat eine lange Tradition. Dabei spielen sowohl die kontinuierlichen Herausforderungen als auch die Differenzierungsmöglichkeiten schon lange eine wichtige Rolle. Komplexität fordert Führungskräfte also nicht erst in den letzten Jahren der als verstärkt empfundenen Globalisierung heraus. Es wurde jedoch erst in jüngster Zeit die entsprechende Sprache dazu entwickelt und verwendet. Dazu ein Beispiel. Das älteste bekannte Unternehmen, das am längsten am Markt aktiv war, arbeitete mit dem Prinzip des absichtlichen Hinzufügens von mehr Komplexität. Vom Jahre 578 bis 2006 operierte der japanische Tempelhersteller sogar ununterbrochen in Familienhand. Erst 2006 fiel er der eigenen Schuldenlast zum Opfer und operiert nun als nicht mehr unabhängiges Familienunternehmen weiter.[12] Bereits früh entdeckte das Unternehmen, dass „begleitende Dienstleistungen" wie das Anbieten von Übernachtungsmöglichkeiten in Hotelform die Kunden zum ersten Kommen und anschließenden Verweilen motivierte. Sie konnten somit tagelang das Design des zu bauenden Tempels besprechen sowie zur Qualitätsüberprüfung wiederkommen. Auch heute würde Siemens viele Infrastrukturprojekte nicht erfolgreich anbieten können ohne abrundende Dienstleistungen wie Machbarkeitsstudien, Finanzierungsmöglichkeiten bis hin zur Ausbildung und Anleitung der zukünftigen Belegschaft, wenn nicht sogar selbst angeboten wird, Anlagen zu betreiben oder zu warten. Um solche Dienstleistungen auch reibungslos anbieten zu können, wird die Wertkette deutlich komplexer, als dies im Falle der reinen Herstellung einer Anlage der Fall wäre. Ein Mehr an Komplexität war damals wie heute durchaus auch ein Erfolgsfaktor.

Komplexität ist für ein erfolgreiches Wirtschaften somit keine Modeerscheinung. Dennoch haben wir inhaltlich Fortschritte beim Thema erzielen können. Für ein hochmodernes Verständnis von Komplexität kann man unseren neuen Ansatz für Führungskräfte von einem immer mehr in die

Komplexität ist für ein erfolgreiches Wirtschaften somit keine Modeerscheinung.

Jahre kommenden Ansatz unterscheiden. Die folgende *Abbildung 3* fasst dazu fünf Kerndimensionen zusammen und stellt diese Ansätze einander gegenüber. Die sich anschließenden Unterkapitel vertiefen diese Positionierungen und Beurteilungen. Wie jedes moderne Führungskräfte- und Managementbuch verwenden und erklären wir dabei auch ein teilweise neues Vokabular, um bisher nicht oder nur unzureichend bezeichnete Phänomene besser sprachlich greifen und verständlicher machen zu können.

BEGRIFFSDEFINITION

Wir wollen im Folgenden insbesondere die sprachliche Dimension klären. Dabei verwundert es nicht, dass man bei einem für den Erfolg von ganzen Unternehmen sowie jeder Führungskraft so wichtigen Thema mehrere Vorschläge zur Begriffsabgrenzung vorfindet.[13] Insbesondere die St. Galler Schule um Hans Ulrich als Urvater der St. Galler Managementlehre beschäftigte sich früh mit dem Thema, was sich auch auf die heutige Zeit noch auswirkt. Ulrich und Probst[14] definieren Komplexität als eine Systemeigenschaft, deren Grad von der Anzahl der Systemelemente, von der Vielzahl der Beziehungen zwischen diesen Elementen sowie der Anzahl möglicher Systemzustände abhängt. Ulrich[15] erklärt genauer, dass die Komplexität insbesondere die Eigenschaft eines Systems ist, in einer gegebenen Zeitspanne eine große Anzahl von verschiedenen, ja sogar ungeheuer vielen Zuständen annehmen zu können, was deren Verstehen und Beherrschbarkeit erschwert. Damit spezifiziert Ulrich, dass nicht nur die Themen Vielfalt der Elemente und Arten der Beziehungen zwischen ihnen von Bedeutung sind, sondern auch ihre Veränderbarkeit sowie die des ganzen Systems. Hinzu kommt das Element der Interpretierbarkeit.

Dies ist in vollem Einklang mit unserem Komplexitätsverständnis, welches jedoch noch weiter geht und konkreter wird: Komplexität beschreibt die Anzahl und Arten von Zuständen, die ein System haben kann, mit drei wesentlichen Treibern der Komplexität – interdependente Vielfalt, verunsichernde Dynamik und Wahrnehmung, wie es der im nächsten Kapitel folgende Komplexitätskubus darzustellen versucht. Doch zuvor wollen wir Komplexität von Kompliziertheit unterscheiden, auf den besonders subjektiven Charakter von Komplexität eingehen und auch die Semantik zwischen Komplexitätsführung und -management abschließen.

KOMPLIZIERT VERSUS KOMPLEX

An dieser Stelle wollen wir insbesondere den Unterschied zwischen kompliziert und komplex verdeutlichen. Denn ein solides Verständnis der verwandten, aber inhaltslogisch anders positionierten

DER IN DIE JAHRE KOMMENDE ANSATZ		NEUER ANSATZ FÜR FÜHRUNGSKRÄFTE
Reduktionismus Objektivismus Beherrschbarkeit	*Begriffsverständnis:* *Was ist Komplexität?*	Interdisziplinarität Subjektivierung Steuerbarkeit
Isolation der Treiber Verallgemeinerung Exogene Sicht	*Ursache:* *Was treibt Komplexität?*	Treiberbündel und ihre Interdependenz Situativer Konstruktivismus Endogene Sicht und Treiberstrategie
Fatalismus Negative Wirkung Leistungseinbußen	*Wirkung:* *Was sind Folgen der Komplexität?*	Managementeinfluss Fluch und Segen Neue Wettbewerbsarena
„Aufräumen" Produkt-Markt-Sicht Ein-Perioden-Sicht	*Evolutionsstufen:* *Was sind frühe und moderne Stadien?*	„Strategische Waffe" „Total Complexity Management" Mehr-Perioden-Sicht
Kontrolldrang Best Practice Determinismus	*Vorgehensweisen:* *Wie nähert man sich dem Thema?*	Sechs Steuerungsprinzipien Fallabhängiges Lernen und Vorgehen Meta-Detaillierung

ABBILDUNG 3 | *Aspekte eines in die Jahre kommenden versus modernen Komplexitätsverständnisses*

Begriffe ist wichtig für die Bestimmung des Lösungsansatzes. Unter kompliziert verstehen wir, dass Sachverhalte und Zusammenhänge nur relativ schwer zu verstehen sind. Man kann dies am besten mit einem Schweizer Uhrwerk, das von einem Laien betrachtet wird, vergleichen. Es mag mit seiner Vielzahl von kleinen Rädchen auf engstem Raum zuerst nur überwältigen, doch mit viel Fleiß, genauen Studien und Nachforschungen kann man es verstehen. Der große Vorteil dabei ist, selbst nach Stunden, Tagen, Wochen oder Monaten, ja sogar Jahren, ist das Uhrwerk, das man zu studieren angefangen hat, noch dasselbe. Es gibt eine, und nur eine Erklärungsmöglichkeit, was ihr Gesamtzusammenhang ist. Die Teile sind von ihrem Aufbau, Wesen und Wirken her interpretierbar. Man kann es gedanklich in Einzelteile zerlegen und sequenziell studieren. Es ist kompliziert!

Der Begriff komplex hingegen verdeutlicht etwas anderes. Die Diversität im Sinne von Vielfalt der einzelnen Elemente und ihrer Wechselwirkungen sind bereits überwältigend. Diese Interdependenzen erschweren es, ein Problem gemäß der „Salamitechnik" in feine Scheiben zu trennen. Ein Herunterbrechen eines großen Problems in kleine Teile und ein sequenzielles Abarbeiten sind hier der falsche Ansatz. Interdependenzen stellen aber nur eine Hürde dar. Hinzu kommt systeminhärente Ambiguität. Sie allein kann die Interpretierbarkeit aushebeln, und dies noch bevor Dynamik einsetzt und Grundmuster kontinuierlich verändert. Wenn man die Komplexität zu verstehen versucht, kann es also durchaus der Fall sein, dass sich zum Zeitpunkt des Abschlusses der Analyse, der Optionendefinition und -bewertung, der Entscheidung sowie anfänglichen Umsetzung bestimmte Sachverhalte schon derartig weiterentwickelt haben, dass man erneut analysieren müsste und wohl zu etwas anderen Erkenntnissen käme. Bereits der Versuch, komplexe Zusammenhänge wirklich vollumfänglich verstehen zu wollen, vermag anmaßend zu wirken. Neben der eingeschränkten Analysierbarkeit ist auch eine Gestaltbarkeit und somit Beherrschbarkeit eingeschränkt. Wir betonen somit ganz deutlich, dass die auch im Folgenden noch vertiefend dargestellten Treiber der Komplexität schon einzeln schwer zu meistern sind, doch erst recht in ihrer Gesamtheit zu mehr als einer wahren Sisyphusarbeit verkommen können. Sisyphus wusste immerhin, was und wie seine Aufgabe konkret zu tun war.

Kommen wir noch einmal auf die richtige Geisteshaltung zu sprechen. Die Einstellung, Komplexität voll verstehen und beherrschen zu können, ist der erste gravierende Fehler, den eine Führungskraft begehen kann. Dass ein Gehirn allein Komplexität wirklich verstehen kann, stellt in unseren Beobachtungen die Ausnahme dar. Es bedarf eines gewissen Maßes an Offenheit und Diskurs, und weniger eines mönchischen Sich-Einschließens allein. Etwaige politische Versuche, lästige Kontrolle durch Beiräte oder „Dissidenten" auszuschalten, vermögen nicht immer im Interesse der Führungskraft zu sein, wenn man die Qualität der Entscheidungen in den Vordergrund rückt. Wenn es dann über ein Verstehen hinaus um die aktive Gestaltung der Zukunft geht, bedarf es einer deutlichen Portion Bescheidenheit und eines aktiven Tuns, jegliche Art von Selbstgefälligkeit abzustellen.

... ein Schweizer Uhrwerk ...

... ist kompliziert ...

... der Begriff komplex hingegen verdeutlicht etwas anderes.

Neben der eingeschränkten Analysierbarkeit ist auch eine Gestaltbarkeit und somit Beherrschbarkeit eingeschränkt.

Selbst beim Steuern eines Autos, einem Sachverhalt, bei dem wir denken, dass wir eigentlich sehr viel bestimmen können, es viele klare Regeln gibt, jeder Teilnehmer eigentlich Mindestvoraussetzungen erfüllen muss, gibt es Unfälle mit zum Teil tödlichem Ausgang. Selbst bei dem Aufschlag eines Tennisprofis, der gegebenenfalls seit jungen Jahren seinen eigenen Körper und jeden einzelnen Prozess durchtrainiert hat, passieren unbeabsichtigte Fehler. Das heißt, auch Routine, Übung und die Möglichkeit, fast alle Faktoren aktiv ausblenden zu können, sichern keinen Erfolg. In der Unternehmenssituation sind wir von einer ganzen Reihe anderer Menschen abhängig. Wir wissen, dass es bekannte oder latente Interessenskonflikte, politische Spielchen oder Silodenken als Phänomene gibt. Wir wissen uns umgeben von sogar rücksichtslos agierenden Gruppierungen wie z.B. schwarzen Schafen unter den Private-Equity-Investoren oder Wettbewerbern, die mit aller Schläue und Mitteln Kunden abwerben wollen.

Betrachtet man nun nicht alle Unternehmen in ihrer Gesamtheit, sondern nur diejenigen, die sich nicht in einem Turnaround befinden und positiv in die Zukunft schauen, so beobachtet man Folgendes: Nur einer von sieben Vorstandsvorsitzenden, die öffentlich, z. B. in einer Pressekonferenz, profitables Wachstum in den kommenden fünf Jahren ankündigen, liefert auch das angekündigte Ergebnis, wie am Anfang des Buchs in unserem Realitätscheck dargestellt. Also auch die Führungskräfte, die derweil nicht in komplizierten Unternehmenskäufen oder sterbenden Industrien fungieren, folglich optimistisch in die Zukunft schauen und auch öffentlich ein überprüfbares Commitment abzugeben wagen, scheitern zumeist!

Einen anderen Einblick geben Bücher wie „In Search of Excellence" (Peters und Watermann 1987), „Built to Last" (Collins 1997) oder „Good to Great" (Collins 2001). Bereits Ende der 70er und Anfang der 80er Jahre, also zu einer Zeit, in der die Veränderungsgeschwindigkeiten und Ambiguitäten deutlich niedriger waren, dauerte es keine fünf Jahre, bis zwei Drittel der Firmen, die von Peters und Waterman als Vorzeigebeispiele einer wirklichen Exzellenz gefeiert wurden, wahrlich keine Erfolgsbeispiele mehr waren. Die Mehrheit der Firmen, die Vorteile für weiteren Erfolg hätten, ist folglich genauso betroffen von der stetigen Aufgabe sich weiterzuentwickeln.[16] Ähnliches galt auch für die Wertentwicklung der Firmen, die „built to last" und wirklich visionär waren. Diese lieferten in den fünf Jahren nach der Buchveröffentlichung mehrheitlich unterdurchschnittliche Ergebnisse.[17]

Zusammenfassend können wir festhalten, dass Führungskräfte gleich mehrere Probleme meistern müssen:

1. Unternehmen sind per Definition komplexe Systeme und Management von Komplexität wird zur eigentlichen Managementaufgabe.[18] Dabei gilt nach wie vor die Unterscheidung, dass Manager primär im System arbeiten und Führungskräfte am System.

Management von Komplexität wird zur eigentlichen Managementaufgabe.

2. Das System, an dem wir Führungskräfte arbeiten, ist schwer verständlich, schwierig zu steuern und nicht zu 100 % beherrschbar, ob wir es mögen und wahrhaben wollen oder nicht.

3. Bei der Lösung müssen wir darauf achten, dass wir die richtigen Werkzeuge richtig anwenden und Denkfallen kennen und umgehen. Dieses Buch liefert dazu unsere wichtigsten Einsichten und Übersichten.

DIE SUBJEKTIVE NATUR DER KOMPLEXITÄT

Komplexität weist ein hohes Maß an Subjektivität auf. Eine Expertenmeinung soll dies beispielhaft verdeutlichen: „Langfristplanung unter sich schnell und schlagartig verändernden Bedingungen, z. B. aufgrund des Verkommens vieler Produkte zu Massenware oder auch des technologischen Wandels, kann man am besten vergleichen mit dem Schießen auf ein verschwommenes, sich auch noch unfair ruckartig hin und her bewegendes Ziel."[19] Dies hört sich doch ziemlich aktuell an. Es stammt jedoch bereits aus dem Jahre 1942 und stammt vom österreichischen Gesellschaftskritiker und Ökonom Schumpeter. Scheinbar hatte jede Zeit mit ihren Veränderungen zu kämpfen, die jeweils subjektiv in dem jeweiligen Umfeld als mehr oder weniger herausfordernd interpretiert wurden.

Das bedeutet, dass eine Trennung der Beurteilung von Komplexität durch die Komplexitätsmanager zunächst schwierig ist. Die Fähigkeit zur Komplexitätsbewältigung ist stark von den Komplexitätskompetenzen der Akteure abhängig. Daher machen auch viele Messinstrumente, die Komplexität oft auch noch sehr reduktionistisch messen wollen, keinen Sinn. Für eine Firma, die ihr Angebot bereits seit Jahrzehnten in zig Ländern verkauft, dafür ihre internen Prozesse, Strukturen sowie Mitarbeitergruppen angepasst hat, ist ein Auslandsgeschäft nicht unbedingt überwältigend komplex. Für ein bisher nur national agierendes Unternehmen, egal ob jung oder alt, kann die Internationalisierung das Ende bedeuten – oder eine jahrelange Durststrecke mit immer mehr schwindender oder sich sogar ins Negative abwandelnder Rentabilität.[20]

Diese Kontingenzsicht, dass Komplexität primär in Bezug auf mit ihnen verbundene Akteure zu verstehen ist, gilt auch für einzelne Führungskräfte und ihre Entwicklungsaufgaben. Nehmen wir zum Vergleich dazu einen Absolventen der Webster Universität in Genf, der recht oft drei Pässe hat, weil er von Eltern aus unterschiedlichen Ländern abstammt, welche aber meistens nicht die Schweiz mit einschließen. Nehmen wir andererseits dazu den Fall eines lokal aufgewachsenen Absolventen einer typischen deutschen Universität, bei dem Mehrsprachigkeit und

Messinstrumente, die Komplexität sehr reduktionistisch messen wollen, machen keinen Sinn.

das Interkulturelle deutlich weniger ausgeprägt sein mögen. Wer wird von den dispositiven Faktoren her leichter Auslandsprojekte durchdenken können? Auch beim Management konkreter Komplexitätsherausforderungen spielt es eine Rolle, ob die dafür nötigen Fähigkeiten und Erfahrungen vorhanden sind. Letztere sind zweifelsohne anders gelagert, wenn ein Unternehmen in *Situation 1* viele separat aneinandergereihte Projekte ähnlicher Größe zu meistern gelernt hat, in *Situation 2* kleinere Projekte zuerst als Versuchspiloten und zum Üben nutzt, die dann immer mehr zu größeren Herausforderungen mit steigender Komplexität führen und schließlich dann in einem wirklich hochgesteckten Ziel ihren Höhepunkt finden. In *Situation 3* führt es selten große Projekte durch. Routinen dazu werden nicht entwickelt. Teammitglieder sind bis dahin fast zu 100 % ausgetauscht, die Erfahrungen nicht richtig gesichert, aber auch weithin irrelevant, da sich die Aufgaben grundsätzlich ändern. In *Situation 4* hält sich das Unternehmen grundsätzlich vom Thema fern. Da es noch weniger – und wenn, dann sehr ad hoc – Komplexitätsprojekte durchführt, hat man dort in der Zwischenzeit die Erfolgs- und Misserfolgsfaktoren und Erfahrungen komplett vergessen. *Situation 1 und 2* versprechen ungleich höhere Erfolgschancen als *Situation 3 und 4*, wenn nicht besondere Vorkehrungen getroffen werden.

Ein besonders erfolgreiches Beispiel ist die Firma GE. Sie mag vielleicht im übertragenen Sinne als Prototyp einer Perlenkette mit besonders vielen und großen Perlen gelten. Eine entwickelte und von allen beherrschte Routine und klar vorgegebene Richtlinie ist es, in übernommenen Unternehmen erst einmal radikal aufzuräumen und zu vereinfachen. Da dieses Verhalten so grundlegend akzeptiert ist, sprechen alle GE-Vertreter auch ohne Koordination diesbezüglich die gleiche Sprache und bauen einheitliche Erwartungen auf. Was auch immer an Unternehmenskulturen in übernommenen Einheiten besteht, wird durch die GE-Denkart ersetzt. Diese wird nicht nur als überlegen erachtet, sie vereinfacht die Zusammenarbeit, wenn sie universeller eingesetzt wird. Nicht nur Unternehmenskulturanthropologen wissen um die Schwierigkeit, mit dem Thema richtig umzugehen. Daher macht sich eine jahrzehntelang aufgebaute Erfahrung bezahlt. Es lässt sich auch bei der Meta-Herausforderung Komplexitätsmanagement eine Lernkurve feststellen. Entsprechende Lernkurveneffekte, die wirklich großen Erfolg bei bedeutenden Projekten erst im fortgeschrittenen Stadium vorsehen, müssen rasch erzielt werden.

KOMPLEXITÄTSFÜHRUNG VERSUS KOMPLEXITÄTSMANAGEMENT

Weiterhin möchten wir in diesem Grundlagenkapitel die Unterscheidung zwischen Komplexitätsführung und Komplexitätsmanagement treffen. Damit einher geht auch die Differenzierung zwischen einer Komplexitätsführungskraft und einem Komplexitätsmanager. In unserer Semantik und unserem Verständnis des Sachverhaltes beschäftigt sich Komplexitätsführung, und somit auch die

Komplexitätsführungskraft, mit der Arbeit am System. Der Komplexitätsmanager hingegen arbeitet im vorgegebenen System daran, die weiteren Schritte der Komplexitätsstrategien umzusetzen. Er führt aus und setzt um. Die harten Faktoren wie Technologiebeherrschung, Technologieportfoliomanagement, Fachkompetenz und Grundzüge des Managementwissens sowie Erfahrung im Projektmanagement reichen aus. Die Komplexitätsführungskraft hingegen führt andere, wenn es um die Aufgabenerledigung geht. Oft führen die Komplexitätsführungskräfte diejenigen, die wiederum die Komplexitätsmanager führen. Was sich zunächst nach einem völligen Hingeben an Entlastungsstreben und fast schon nach relaxtem Nichtstun anhört, sieht natürlich im Alltag ganz anders aus.

Die Aufgaben und Probleme ändern sich beim Übergang von einem Komplexitätsmanager zur Komplexitätsführungskraft. Somit verschieben sich auch die Anforderungs- und Kompetenzprofile. Im Gegensatz zu Komplexitätsmanagern, können Führungskräfte problemlos 80 % ihrer Zeit mit politischen und zwischenmenschlichen Herausforderungen verbringen. Sie müssen die sozialen Systeme, in die Komplexitätslösungen eingebettet sind, verstehen, Reibungen minimieren und wirkliche Transformation von soziotechnokratischen Systemen bewerkstelligen. Dabei wird es wohl immer verschiedene Gruppierungen geben.[21] Neben denen, die schneller auf Veränderungen reagieren, wird es immer die „passiven Zuschauer" geben, die erst einmal abwarten was passiert. Daneben gibt es die „Traditionalisten", die Veränderungen ablehnend gegenüberstehen. Sie verfügen oft noch nicht über die notwendigen Wissensinhalte und Fähigkeiten für den zukünftigen Weg. Dann gibt es die „Widerstandskämpfer", die aktiv gegen Fortschritte arbeiten. Das Begreifen und Beeinflussen dieses sozialen Sachverhalts nimmt überhand. Das Lesen und Überprüfen von Persönlichkeitsprofilen wird mindestens genauso wichtig wie schnelles Auffassen von technischen Spezifikationen bei Komplexitätsmanagern. Daher fokussieren wir die folgenden Abschnitte auf diejenigen Gebiete, die nichts mit „hartem" Fach- oder Managementwissen zu tun haben, sondern die Gedankenwelt sowie das Fingerspitzengefühl für soziale Aspekte ansprechen.

… beschäftigt sich die Komplexitätsführungskraft mit der Arbeit am System. Der Komplexitätsmanager hingegen arbeitet im vorgegebenen System.

Im Gegensatz zu Komplexitätsmanagern können Führungskräfte problemlos 80 % ihrer Zeit mit politischen und zwischenmenschlichen Herausforderungen verbringen.

DER KOMPLEXITÄTSKUBUS FÜR DIE TREIBER DER KOMPLEXITÄT [2.2]

Jahrelange theoretische und praxisnahe Forschung und Beratungsprojekte erlaubten uns, wichtige Dimensionen der Komplexität zu destillieren. Genauer gesagt brauchen Führungskräfte einen Orientierungsrahmen für die Treiber der Komplexität. Wir haben in diesem Zusammenhang drei wesentliche identifiziert, in *Abbildung 5* verdeutlicht und im Folgenden erklärt.

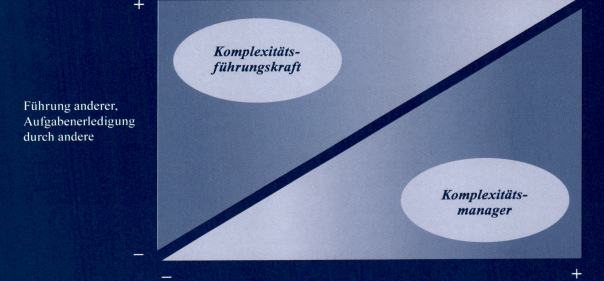

ABBILDUNG 4 | *Komplexitätsführungskräfte versus Komplexitätsmanager*

DIE KOMPLEXITÄTSDIMENSION DER INTERDEPENDENTEN VIELFALT

Beginnen wir zunächst mit der Vielfalt, bevor wir dann Gedanken der Interdependenz hinzufügen. Vielfalt zeigt sich auf vielen Ebenen. Eingangs haben wir bereits den Erfolg bzw. Misserfolg auf der Strategieebene mit Zahlen unterlegt. Die meisten strategischen Unterfangen scheitern kläglich. Bei Letzteren handelt es sich zudem „nur" um klassische eindimensionale Vorhaben. Sie dienen vornehmlich einer den Finanzertrag stärkenden Marktstellung. Ein wirklich modernes Unternehmen muss heute jedoch bereits auf strategischer Ebene auch soziale und umweltorientierte Zwecke erfüllen. Das Zielsystem würde somit im Rahmen einer „Tripple-Bottom-Line-Philosophie" dreidimensional werden. Doch wie sollen Firmen dies erreichen können, wenn nicht einmal die eindimensionale Fokussierung auf die finanziellen Ziele dauerhaft zufriedenstellende Ergebnisse bringt?

Vielfalt zeigt sich heute zudem, wenn sich Firmen immer mehr dem Auslandsgeschäft widmen. Hierbei gilt es, das Thema Globalisierung wirklich verstanden zu haben. Wie unser Kollege Pankaj Ghemawat an der IESE Business School richtig beschreibt, sind wir weit von einer wirklichen Globalisierung entfernt:

- Was Mobilität betrifft, so arbeiten die meisten Menschen nach wie vor in dem Land, in dem sie aufgewachsen sind und auch in den Ruhestand gehen werden.

- Was den Internationalisierungsgrad betrifft, so befinden sich in den 60 % der Fälle, in denen US-amerikanische Unternehmen eine Auslandsniederlassung haben, diese in dem kulturell und geografisch doch recht nahen Kanada. Selbst die im Ausland so beliebten Produkte von BMW und Daimler dürfen nicht darüber hinwegtäuschen, dass das Top-Management nach wie vor sehr inlandsorientiert ist.

Laut Ghemawat sind wir in einer noch ganz anfänglichen Phase der Internationalisierung. Globalisierung ist vielmehr ein nicht hinterfragter, weitgehend unbegründeter Hype als Wirklichkeit.[22] Die Konsequenzen eines internationaleren Agierens führen jedoch bereits in diesem fast noch embryonalen Stadium der Globalisierung zu substanziellen Problemen. Die Herausforderungen der wachsenden Vielfalt zeigen sich sowohl innerhalb als auch außerhalb der Unternehmen. Intern müssen Führungskräfte Antworten auf folgende beispielhafte Fragen erarbeiten und erfolgreich umsetzen:

- Wie schaffen wir eine einheitliche Unternehmenskultur, einschließlich global einheitlicher Verhaltensrichtlinien, wenn die kulturelle Vielfalt der Menschen im System immer größer wird?

Wie unser Kollege Pankaj Ghemawat an der IESE Business School richtig beschreibt, sind wir weit von einer wirklichen Globalisierung entfernt.

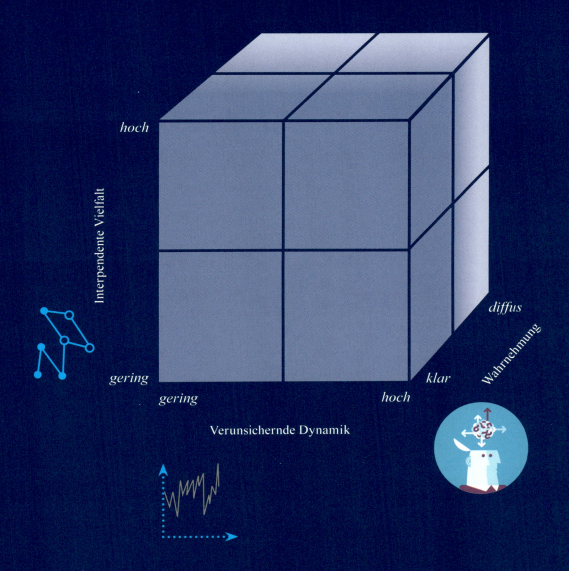

ABBILDUNG 5 | *Der Komplexitätskubus zur ersten Situationsanalyse der Komplexitätstreiber*

- Wie schaffen wir faire Entlohnungssysteme, wenn Löhne und Gehälter in vielen Ländern andere Ausgangsniveaus sowie Veränderungsgeschwindigkeiten zeigen?
- Wie entwickeln und schützen wir Wissen sowie Qualität in Niederlassungen in Ländern, die dahingehend nicht gerade den besten Ruf haben?

Es gibt eine Reihe von Praxisbeispielen, die hierzulande auf Unverständnis stießen. Im Jahre 2012 erlaubte es die Zentrale von Walt Disney den männlichen Angestellten zum ersten Mal seit 45 Jahren, Schnurrbärte zu tragen. Vollbärte oder andere Varianten bleiben hingegen verboten. Noch einen Schritt weiter ging Wal-Mart bei dem versuchten Eingriff in das Privatleben der Mitarbeiter. Die Zentrale außerhalb von Betonville im Bundesstaat Arkansas schrieb allen Mitarbeitern weltweit vor, sie dürften keine Beziehungen mit Kolleginnen und Kollegen anfangen, und auch nicht solche, die „am nächsten Tag zu Müdigkeit am Arbeitsplatz führen". Die Empörung im Ausland ließ nicht lange auf sich warten. Auch nicht in Deutschland, wo 40 % der Beziehungen am Arbeitsplatz beginnen, da dort ein Großteil der Zeit verbracht wird. Da Wal-Mart diesen Verhaltenskodex ohne Einbindung der Betriebsräte verabschiedete und umsetzen wollte, reichten deutsche Kollegen Klage ein, was wiederum die Verwaltung in Amerika verdutzte. Die eigenen Mitarbeiter verklagen ihre Arbeitgeber, sogar mit Erfolg? Kurze Zeit später entschloss Wal-Mart, sich vom deutschen Markt zurückzuziehen. Mehr als eine Milliarde Euro wurden in den Sand gesetzt. Der Vorstandsvorsitzende von Wal-Mart fragte in einer Pressekonferenz ganz erstaunt über die unerwartete Niederlage: „Did you know, the Germans use different pillow sizes than us?" Denn der Vorstandsvorsitzende der weltweit größten Kaufhauskette hatte den Einkauf so zentral organisiert, dass Einkäufer in Amerika das Sortiment in Deutschland ohne jegliche Marktkenntnisse bestimmten. Bis zuletzt verstand es Wal-Mart nicht, ein kritisches Minimum an Marktkenntnis und Marktnähe aufzubauen. Auch in Südkorea verlor Wal-Mart mehr als eine Milliarde US-Dollar, bevor man den Markt wieder verließ. Mögen Richtlinien zu Bärten hierzulande noch etwas Komik in sich bergen, so ändert sich die Wahrnehmung sicherlich bei neunstelligen Summen, die in den Sand gesetzt werden. Märkte können leicht zu viel Vielfalt mit sich bringen. Man sollte meinen, bisheriges Auslandsengagement bringt Erfahrungsvorteile. Doch immer wieder tappen Firmen in die Vielfaltsfalle. Es trifft die besten Firmen und alle Branchen!

Viele Firmen sind in einer Vielzahl verschiedener Länder aktiv. Kontinuierlich muss überprüft werden, ob vorhandene Fähigkeiten im Bereich Komplexitätsmanagement reichen, um solche Erfolge zu sichern. Mit den entsprechenden Fähigkeiten wird „Vielfalt" als erster Komplexitätstreiber in unserem Modell weder zur Gefahr noch zum Verhängnis für Führungskräfte. Man muss nur wissen, wie man mit ihr umzugehen hat.

Kontinuierlich muss überprüft werden, ob vorhandene Fähigkeiten im Bereich Komplexitätsmanagement reichen, um solche Erfolge zu sichern.

Obige Ausführungen zum Thema Vielfalt würden allein schon ausreichen, um Komplexität zu verursachen und zu erklären. Wir fügen jedoch noch einen Aspekt hinzu. Was ist, wenn diese Vielfalt umso mehr von Interdependenzen gekennzeichnet ist? In internationalen Unternehmen sind diese Interdependenzen nicht nur eine Folge externer Gegebenheiten. Führungskräfte sind nicht nur Spielball nicht beeinflussbarer Ereignisse. Interdependenzen werden zum Teil strategisch herbeigeführt. Beim weltweit zweitgrößten Nahrungsmittelkonzern Unilever wird bewusst eine höhere Interdependenz mit Entwicklungsländern hergestellt. Da Letztere rapide wachsen, will Unilever diesen Trend nicht verschlafen. Bisher fuhr das Unternehmen eine sehr „multi-nationale" Strategie, bei der jeder Markt separat zu erobern war. Der Wettbewerb dort wurde als von anderen Märkten unabhängig wahrgenommen. „Landesfürsten" hatten große Entscheidungsspielräume. Dies führte gleichzeitig zu einer schier ausufernden Markenvielfalt, pro Land und insgesamt. Synergien in verschiedenen Funktionen gab es durch diese Dezentralisierung kaum. Zuletzt verstärkte Unilever die gezielte interne Integration, und somit die Interdependenzen im Unternehmen. Hunderte, insgesamt mehr als 75 %, der etablierten Marken verschwanden. Best-Practice-Konzepte wurden umso schneller in andere Länder exportiert. Dabei ging man nicht unbedingt hastig und blind vor. Erfolgskonzepte für den Aufbau von Mikrokreditsystemen und „Bottom-of-the-Pyramid"-Strategien, um auch in den riesigen, ärmeren Schichten Produkte zu vermarkten, wurden schnell geteilt. Selbst sehr dezentral aufgestellte Firmen arbeiten gezielt mit Interdependenzen, die immer gemanagt werden müssen, was zu erheblichem Umdenken und Koordinationsaufwand führt. Interdependente Vielfalt stellt unseren ersten Komplexitätstreiber dar. Im Folgenden gehen wir auf den zweiten Treiber ein.

DIE KOMPLEXITÄTSDIMENSION DER VERUNSICHERNDEN DYNAMIK

Dynamik steht sowohl für eine zunehmende Veränderungsgeschwindigkeit als auch eine Zunahme der Richtungen, in welchen wir Wandel sehen. Dynamik materialisiert sich zum Beispiel in einer deutlichen Verkürzung von Produktlebenszyklen, welche sich in vielen Branchen zuletzt um mehr als die Hälfte reduziert haben. Immer kürzer werden die Möglichkeiten, mit einem Produkt oder einer Dienstleistung die Amortisation der Entwicklungskosten sowie ausreichende Gewinne sicherzustellen. Somit wird Dynamik zum herausforderndsten Komplexitätstreiber. Denn selbst wenn man firmenintern endlich Antworten auf die Frage gefunden hat, wie man mit interdependenter Vielfalt umgehen soll, führt Dynamik zu einem schnellen Veralten der Lösungen. Wir sehen Dynamik nicht nur als Begleiterscheinung von Komplexität an. Dynamik ist Teil eines Grundparadigmas des Wirtschaftens. Die folgenden Gedanken sollen drei große Erfolgsparadigmen von der Nachkriegszeit bis heute skizzieren und erklären, warum Dynamik heutzutage als Thema dominiert. In unserer Übersicht fangen wir jedoch mit dem ersten Paradigma der Nachkriegszeit an. Der enorme Nachfrageüberhang nach den Jahren der Entbehrung und Zerstörung machte die reine

Wir sehen Dynamik nicht nur als Begleiterscheinung von Komplexität an.

Fähigkeit zur Organisation der Produktion zum Erfolgsrezept. Es bestand Bedarf an fast allem. Dieses erste Paradigma der „Produktionsorientierung" erscheint aus heutiger Sicht nicht wirklich problematisch. Unter den damaligen Bedingungen hingegen war das anders. Nach zunehmender Sättigung der Märkte in den 70er und 80er Jahren fand ein fundamentaler Wandel der Marktlogik statt. Viele Märkte verwandelten sich in Käufermärkte mit mehr Anbietern für die zunehmend gesättigte Nachfrage. Unternehmen mussten sich geistig dem Gedanken öffnen, dass sie neue Erfolgsrezepte brauchten. Sie mussten die Fähigkeit entwickeln, Marktforschung zu betreiben und tatsächlich vermehrt auf die Kundenwünsche einzugehen. Die Produktion war längst kein Engpass mehr. Sie wurde nicht mehr als Kernkompetenz angesehen und konnte durchaus ausgelagert werden.

Anfang der 90er Jahre etablierte sich nur vereinzelt, dann aber immer mehr ein weiteres, drittes Paradigma, das die Grundlogik des Wirtschaftens erneut verändern sollte. Die Fähigkeit zur kreativen Zerstörung oder radikalen Innovation verbreitete sich zunehmend. Man denke nur an die enormen Erfolge, die Ryanair und easyJet in Europa feierten. Basierend auf einem bereits in den USA funktionierenden Prinzip wurde die Luftfahrtbranche zwar nicht grundsätzlich ins Museum befördert. Jedoch wurde ein wesentliches Segment neu geschaffen, das der Low Cost Carriers (LCC). Warum muss eine Fluglinie wirklich immer Sitzplätze zuweisen? Warum muss eine Fluglinie immer eine teure IT aufbauen und sich in komplizierten Verfahren in die verschiedenen Buchungssysteme integrieren? Muss man immer teure Flughäfen benutzen oder gäbe es billigere Alternativen? easyJet und Ryanair gingen andere Wege. easyJet benutzte nur einen Flugzeugtyp, was die Ausbildung und das Training der Piloten genauso verbilligte wie die Wartungskosten und Lagerkosten der Ersatzteile. Es wurden nur Punkt-zu-Punkt-Flüge angeboten und keine integrierten Reisen. Die Flugbegleiter wurden gleichzeitig eingesetzt, um die Flieger innen zu reinigen, sodass keine separaten Putzteams auf Abruf bereitstehen müssen. Es wurden keine prestigeträchtigen Verwaltungsgebäude hochgezogen. Selbst zehn Jahre nach Firmengründung sah die Firmenzentrale von easyJet ähnlich klein und unscheinbar aus. Auch ließ sich easyJet nicht von bestimmten Flughäfen wie Zürich unter Druck setzen und enorme Start- und Landegebühren aufzwingen. Man wich einfach auf Basel aus und nutzte, wenn immer möglich, Sekundärflughäfen. Viele der sonst üblichen Verhaltensweisen wurden einfach kreativ ersetzt oder weggelassen. Ryanair war noch eine Spur innovativer und auch profitabler. Es wurde schnell klar, dass man noch so viel Essen auf Flügen verkaufen oder Werbefläche nutzen konnte oder noch so viele Sitzplätze für wenig Geld füllen konnte, man hätte kaum Gewinn gemacht. Arg profitabel konnte ein solches System nicht werden. Radikal innovativ denkend, spielte man zudem ein anderes Spiel. Führungskräfte fokussierten sich auf gute Verhandlungen mit den Flugzeuganbietern und forderten besonders hohe Rabatte, wenn gleich ganze Pakete an Flugzeugen bestellt wurden. Im Gegenzug versprach man, auch langfristig gut zusammenzuarbeiten. Ganz gezielt wurden jedoch die Maschinen, natürlich ohne Weitergabe der Rabatte, an kleinere Leasinggesellschaften weiterverkauft und so einträglich gewirtschaftet. Jahrelang konnte dieses Spiel vor den anderen LCC geheim gehalten werden. Eine kleine Idee hatte große Wirkung, und es geht bei der kreativen Zerstörung durchaus um diese spielverändernden Ideen.

easyJet und Ryanair haben die Industrie bereichert, aber auch teilweise verändert. In anderen Branchen könnten die Veränderungen sogar noch weitergehen. Dies gilt allerdings nur, wenn die Führungskräfte gute Ideen auch dauerhaft erfolgreich umsetzen können. Man denke in diesem Zusammenhang nur an Groupon, das sich im Bereich Online-Impuls-Shopping innerhalb von drei Jahren zu einem 12,5 Milliarden Euro schweren Koloss entwickelt hat. Es bezeichnet sich selbst bereits als Betriebssystem der Wirtschaft, um einen Vergleich mit Microsofts Dominanz bei Computern herzustellen. Angenommen, das Unternehmen meistert die derzeitigen Buchhaltungs- und Risikobewertungsprobleme, so besteht in der Tat enormes Potenzial, das Kaufverhalten zu revolutionieren. Wenn man sich von seinem Computer aus Massagen, Dinner, Spielwaren, Reisen mit teils bis zu 80 % Rabatt sichern kann, wird dieses Segment auf Dauer beachtlich.

Die radikale Innovation geht in anderen Bereichen weiter. Während Nokia immer noch versucht, wieder Anschluss im Mobilfunkmarkt zu finden, arbeiten Firmen wie Google und Apple bereits an neuen Hardware-Lösungen, die neben Internet- und Musikzugang auch die nächste Generation eines mobilen Bankings und „augmented reality" ermöglichen. Auch würde man wohl spätestens die übernächste Generation an „smarten" Geräten nicht mehr in den Händen halten. Dabei werden Business-Modelle von Banken, klassischen Kaufhäusern als Distributionskanal, Verlagen von Stadtführern genauso aggressiv und kreativ angegriffen wie das des klassischen Fernsehens oder der Videotheken.

Gegen diese industrieverändernden Angriffe ist es sehr schwer anzutreten. Ein Preiskampf hilft nicht wirklich, da die Ausgangskosten anders gelagert sind. Die wichtigsten Fragen, die sich Führungskräfte dabei stellen müssen, sind die folgenden: Ist Dynamik immer schlecht und ist sie etwas Fatalistisches, das es sie ohne Gegenwehr oder Reaktionsmöglichkeiten zu akzeptieren gilt? Da es sich in unseren Augen bei der kreativen Zerstörung bzw. der radikalen Innovation um ein derweil anhaltendes Paradigma handelt und die Dynamik sich zudem weiter intensiviert, liegen hier auch Chancen. Die Führungskräfte, die dies verstehen und die entsprechenden Fähigkeiten aufbauen, haben klare Vorteile. Hier gilt es, insbesondere die großen Zusammenhänge und Erfolgsfaktoren über die Zeit zu verstehen, die großen Muster sozusagen. Als Beispiel soll hier die Automobilindustrie gelten. Ähnlich vielen anderen Branchen durchlief sie klar definierte Phasen. Diejenigen, die sich zuerst auf neue Ideen einstellten, gewannen.

Da es sich bei der kreativen Zerstörung um ein anhaltendes Paradigma handelt, liegen hier auch Chancen.

- In *Phase 1* gab es vielerorts wirkliche Pionierleistungen. Dabei ging es noch nicht um Effizienz, sondern um das erstmalige Bauen von funktionstüchtigen Fahrzeugen. Dies bedarf geistiger Offenheit für Neues. Hieb- und stichfeste Marktanalysen sind nur schwer zu erstellen. Nicht immer kann man die Kunden befragen. Henry Ford erwähnte in diesem Zusammenhang: „Wenn ich die Menschen gefragt hätte, was sie wollen, hätten sie gesagt: schnellere Pferde."

- In *Phase 2* schloss sich in einer Phase der Effizienzsteigerung eine komplett neue Logik an. Hier wurden nicht unbedingt die Angebote komplexer, sondern eher die Herstellungs- oder Abwicklungsverfahren. Auch hier spielte Ford mit seinem nur in schwarz erhältlichen Modell T, das erstmalig Fließbandproduktion verwendete, eine gewichtige Rolle. Enorme Effizienzsprünge waren die Folge.

- In *Phase 3* wurde erneut mit der vorherrschenden Industrielogik gebrochen. Es bildeten sich gemäß dem Leitgedanken der Differenzierung zunehmend neue Anbieter heraus. Die „value proposition" wurde wiederum etwas komplexer, zugunsten der Effizienz in Produktionsprozessen. Alfred Sloan stach Ford problemlos mit Autos aus, die andere Farben boten.

- In *Phase 4* veränderte sich die Industrielogik erneut. Diesmal waren es die Japaner, die mit Prozessmanagement und -qualität sowie mit damit einhergehenden niedrigeren Kosten aufwarteten.

- In *Phase 5* wiederum wurden neue Erfolgssysteme entwickelt, die alles zuvor Existierende verdrängten. Bis heute geht es um eine immer weitreichendere Modularisierung. Zulieferer sollten am besten gleich ganze Module liefern. Das dadurch umso wichtiger werdende Schnittstellenmanagement ist eine Schlüsselvoraussetzung für diese Phase.

Es ist klar, dass auch diese Phase nicht ewig anhalten wird. Es wird Neues geben. Die deutlich größere Fähigkeit von Automobilen, Informationen zu verarbeiten – bis hin zur Selbststeuerung –, ist ein Trend, der sich immer mehr abzeichnet. Andere Möglichkeiten, wie die Lösung der Verkehrsprobleme, die durch die Organisation des Verkehrs in zweidimensionalen Ebenen entstehen (Stau, Geschwindigkeitsbegrenzungen), muten etwas futuristischer an. Klar ist jedoch, dass ein Mehr an Autos insbesondere im urbanen Gebiet an Grenzen stoßen wird. Andere Ansätze, die im dreidimensionalen Raum das Bedürfnis „Mobilität" angehen, lassen noch auf sich warten. Technische Ansätze, Fahrzeuge senkrecht starten und in bestimmten Korridoren fliegen zu lassen, sind angedacht und Anbieter wie skycar.com werden bald reifere Prototypen liefern und somit neue Dynamik für die Branche generieren. Dynamik bietet daher enorme Marktchancen, dies erst recht, wenn man es versteht, Dynamik als Problem für andere Anbieter zu verursachen.

Bei der ersten Komplexitätsdimension der interdependenten Vielfalt war es die Kombination aus Interdependenz und Vielfalt, die Komplexität besonders herausfordernd macht. In Bezug auf Dynamik ist es der Faktor Verunsicherung. Letztere allein ist heute in vielen Branchen bereits schon für sich ein Problem. Sie stammt von der zunehmenden Mehrdeutigkeit wie im Folgenden näher beschrieben. Sie beschäftigt sich mit dem Problem, dass Ursache-Wirkungs-Beziehungen diffuser werden. Was sind die wirklichen Stellhebel für unseren Erfolg? Sind wir profitabel wegen unseres Marktanteils oder führt Profitabilität zu einem höheren Marktanteil? Sind wir innovativ aufgrund unserer Profitabilität? Erlaubt uns erst eine gestiegene Profitabilität mehr Innovation? Diese Ursache-Wirkungs-Beziehungen sind nicht eindeutig interpretierbar. Es gibt nicht immer nur eine objektive Wirklichkeit. Hinzu kommt die übliche „Silo"-Sichtweise, dass jeder Leiter einer Funktion die seinige als die wichtigste ansieht. Auch zeitliche Verzögerungseffekte sind zu erkennen, da der jetzige Erfolg oft auf lange in der Vergangenheit zurückliegenden Entscheidungen beruht. Ferner sind jetzige Entscheidungen von ihrer Wirkung her nicht immer klar einschätzbar, da ja Wettbewerber Reaktionen zeigen werden. Selbst grandiose Ideen, die intern alle überzeugen könnten, müssen externen Erfolg nicht spielend sichern. Sie setzen nur die Messlatte für Wettbewerber, um noch bessere Ideen zu entwickeln.

Auch ohne Versuche, das eigene Unternehmen, Wettbewerber oder ganze Märkte richtig steuern zu wollen, bleibt bereits die richtige Interpretation der Realität problematisch, was das folgende Beispiel von Shell verdeutlicht. Shell hat die Szenario-Technik als Werkzeug für Führungskräfte, insbesondere für die Strategen, perfektioniert. Shell hat seit 25 Jahren das größte und teuerste interne Expertenteam, um regelmäßig Szenarien zur Antizipation der Zukunft zu entwickeln. Alle fünf Jahre, so der traditionelle Rhythmus, werden detaillierte, in sich kohärente Bilder entwickelt, die sowohl Shell als auch einer ganzen Reihe anderer namhafter Unternehmen als Orientierung für die Planung dienen. Das Jahr 2001 stellte einen Wendepunkt für dieses Managementwerkzeug dar. Nach Ablauf von fünf Jahren waren damals die nächsten Szenarien fällig. Stolz präsentierten die Direktoren der Szenario-Abteilung, dass sich die Zukunft der Globalisierung im Wesentlichen in zwei Richtungen entwickeln würde. Dies wurde mit einem „TINA"-Spruch untermauert – There Is No Alternative:[23]

- Im „Business Class"-Szenario wird sich die ökonomische, politische und kulturelle Integration kontinuierlich fortsetzen. Wir sehen zunehmend eine Anglo-Saxonisierung des Wirtschaftsstils sowie des Sprachgebrauchs. Da wir integrierte Wirtschaftsräume schaffen, verlieren Nationalstaaten immer mehr an Bedeutung. Macht wandert von deren Regierungen hin zu immer größeren Unternehmen. Die Liberalisierung schreitet voran. Das Leben wird immer effektiver und effizienter durchorganisiert. Die Produktwelten gleichen sich weltweit an.

Bei der ersten Komplexitätsdimension der interdependenten Vielfalt war es die besondere Kombination aus Interdependenz und Vielfalt, die Komplexität besonders herausfordernd macht.

- Im „Prisma"-Szenario behalten Nationalstaaten und deren Regierungen ihre Bedeutung. Auch Familie, Religion, Kultur bleiben deutlich stärker erhalten. Länder oder Regionen entwickeln sich parallel, aber in deren Einschätzung nicht unbedingt schlechter. Produkte müssen lokaleren Charakter haben. Auch die Managementausbildung bleibt lokaler – ein für ein Land bisher relevanter Abschluss und die während des Studiums geknüpften Kontakte bleiben wichtiger als ein MBA, der lokal kaum kulturkompatibel wirkt.

Unser Anliegen an dieser Stelle ist es weniger, über die Zukunft der Globalisierung zu spekulieren, oder darüber, welches Szenario in welcher extremen Ausprägung wahrscheinlicher oder beliebter ist. Wir deuten umso mehr darauf hin, dass sich das teuerste und erfahrenste Szenario-Team bereits kurzfristig in doppelter Hinsicht geirrt hatte. Die Anschläge vom 11. September kamen in ihnen nicht vor. Sie stehen stellvertretend für Terrorismus, Sicherheitsprobleme, aber auch für einen gewissen Kulturkampf sowie ein Ringen um Bodenschätze und den Zugang zu Märkten. Die Befriedung des Mittleren Ostens sowie das Managen der damit einhergehenden Risiken werden lange Zeit brauchen. Das zweite Ereignis, das die Szenarienexperten von Shell nicht kommen sahen, waren die Governance-Skandale, die sich weltweit aufgrund zu hohen Drucks der Investoren kombiniert mit mangelnder Managerethik in bestimmten Firmen ereigneten. Diese Skandale zerstörten in verschiedensten Ländern das Vertrauen, das die Gesellschaft in ihre Firmen hatte. Nur kurz darauf sorgte die Finanzkrise für verstärkten Frust insbesondere auf Finanzfirmen, der sich auf verschiedenste Arten zeigte. Dies schließt „Occupy"-Bewegungen und Straßenschlachten mit ein. Zusammen mit der geplatzten E-Business-Spekulationsblase vor zwölf Jahren mussten wir mindestens drei große Krisen durchleben. Wenn selbst die besten Experten nicht nur eine, sondern zwei wesentliche Entwicklungen nicht ahnen und sich gezwungen sehen, diese dann in schnell überarbeitete Szenarien einzuarbeiten, sagt das viel über unsere Umwelt aus. Ein eindeutiges Verstehen, Planbarkeit sowie Beherrschbarkeit gehören der Vergangenheit an.

… das teuerste und erfahrenste Szenario-Team hat sich bereits kurzfristig in doppelter Hinsicht geirrt.

Hat Ambiguität immer nur Nachteile? Wie bei den anderen Komplexitätstreibern nutzen viele Unternehmen diese auch gezielt aus. Die Beispiele gehen über Google hinaus:

- Versicherungskonzerne wissen, dass kein Laie heutzutage mehr Versicherungen valide vergleichen kann. Die Risikofunktionen und Erwartungswerte in einzelnen Schadens- oder Wertentwicklungsfällen sind dem Privatkunden gänzlich unbekannt, versteckte Gebühren ebenso.

- Telekommunikationsunternehmen sind in dieser Hinsicht nicht anders. Auch hier zahlen 90 % der Durchschnittskunden merklich mehr als sie bei Vertragsabschluss erwartet hätten.

Hat Ambiguität immer nur Nachteile?

- In der Banken- und Investmentbranche sprießen derweil als nachhaltig bezeichnete Investmentfonds wie Pilze aus dem Boden. Die Berechnungs- und Auswahlmethoden sind dabei bewusst irreführend. So werden nur Firmen in das Portfolio aufgenommen, die „best in class" oder Branchenführer sind. Dabei sind jedoch auch die am wenigsten nachhaltigen Branchen vertreten. Boeing ist beispielsweise nach fundierten Analysen nachhaltiger als Airbus und somit in verschiedene Indizes und Fonds mit aufgenommen worden. Dass das Unternehmen deutlich hinter den eigenen Möglichkeiten bleibt, wird verschwiegen. Auch die Investmentfirma Goldman Sachs verkaufte Anlageprodukte und wettete dann ganz gezielt gegen eigene Kunden. In anderen Fällen werden den Kunden nur solche Produkte angeboten, die für die Firma selbst als uninteressant und kaum renditebringend gelten. In internen E-Mails macht man sich dann auch noch über die Kunden lustig, die so dumm sind, Goldman Sachs blind zu vertrauen.[24]

- Auch in der Automobilindustrie wird die Hälfte des Umsatzes nach dem Zeitpunkt des Automobilverkaufs getätigt. Deutlich höher ist der Prozentsatz beim Gewinn. Ein anderes Beispiel sind E-Autos in allen technischen Varianten. Es wird vermieden, komplette Informationstransparenz herzustellen. Auch wird der „Otto Normalverbraucher" kaum den technischen Fortschritt und somit den Werterhalt bzw. -zerfall beim Wiederverkaufswert einschätzen können. Es wird nicht kommuniziert, ob und in welchem Maße die Herstellung, der Gebrauch und das Recycling dieser neuen, umweltverträglicheren Automobile wirklich eine nachhaltigere Alternative darstellen.

- Die Lebensmittelindustrie hat zusätzlich ein paar schwarze Schafe unter sich. Das Unternehmen Ferrero wurde für irreführende Werbung und bewusst falsche Etikettierung des Produktes „Nutella" zu einer Millionenstrafe verurteilt. Jüngere Konsumenten der „Milchschnitte" weisen nach Verzehr sogar einen messbaren Blutalkoholspiegel aus. Ersatzkäse, Klebefleisch, natürlicher Geschmack – die Liste scheint endlos. Auch mit Verpackungen wird gespielt. Ohne Ankündigungen werden bei gleicher Verpackung 10 % bis 20 % einfach weggelassen. In zahlreichen Fällen wird auch bis zu 70 % mehr Verpackung eingesetzt als eigentlich notwendig ist. Kunden zahlen für Luft bzw. halbleere Verpackungen. Vergleiche werden absichtlich erschwert. Dies schließt Familienunternehmen bewusst mit ein. Wenngleich diese als nachhaltiger und ehrlicher gelten, nutzen auch hier viele Konzepte der Mehrdeutigkeit aus. Der Kunde ist sich dieser Tatsachen nicht bewusst. Die Firma schlägt Kapital aus Wissenslücken. Mehrdeutigkeit wird bewusst aufrechterhalten.

Zusammenfassend kann die verunsichernde Ambiguität besonders drastische Planungs- und Entscheidungsschwierigkeiten mit sich bringen. Wenn Sachverhalte mehrdeutig sind, sich zudem schneller verändern und dadurch noch mehr Verunsicherung begründet wird, kann man umso mehr von Komplexität sprechen. Es gibt im Gesamtbild der Komplexität jedoch noch eine dritte Dimension, die wir im Folgenden besprechen.

DIE KOMPLEXITÄTSDIMENSION DER WAHRNEHMUNG

Die beiden erstgenannten Komplexitätsdimensionen der interdependenten Vielfalt und verunsichernden Dynamik würden an sich schon ausreichen, um Komplexität im Wirken einer Führungskraft in absoluter Sicht zu beschreiben. Wie zuvor ausgeführt, ist Komplexität jedoch etwas sehr Subjektives. Diese beiden ersten Dimensionen verkörpern zu stemmende Gewichte, die an sich schwer sein können. Jedoch wird die zu bewerkstelligende Aufgabe und Herausforderung erst im Vergleich zur Leistungsfähigkeit des Gewichthebers oder Sportlers richtig einschätzbar. Denn was wäre, wenn sich die involvierten Komplexitätsführungskräfte und -manager extrem erfahren, besonders gut ausgebildet, ausgeruht und gleichzeitig energetisiert sowie hochmotiviert auf eine Komplexitätsherausforderung stürzten? Dies auch noch, ohne parallel dazu mit irgendwelchen anderen Projekten belastet zu sein, zudem noch frei von nennenswerten Konflikten im heterogen zusammengesetzten Team und persönlichen Problemen? Gibt man ihnen zudem ein klares Mandat und weitere benötigte Ressourcen, dann kann man die Erfolgswahrscheinlichkeit deutlich nach oben schrauben.

… ist Komplexität etwas sehr Subjektives.

Wir zielen mit dieser Dimension der Wahrnehmung auf genau diese Leistungsfähigkeit auch im Sinne einer kognitiven Absorptionsfähigkeit bei der Komplexität ab. Für erfolgreiche, erfahrene Führungskräfte sind viele der Komplexitätsherausforderungen nur halb so schlimm. Die Führungskraft sieht die Grundmuster, die wichtigsten Komplexitätstreiber, mögliche Stoßrichtungen des Komplexitätsmanagements klar und kann sowohl Umsetzungsherausforderungen sowie mögliche Antworten darauf antizipieren. Auch eine Führungskraft, die zuvor Produkte in zig Ländern betreute, kann eine solche Aufgabe weiterhin relativ leicht bewältigen. Ein unerfahrener MBA-Absolvent hingegen wird gegebenenfalls mit schlaflosen Nächten zu kämpfen haben. Seine Wahrnehmung könnte diffuser sein, die Anzahl der Konflikte und Problemchen, die er parallel verarbeiten kann, wird geringer sein. Wahrnehmung ist somit ein Komposit bzw. ein Vektor aus denjenigen Faktoren, die die absorptive Kapazität für Komplexitätstreiber und -herausforderungen drastisch erhöhen.

Wir wollen diesen Gedanken noch etwas weiter vertiefen, denn es gibt durchaus auch die Menschengruppe, die fälschlicherweise annimmt, sie sähe klar, obwohl dem nicht so ist. Wir müssen also verschiedene Stufen der Wahrnehmungsfähigkeit und -akkuratheit unterscheiden[25] (s. Tab. 1):

Wir müssen also verschiedene Stufen der Wahrnehmungsfähigkeit und -akkuratheit unterscheiden.

1. Stufe – ignorant: Vertreter dieser Stufe wissen entweder bewusst oder unbewusst nichts über das Thema Komplexität. Sie nehmen Komplexität in all ihren Formen nicht wahr oder verleugnen sie. Falls dann Ziele nicht erreicht werden, ist das Umfeld schuld. Wenn Dinge schiefgehen, schiebt man das auf den Chef, die Kollegen, die Kunden oder einfach das Pech. Auch wird Weiterbildung

STUFE MERKMAL	STUFE 1 Ignorant	STUFE 2 Sozialisiert	STUFE 3 Informiert	STUFE 4 Differenziert und innovierend
Häufigkeit im Unternehmen	Geringer	Sehr hoch	Niedriger	Selten
Niveau und Umfang des Komplexitätswissens	Minimal	Gering	Hoch	Expertenlevel
Rolle der Filter	Vernachlässigt	Latent dominierend	Bekannt	Selbst bestimmbar
Rolle im Team	Randfigur	Mitläufer	Diplomatische Arbeitskraft	Meinungsführer
Gedankliche Abhängigkeit	Extreme Abhängigkeit	Abhängigkeit	Unabhängigkeit	Interdependenz
Zukünftiger Bedarf	Praktisch null	Niedrig	Hoch	Sehr hoch
Gefahr	Solche Vertreter lange zu übersehen oder zu dulden	Groupthink und Harmonie für wichtiger als Realismus zu halten	Eigene Wahrnehmung unbegründet anderen aufzuoktroyieren	Keinen solchen Vertreter an Board zu haben

TABELLE 1 | Wahrnehmung bei Komplexitätsherausforderungen

oder aktives Netzwerken und Informationssuche, um weiterzukommen, vernachlässigt. Die Gefahr besteht, dass Chefs solche Menschen zu lange übersehen!

2. Stufe – sozialisiert: Ein Vertreter auf dieser Stufe gibt sich voll und ganz der dominanten Meinung der Gruppe zum Thema Komplexität hin. Andere Meinungsführer und dieser zum Teil sehr gefährliche Gruppenkonsens werden nicht hinterfragt, genauso wenig wie die Faktoren, die zu ihm geführt haben. Motiviert wird man im Falle des „Jüngers" entweder intrinsisch durch einen starken Wunsch, dazuzugehören und die Gruppenharmonie nicht zu stören bzw. den hochrespektierten und verabsolutierten Meinungsführer nicht vor den Kopf zu stoßen. In diese Gruppe gehören aber auch alle diejenigen, die gerne von anderen Anleitung erhalten und somit mehr Sicherheit und Orientierung empfinden. Rein extrinsisch motiviert will man nicht unbedingt schlechte Teambeurteilungen am Ende des Jahres bekommen oder seinen Bonus durch „blasphemischen Ungehorsam" riskieren. Interessanterweise kann dieses sozialisierte Denken auch mit externen Meinungsführern in Verbindung gebracht werden. Wenn ein Guru XY von einer Top-Business School, der CEO einer bewunderten Firma, eine Top-Beratungsfirma eine Botschaft vorgibt, dann reicht dies vollkommen aus, um glaubwürdig zu sein. Die Gefahr besteht, dass das ganze Team falschliegt.

3. Stufe – informiert: Hier findet zum ersten Mal ein gewisser Filter- und Entscheidungsprozess statt, wenn es um die Erklärung und den Lösungsraum von Komplexitätsherausforderungen geht. Eigene Glaubenssätze und Erfahrungen werden eigenständig relativiert. Es herrschen nicht uneingeschränkte Obrigkeitshörigkeit und Gehorsam vor. Auf dieser Stufe haben wir eine eigenständige Denkart, die wir zudem nicht allen und jedem gegenüber unbedingt preisgeben müssen. Wir verfolgen eigene Ziele, Agenden, Strategien und dosieren unsere Botschaften nach außen hin selektiv. Wir sind allerdings nach wie vor „Gefangene" unserer eigenen Glaubenssätze und können diese nicht leicht als solche identifizieren oder uns von ihnen distanzieren. Die Gefahr besteht, dass die eingesetzten Filter für Gedanken und Lösungen nicht mehr aktuell sind oder im Hinblick auf eine spezielle Situation Ausnahmen benötigen. Informationen, Lösungsansätze, die nicht durch unsere Filter passen, bleiben trotz ihres Wertbeitrages außen vor. Eine eigene Meinung zu haben ist zwar durchaus löblich, doch dies darf nicht zu einer borniert Verteidigung dieser Meinung, zu übersteigertem Selbstwertgefühl und mangelnder gedanklicher Flexibilität oder Neugierde führen.

4. Stufe – differenziert und innovativ: Auch auf dieser Stufe haben Vertreter Filter für eingehende und ausgehende komplexitätsrelevante Informationen. Hier sind die Vertreter jedoch in der Lage, diese zu erkennen und gegebenenfalls gedanklich zu parken, auszublocken oder sogar zu ersetzen. Man ist offen für Neues und kann die eigene mentale Software updaten und sogar neu schreiben. Man kann nicht nur präsentierte Komplexitätslösungen leichter verstehen, sondern auch analysieren, warum man sie für besser oder schlechter hält. Man kann mehrere Handlungsrahmen parallel parat halten, je nachdem, was benötigt wird. So hat man mehrere Ansätze zur Vereinfachung, Verkomplexifizierung oder Verlagerung in petto und weiß, wie man wann mit ihnen umgehen muss. Bestimmte Vertreter dieser Stufe geben sich auch nicht mit den vorgekauten, von anderen ausgearbeiteten Ansätzen zufrieden, sondern bauen sich eigene, fundierte Lösungen. Sie werden zu Meinungsführern und wirklichen Innovatoren. Soziale Erwünschtheit von Antworten und soziale Abhängigkeiten wie z. B. auf *Stufe 2* sind ihnen egal. Sie gehen über emotionale und gedankliche Unabhängigkeit, wie wir sie auf *Stufe 3* sehen, hinaus und erreichen eine Interdependenz – mit Vorhandenem werden bestmögliche Lösungen gebaut. Wir können durchaus mit einer Synthese aus insgesamt vorhandenen Ideen leben, da wir eigene Meinungen gegebenenfalls nicht aufzwingen müssen. Führungskräfte auf dieser Stufe haben verstanden, dass es vielleicht die perfekte Lösung nicht geben wird, somit alles Erarbeitete nur temporären Charakter hat. Man geht mit Widersprüchen, Unverständlichem, Meinungsvielfalt und einer Vielzahl involvierter Persönlichkeiten emotional und politisch viel leichter um. Die einzige Gefahr besteht in diesem Fall darin, dass Firmen sich auf Komplexitätsprojekte stürzen, ohne einen solchen Vertreter dieser Stufe an Bord zu haben!

Bei den ersten beiden Dimensionen unseres Komplexitätskubus – interdependente Vielfalt und verunsichernde Dynamik – haben wir ausgeführt, dass schlaue Komplexitätsführungskräfte diese zum eigenen Vorteil einsetzen. Im weiteren Verlauf dieses Kapitels beschäftigen wir uns mit der Möglichkeit, Komplexitätsaspekte in diesem Sinne als wirklich strategische Waffe einzusetzen. Es gibt sehr positive Aspekte der Komplexität.

Es gibt sehr positive Aspekte der Komplexität.

DER UNDIFFERENZIERTE RUF NACH VEREINFACHUNG [2.3]

In den Gedankengang der oben genannten Wahrnehmung und die dazugehörigen Filter passt das sich anschließende Thema der oft undifferenzierten Hilferufe nach Vereinfachung. Sie sei doch das einzig Logische, der Heilige Gral sozusagen. Diese Annahme möchten wir in dieser Absolutheit hinterfragen. Wir möchten dazu eine Parallele ziehen zu einer anderen, sich leider immer mehr abzeichnenden Entwicklung und dabei vergleichen zwischen Korallen und Fischen, um unsere Aussagen zu verdeutlichen.

Korallen sind Nesseltiere, die in freier Natur ausschließlich im Meer vorkommen, vornehmlich im Tropengürtel. Korallen sind sogenannte Filtrierer, da sie sich durch einen Filterprozess aus Mikro-

Vereinfachung sei der Heilige Gral sozusagen.

plankton, Nährstoffen, Spurenelementen oder auch Symbiosealgen ernähren. Korallen sind, insbesondere im Vergleich zu Fischen, dennoch recht einfache Geschöpfe, die ihr Dasein auf Stabilität aufgebaut haben. Selbst kleine Temperaturschwankungen und insbesondere die -erhöhungen im Rahmen der globalen Erderwärmung zerstören den labilen, nicht anpassungsfähigen Austauschprozess mit ihrer Umwelt und somit den Organismus selbst. Fische hingegen sind im direkten Vergleich dazu komplexere Geschöpfe. Sie sind Wirbeltiere und können sich zur Not einer größeren Bandbreite von Nahrung bedienen, um ihr Überleben zu sichern. Auch die Bandbreiten von unterschiedlichen Licht- und Temperaturverhältnissen sowie chemischen Wasserbedingungen sind in absoluten Verhältnissen natürlich immer noch begrenzt, jedoch um ein Vielfaches größer, als dies bei Korallen der Fall ist. Einfache Strukturen scheinen in gut beschützten, stabilen Nischen von Vorteil zu sein. Doch brauchen wir in dynamischeren, komplexen Situation einfache Strukturen? Mutter Natur legt zumindest nahe, dass komplexe Situationen durchaus komplexe Ansätze mit sich bringen, nicht immer nur einfache. Wenn man überhaupt die Wahl hätte, wäre man in der heutigen Zeit lieber Fisch oder Koralle? Wer von uns kann noch behaupten, für eine Firma in einer gut beschützten, stabilen Nische zu arbeiten? So ganz ohne Komplexität? So ganz ohne Veränderung um uns herum?

Übertragen wir die Diskussion in den betriebswirtschaftlichen Bereich und beleuchten, welche Antworten wir hier finden. Zugegeben: Die Betriebswirtschaftslehre hat wie keine andere Wissenschaft einen gefährlich großen Graben zwischen Theorie und Praxis gezogen, aber auch zwischen ihr und anderen Wissenschaften zugelassen. Mediziner, Juristen, Chemiker, Mathematiker und viele andere Experten finden in ihren wissenschaftlichen Fachzeitschriften Anregungen und Impulse zur Weiterentwicklung ihres Wissensstandes. Dabei war die Betriebswirtschaftslehre früher in ihrer Gesamtheit ebenfalls sehr praxisnah und ähnlich fortgeschritten. Sie reagierte dann insbesondere in den 50er Jahren in den USA auf die Forderungen von Forschung fördernden Einrichtungen, endlich zu einer richtigen Wissenschaft zu werden und in anderen Bereichen etablierte Methoden anzuwenden. Daraus hat sich eine Pfadabhängigkeit ergeben. Nachfolgende Professorengenerationen können heute nur noch eingestellt und befördert werden, wenn sie in englischsprachigen, oft von den Inhalten und Gutachtern auf die USA und ihre Traditionen fokussierten Zeitschriften publizieren. Mit Managementguru Henry Mintzberg hören wir nur eine von zahlreichen, immer lauter werdenden kritischen Stimmen. Er kritisiert insbesondere diesen „Methodenkult"[26], bei welchem Andersdenkende der Blasphemie beschuldigt werden. Es ist und bleibt allerdings fraglich, ob es in so komplexen Systemen wie dem menschlichen Gehirn, einem Unternehmen mit Tausenden von Menschen und mehr oder weniger direkt den Erfolg verursachenden Prozessen, aber auch in ganzen Volkswirtschaften und den internationalen Märkten wirklich leicht verallgemeinerbare Muster gibt. Dabei reden wir noch nicht von Gesetzen und über eine in den Augen aller gleiche, quantifizierbare und objektive Realität. Nur zum Vergleich eine hilfreiche Einsicht von Professor Andrew Lo vom MIT: In der Physik beschreiben drei wesentliche Gesetze 99% der

Korallen gibt es bereits seit 400 Millionen Jahren. 2012 sind 19% weltweit abgestorben. 2030 werden 60% der Korallen abgestorben sein. 2050 werden 95% verschwunden sein.

In der Physik beschreiben drei wesentliche Gesetze 99% der Beobachtungen und Verhaltensweisen.

Beobachtungen und Verhaltensweisen. Doch bereits im Finanzbereich, trotz der Tatsache, dass viele Daten bereits quantitativ vorliegen und nicht über schwache Stellvertretervariablen ungenau und reduktionistisch abgebildet werden müssen, erklären 99 „Gesetze" 3 % der Verhaltensweisen![27] Doch auch in diesem Eigenleben der betriebswirtschaftlichen Forschung finden wir gerade im Bereich Komplexitätsmanagement nützliche Debatten. Die beiden Protagonisten und Redeführer in der diesbezüglichen Debatte sind Ashby und Luhmann.

DAS ASHBYSCHE GESETZ DER ERFORDERLICHEN VARIETÄT

Eine zentrale Erkenntnis der Kybernetik ist die folgende, von William Ross Ashby formulierte. Ein System, welches ein anderes steuern soll, gleicht umso mehr Störungen aus, je größer seine eigene Handlungsvarietät ist bzw. etwas einfacher formuliert: Nur mit Komplexität kann man effektiv Komplexität in den Griff bekommen.[28] Ist ein Unternehmen auf verschiedensten Märkten aktiv, führt dies also zwangsweise zu komplexen Organisationen. In der Tat sehen wir, dass Firmen oft zunächst Exportabteilungen aufbauen, dann Auslandsniederlassungen, später sogar regionale Verwaltungszentren oder Forschungseinrichtungen im Ausland usw. Hinzu kommen ein internationales Controlling, internationale Personalprogramme – Firmen bauen in der Tat während ihrer Internationalisierungsreise eine gewisse Komplexität auf. Für Ashby steht dabei die strukturelle Komplexität im Vordergrund. Er versteht sie als Fähigkeit, rasch verschiedene Strukturen und dazugehörende Verhaltensweisen aufzeigen zu können. Diese strukturelle Komplexität muss mindestens der Komplexität der Unternehmenswelt entsprechen, um Erfolg sicherzustellen. Dies kann jedoch schnell zu einer unkontrollierbaren internen Komplexität führen, sodass eine Firma in der selbstverursachten Komplexität feststeckt. Anders ausgedrückt: Wer ist denn wirklich glücklich in der Matrix? Wer hebt dauerhaft ihr volles Potenzial?

Ist ein Unternehmen auf verschiedensten Märkten aktiv, führt dies also zwangsweise zu komplexen Organisationen.

LUHMANNS EINFACHHEITSPRINZIP UND OCKHAMS RASIERMESSER

Niklas Luhmann warnt im Gegensatz zu Ashby vor der Illusion, dass Unternehmen jemals so komplex wie ihre Umwelt werden können und auch sollten. Was wirklich helfen soll, sind Mechanismen der natürlichen Auslese von Lösungen, um mit der Umwelt umzugehen. Anders als Ashby will Luhmann vielmehr die dezentralen Freiheitsgrade der Entscheider fördern und an ihrem Erfolg messen. Es bedarf also weniger Kontrolle, weniger Strukturen. Durch ein erfolgsbasiertes Auswahlprinzip werden vor Ort effektive Einheiten auf- und ausgebaut, die umso besser mit der externen Komplexität fertigwerden. Die sich herauskristallisierenden, deutlich einfacheren Lösungen sind es, denen man Überleben und Erfolg zu verdanken hat.

Ähnlich wie bei Ashby besteht auch bei diesem die Gefahr, dass sich die einmal gefundenen und überlegenen Lösungen zu sehr zu Routinen und Mechanismen entwickeln, ohne dass sie kontinuierlich hinterfragt werden. Wird die Umwelt noch um ein paar weitere Stufen komplexer, sind diese einst gefundenen Lösungen gegebenenfalls zu einfach, denn irgendwann reichen einfache Ursache-Wirkungs-Beziehungen nicht mehr, um die Realität zu beschreiben. Vom Endergebnis her sind Organisationen dann aufgrund dieses „Mechanismenparadigmas" deutlich weniger komplex. Komplexität in der Unternehmensumwelt wird also mit drastischer Einfachheit begegnet. In diesem Zusammenhang gehen ein paar Komplexitätsmanagementforscher[29] sogar so weit, von der Anwendung von „Ockhams Rasiermesser" zu sprechen. Auch ist die Rede von Ockhams Gesetz der Einfachheit. Der englische Philosoph Wilhelm von Ockham (1285 – 1347) forderte im Rahmen von Entscheidungsfindungen immer die einfachere Lösung. Ockhams Rasiermesser im Komplexitätsmanagementbereich verlangt, dass Führungskräfte die Komplexität sogar proaktiv, radikal beschneiden müssen, um nicht von ihr überwältigt zu werden. Es gäbe kaum ein Unternehmen, das gegenwärtig nicht an einem Zuviel an Komplexität leide, insbesondere an den falschen Stellen. Die folgende *Abbildung 6*[30] versucht die Logik, aber auch die im Endeffekt jeweils enthaltenen Gefahrenhinweise zu verdeutlichen.

In unseren Forschungsarbeiten, Top-Executive-Seminaren und Beratungsprojekten mit Führungskräften beobachten wir immer wieder, dass es sehr loyale Anhänger entweder des einen oder anderen Ansatzes gibt. „Komplexität hilft bei Komplexität" verlautet die eine Gruppierung. „Immer wenn ich in eine neue Stelle komme, versuche ich zunächst, 10 % bis 20 % der Komplexität abzubauen", lautet eine Einsicht aus dem anderen Lager. Wir selbst sehen enorme Potenziale in beiden Ansätzen, empfehlen jedoch eine Kontingenzsicht im Sinne von „es hängt davon ab". Es hängt insbesondere davon ab, wie erfahren das Unternehmen und die jeweilige Führungskraft im Umgang mit Komplexität sind, welche Art von Erfahrungen bereits gemacht wurden und welche Hauptherausforderungen in einem bestimmten Zeitraum zu bewältigen sind. Unser Forschungskollege Alexander Schwandt[31] führt die Beispiele GE versus easyJet an. Allein in den Jahren 2002 bis 2007 führte GE 500 Unternehmenskäufe und -verschmelzungen durch. 300.000 Mitarbeiter sind im System und in zahlreichen Ländern für die Firma aktiv. GE kann folglich unbestreitbar als komplex gelten. easyJet im Gegenzug belegt gleichzeitig, dass auch die einfachste Organisationsform erfolgreich sein kann. Komplexität und Einfachheit können grundsätzlich beide als strategische Waffe und wesentlicher Erfolgsbeitrag wirken. Ein allzu blindes Vertrauen in den einen oder anderen Ansatz bzw. ein sträfliches Vernachlässigen von Anpassungen und Gegensteuern über die Zeit hinweg schmälern den Erfolg.

Wird die Umwelt noch um ein paar weitere Stufen komplexer, sind diese einst gefundenen Lösungen gegebenenfalls zu einfach.

Ein allzu blindes Vertrauen in den einen oder anderen Ansatz bzw. ein sträfliches Vernachlässigen von Anpassungen und Gegensteuern schmälern den Erfolg.

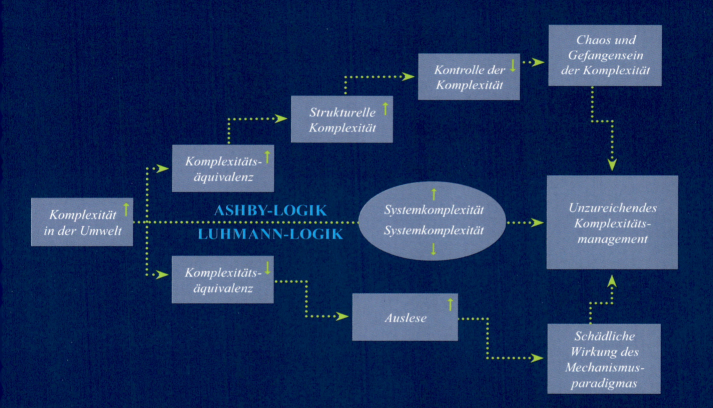

ABBILDUNG 6 | *Ashby versus Luhmann im Umgang mit Komplexität*

FÜHRUNGS- UND STRUKTURPERSPEKTIVE FÜR UNTERNEHMENSKOMPLEXITÄT [2.4]

Unabhängig davon, ob Komplexität nun drastisch vereinfacht, verlagert oder erhöht werden soll, müssen wir zwischen zwei Perspektiven unterscheiden. Wie in der folgenden *Tabelle 2* gegenübergestellt, gibt es zwei Perspektiven im Umgang mit dem Thema Komplexität. Dabei ist jedoch wichtig zu verstehen, dass diese nicht einer isolierbaren Sichtweise per se entsprechen, sondern Teil eines ganzheitlichen Herangehens an das Thema sein sollten. Die eine wird ohne die andere nicht erfolgreich sein. Ein hervorragendes strategisches Komplexitätskonzept kann ohne die Strukturperspektive nicht wirklichkeitsverändernd wirken. Rein aus der Strukturperspektive betrachtete Projekte werden Organisationen nicht ganzheitlich verändern können. Beide Perspektiven müssen überdacht und berücksichtigt werden, wenn das Thema Komplexität an Bedeutung gewinnt.

Ein hervorragendes strategisches Komplexitätskonzept kann ohne die Strukturperspektive nicht wirklichkeitsverändernd wirken.

Anhand mehrerer Merkmale kann man nun diese beiden Perspektiven näher charakterisieren. Der Fokus liegt bei der Führungsperspektive mehrheitlich auf den normativen und strategischen Vorgaben sowie der konzeptionellen Ideenschaffung. Hier geht es um ganz bewusste Ansagen mit Komplexitätsniveauveränderungen. Eine internationale Unternehmensberatung bemerkte z. B. den horrenden Mehraufwand, das Rad jeweils neu zu erfinden, da es keine Datenbank für Experten und Wissens-, und somit Qualitätssicherung gab. Jedes Land operierte zu unabhängig. Die Vorgabe von oben lautete folglich: „Wir brauchen Kernprozesse für die Sicherung unserer Projektergebnisse und des Wissens." Hat ein Beraterteam zum Thema X ein besonders erfolgreiches Projekt in einem Land finalisiert, so sollten die Ergebnisse auch anderen Ländern bis ins Detail zugänglich gemacht werden. Daraus sollten sich konkrete Verkaufsideen, Synergien und Qualitätssicherungschancen ergeben. In diesem Beispiel erfolgte diese Ansage top-down und zeitlich vor den möglichen Bemühungen eines dezentralen Teams, Lösungen hierfür zu erstellen. Langfristig soll sich so die Organisation professionalisieren. Bei der Strukturperspektive hingegen geht es nun um ganz konkrete, operative Umsetzungen. Hier werden die besten Alternativen im Bereich Produkt-, Produktions- oder IT-Architektur, aber auch begleitend dazu im Bereich HR aufgrund der notwendigen Incentives und Trainings angestoßen. Die hier geschaffenen Lösungen können durchaus kurzfristiger Natur sein, denn die erste Version wird vielleicht noch nicht die beste sein. Aber weitere, später folgende nähern sich dem ursprünglichen bzw. dem über die Zeit angepassten Ziel an.

Der Fokus liegt bei der Führungsperspektive mehrheitlich auf den normativen und strategischen Vorgaben sowie der konzeptionellen Ideenschaffung.

In einer anderen Industrie, der Automobilindustrie, sind Plattformstrategien und modulare Konzepte en vogue. Diese können einerseits aus der Führungsperspektive das Ergebnis von transnationalen oder globalen Strategien sein und anschließend um die Strukturperspektive ergänzt und

MERKMAL \ SICHTWEISE	FÜHRUNGSPERSPEKTIVE	STRUKTURPERSPEKTIVE
Fokus	Normative und strategische Vorgaben und konzeptionelle Ideen	Operative Umsetzung (oft mit konkretem Funktionenbezug)
Reihenfolge	Zeitlich vorgelagert	Nachgelagert
Zeithorizont	Langfristig	Kurz- bis mittelfristig
Natur der Entscheidungs- und Veränderungsobjekte	Intangibel in der Form von Werten, Einstellungen, Einschätzungen, Motivations- und Energieniveaus, Lernbemühungen und Lernfortschritte von Menschen	Tangibel in der Form von konkreten Strukturen, Prozessen, Produkten, Produktionsarchitekturen
Berechnungsgrundlagen	Oft kaum vorhanden, da qualitative und subjektive Aspekte dominieren	Quantitativere, messbarere, objektivere Sichtweise
Anforderungen an Gestalter und Verwalter	Generalisten mit Silo übergreifendem Gesamtblick und integrierendem Gesamtverständnis	Spezialisten im jeweiligen Bereich (Produktarchitektur, Produktionsarchitektur, Preisbaukästen etc.)
„Bringschuld"	Klare, realistische und mit entsprechender Ressourcenausstattung hinterlegte Konzepte	Kontinuierliches Kommunizieren von Potenzialen und Beschränkungen, Fortschritten
„Holschuld"	Fundierte Kenntnisse über die Organisation, vorherrschende Arbeits- und Denkweise sowie die externe Umwelt	Klare Ansagen und Mandate, politische Unterstützung und Ressourcen
Erfolgshebel in Gesamtübersicht	Menschen und deren Gedankenwelt	Prozesse, Produkt- und Produktionsarchitekturen, Technologien, Ingenieurskunst
Kritikpunkt aus der anderen Perspektive	Mangelnde Konkretheit, Überbetonung der abstrakten Meta-Ebene	Zu beschränktes technokratisch-mechanistisches Weltbild. Menschenbasierte Systeme sind nicht vollends vorhersag- oder beherrschbar

TABELLE 2 | Perspektiven im Umgang mit dem Thema Komplexität

somit umgesetzt werden, oder sie können sozusagen das Eigengewächs der Entwicklungs- oder Produktionsingenieure sein. Vorteilhafter, da reibungsloser und umso mehr mit politischer Unterstützung ausgestattet sind Lösungen, die zeitlich vorgelagert normative und strategische Klarheit schaffen und dann in die Umsetzungsphase gehen. Selbst im Falle guter Ideen mit firmenweitem Potenzial macht es Sinn, für diese im Top-Management die notwendige Unterstützung und das offizielle Mandat und Budgets abzuholen. Großartige Komplexitätslösungen müssen somit nicht immer nur top-down erfolgen, aber auf alle Fälle zu einem ausgewählten Zeitpunkt die „top" Perspektive abgeholt haben, bevor dann in der Sequenz die volle Umsetzung an Fahrt gewinnt. Im Umgang mit den Persönlichkeiten aus den unterschiedlichen Perspektivenbereichen gilt es zudem, bestimmte Tatsachen und Wahrnehmungen zu verstehen. In allen Unternehmensfunktionen einer bestehenden Firma gibt es Daten, die man zu Informationen verdichten kann. Entscheidungsgrundlagen werden objektiver, transparenter, messbarer und somit substantiierter, nachweisbarer und begründbarer. Dies ist aufgrund der subjektiven Einschätzung von Chancen und Risiken auf der Führungsebene nicht immer der Fall. Durch die Pflicht zu interpretieren herrscht kaum ein einheitliches Weltbild vor. Gleichzeitig gilt es auch hier, den Hergang von Ideen und Entscheidungen zu untermauern. Nachfolgend ein Praxisbeispiel: Die Firma Amazon rollt zurzeit den Online-Markt gründlich auf. In wenigen Jahren hat sie viele Wettbewerber online ein- und überholt. Kurzfristige Gewinne werden dem raschen Gewinn von Marktanteilen geopfert. Kunden können sich problemlos vom reibungslosen Ablauf der Such-, Bestell-, Bezahlungs- und Liefervorgänge überzeugen. Aus der Führungsperspektive bemerkte man bereits vor Jahren, dass eine der entstandenen Kernkompetenzen nun im zuverlässigsten Managen von großen digitalen Datenpaketen liegt. Warum also nicht mit Volldampf in den Markt des Cloud Computings einsteigen, der sich langsam, aber sicher abzeichnet? Dieser ist aufgrund des noch embryonalen Stadiums schwer vorherzusagen. Doch Generalisten, die nicht nur ihr eigenes Business oder ihre eigene Funktion kennen, sondern auch andere Märkte verfolgen und umfassender denken, sehen solche Chancen. Damit würde die Firma Amazon, die schon ein hohes Maß an komplizierter IT und eine Vielfalt an Produkten über ihre Plattfom anbietet, natürlich deutlich komplexer. Spezialisten in Marketing und IT müssen dann ans Werk, um ihren Teil der Umsetzung zu liefern.

Es besteht zudem eine Hol- und Bringschuldbeziehung zwischen Akteuren mit der jeweiligen Perspektive. Von der Führungsperspektive aus gesehen können und müssen Akteure mit Strukturperspektive klare, realistische Ansagen erwarten. Auch muss die Führungsperspektive inhaltlich ihre Bringschuld an transparenten Mandaten und realitätsnahen Budgets erfüllen. Sie hat ebenfalls eine Holschuld: Von innerhalb wie außerhalb müssen die wichtigsten Inputinformationen gesammelt und untersucht werden, denn nur so können realistische und benötigte Veränderungen fundiert entschieden werden. Akteure mit Strukturperspektive haben wiederum die Pflicht, kontinuierlich über Potenziale, Risiken und abrundende Kontextfaktoren zu informieren, auch wenn

Es besteht zudem eine Hol- und Bringschuldbeziehung zwischen Akteuren mit der jeweiligen Perspektive.

das „Bloody Headquarter" anders zu ticken scheint. In Komplexitätsmanagementprojekten dürfen sie sich allerdings nicht nur als Getriebene sehen. Sie sind zugleich Treiber und Antreiber des Fortschritts. Sie müssen die Kollegen mit einer anders gelagerten Führungsperspektive genauso managen wie ihre eigenen Prozesse und Lösungen.

In unserer Forschung und den Praxisprojekten hat sich diese Unterscheidung zwischen Führungsebene, auf der Menschen orchestriert werden müssen, und Strukturebene, auf der Prozesse, Technologien und Ingenieurskunst eine größerer Rolle spielen, als sehr förderlich erwiesen, insbesondere wenn man die jeweiligen Stärken und Schwächen, deren Komplementarität und Anforderungen an involvierte Personen kennt.

EVOLUTIONSSTUFEN DER KOMPLEXITÄTSFÜHRUNG [2.5]

Im Folgenden gehen wir über die Einsichten und Warnungen, die wir aus der Organisationstheorie erhalten, hinaus. Wir stellen drei verschiedene, aufeinander aufbauende Versionen des Komplexitätsmanagements vor und fassen sie in der folgenden *Tabelle 3* zusammen, um mit ihnen zur Reflexion über die eigene Situation anzuregen:

- In der Denkart welcher Version bin ich selbst und ist mein Unternehmen hauptsächlich unterwegs?
- Warum? Wie steht es um frische und erfahrene Mitarbeiter?
- Wie können wir unsere Kompetenz gegebenenfalls weiter ausbauen?
- Sind wir sogar führend, und wie können wir den Vorsprung noch weiter ausbauen?

KOMPLEXITÄTSFÜHRUNG VERSION 1.0

Bei diesem beginnenden Verständnis von Komplexitätsmanagement geht es primär um ein Aufräumen. Über die Jahre hat sich eine zunehmend fast als Wildwuchs wahrgenommene Variantenvielfalt ergeben. Sie machte temporär, vielleicht als spezielle Kundenaufträge entwickelt, in der Vergangenheit Sinn. Doch wenn man z. B. eine ABC-Analyse durchführt, gibt es zu viele C-Produkte, die kaum oder gar nicht gekauft werden und deren Beibehaltung im Programm oft nicht sinnvoll ist. Dies gilt auch im Hinblick auf eine moderne „Long-Tail"-Philosophie, bei welcher die verrücktesten Exoten irgendwann einmal von irgendjemandem gekauft würden. Es bedarf folglich einer Art Frühjahrsputz, eines rückwärtsgerichteten Variantenstreichens. Letzteres stößt nicht immer auf besondere Gegenliebe. Vertriebskräfte freuen sich, wenn viel angeboten werden kann. Höhere Entwicklungs- und Produktionskosten sind nicht immer direkt mit ihren Verkaufsbemühungen und entsprechenden Boni verknüpft. Eine angeordnete Streichung von Varianten kann als eine nicht willkommene Einflussnahme auf ihren Bereich und ihre Erfolgswahrscheinlichkeit wahrgenommen werden. Forscher und Entwickler verstehen sich oft als kreative Geister, die Neues hervorbringen wollen. Es ist nicht primär ihre Aufgabe, Älteres auch gleichzeitig aus dem Katalog zu entfernen. Vielleicht fühlen sich bestimmte Personen angegriffen, wenn die Entwicklungsfreiheit durch Vorgaben eingeschränkt oder bisherige, von ihnen entwickelte Produkte entfernt werden. Auch in der Produktion bedeutet jede Veränderung zunächst Aufwand. Insgesamt wird in einer Komplexitätsführung in der *Version 1.0* dieses Aufräumen zur Pflicht. Es geschieht aus einem „Sollen", nicht aus einem „Wollen".

Komplexitäts-führung geschieht aus einem „Sollen", nicht aus einem „Wollen".

KOMPLEXITÄTSFÜHRUNG VERSION 2.0

In der *Version 2.0* stehen nicht nur diese Rückwärtsorientierung und demotivierenden Effekte im Vordergrund. Es gesellen sich parallel Elemente der Vorausschau hinzu. Neben einem Aufräumen und Entrümpeln versucht man gleichzeitig, etwas Ordnung in die zukünftige Entwicklung zu bringen. Das wirkliche Potenzial von Komplexität wird erkannt, wenngleich die Gefühle insgesamt noch gemischt sind. Immer mehr rückt das Gesamtwohl des Unternehmens in den Vordergrund, und selbst dominantere Leiter der Entwicklung, der Produktion oder des Marketings springen vermehrt auf neue Ideen auf. In *Version 2.0* rücken wir auch vermehrt von einer reinen Produktsicht ab, hin zu einer Sicht von Komplexitätsmanagement in der gesamten Organisation.

Das wirkliche Potenzial von Komplexität wird erkannt.

KOMPLEXITÄTSFÜHRUNG VERSION 3.0

Komplexitätsmanagement 3.0 geht in diesem veränderten Verständnis von Komplexitätsmanagement noch einen Schritt weiter. Es wird zu einer strategischen Waffe. Komplexitätsmanagement wirkt motivierend, da es eine Logik ermöglicht, mit der man elegant den Wettbewerber schlagen kann. Es erlaubt ein Gewinnen, das eint. Forscher und Entwickler sehen darin die Möglichkeit, sogar noch mehr Vielfalt hervorzubringen, was ihrer kreativen Natur entspricht, und sich mit ihrer Schaffenskraft in weiteren intelligenten Varianten zu verwirklichen. Wenn man sich dabei

MERKMAL	VERSION 1.0	VERSION 2.0 ▶	VERSION 3.0 ▶
Orientierung	Vergangenheit	Gegenwart	Zukunft
Wahrnehmung	KF/KM als Pflicht	Wollen und Sollen	KF/KM als Kür
Integration	Silo	Wertkette	Wertschöpfungsnetzwerk
Veränderungsgrad	Symptomebene	Evolution	Revolution
Anforderungsniveau	Gering	Mittel	Hoch

LEGENDE
KF = Komplexitätsführung
KM = Komplexitätsmanagement

TABELLE 3 | Drei Versionen von Komplexitätsführung und -management

auf produktübergreifende Module oder Plattformen verlässt, kann dies sogar zu deutlich niedrigeren Kosten geschehen, was wiederum Mittel für andere Projekte freisetzt. Produktionsleiter sehen ebenfalls schnell, wie sich Verschwendungen durch geschicktes, proaktives Variantenmanagement reduzieren lassen. Die Marketingkraft erfreut sich an der Vielfalt, die sie nach wie vor anbieten kann, jetzt sogar wissend, dass diese kostengünstiger hergestellt werden kann, was gegebenenfalls Möglichkeiten für Rabatte schafft. Die Strategen im Unternehmen freuen sich über die Schaffung von Erfolgsrezepten. Die Finanzbereichsleiter begrüßen die mittel- bis langfristigen Einsparungsmöglichkeiten und neu geschaffenen Möglichkeiten im Verkauf. Führungskräfte werden zufriedener, denn ersonnene Komplexitätslösungen schaffen Transparenz – was wirklich zählt – im Unternehmen. Komplexitätsmanagement ist keine lästige Pflicht, sondern für sie eine mit Bravour zu bestehende Kür. Sie erlaubt eine Konzentration der Kräfte.

Insbesondere in *Version 3.0* wird Komplexitätsmanagement weit gefasst und ganzheitlich verstanden. Produkte oder Produktion stellen nur noch einen Bereich dar, der betroffen sein kann. Vielleicht ist es nicht einmal mehr der wichtigste. Es geht vielmehr um die Wettbewerbsfähigkeit des ganzen Unternehmenssystems. Möglichkeiten zur Erhöhung der Schlagkraft können durchaus rein in anderen Bereichen liegen. Emotional wird Komplexitätsmanagement immer mehr zum Allheilmittel, das viele organisatorische Krankheiten der Vergangenheit wirksam bekämpfen kann. Es ist *Version 3.0*, die wir in diesem Buch als Königsweg proklamieren. In der zuvor aufgeführten Tabelle wird diese Version 3.0 mit ihren Vorgängern verglichen. Mit der *Nomenklatur* von *1.0 bis 3.0* wollen wir gleichzeitig symbolisieren, welches enorme Potenzial wir auf dem Gebiet des Komplexitätsmanagements sehen. Wir laden alle Führungskräfte dazu ein, sich durchaus über *Version 4.0* Gedanken zu machen. Unseren Ausblick geben wir am Ende des Buchs!

Insbesondere in Version 3.0 wird Komplexitätsmanagement weit gefasst und ganzheitlich verstanden.

ANSÄTZE DER KOMPLEXITÄTSFÜHRUNG [2.6]

Es gibt verschiedene Möglichkeiten, Ansätze des Komplexitätsmanagements zu strukturieren und dabei Besonderheiten zu betonen. Im Folgenden geht es uns insbesondere um die Unterscheidung zwischen drei Ansätzen, deren jeweiliger Stil sich sowohl auf das Ersinnen von Lösungen als auch auf deren Kommunikation bezieht. Es handelt sich dabei um den zuerst beschriebenen „*CSI-Ansatz*", den danach behandelten „*Staatsmännischen Stil*" sowie den sich anschließenden „*Meta-Detaillierungsansatz*".

DER CSI-ANSATZ

Wir stellen hier eine Analogie zu der bekannten Fernsehserie im Krimi-Genre her, in der sich oft gut ausgebildete Analysten mit ihren sophistizierten Methoden und ihrem neuesten Equipment ans Werk machen, um kleinste Details zu analysieren, was dann der Lösungs- und Wahrheitsfindung dient. Moderne Analyseinstrumente helfen dabei, objektive Belege zu finden. Die argumentative und sachlogische Beweiskette darf dabei nie unterbrochen werden. Es muss alles stimmig sein. Auch beim *CSI-Ansatz* für modernes Komplexitätsmanagement geht man folgendermaßen vor:

- Wir verlassen uns einzig und allein auf Tatsachen, die belegbar sind.

- Analysen zum Komplexitätsmanagement werden minutiös vorbereitet.

- Bei den Analysen geht man fast ausschließlich auf Details fokussiert vor. In einem deduktiven Denkprozess leiten wir daraus dann klare, logische Handlungsempfehlungen ab. Secundam non datur – es gibt eigentlich keine wirklichen Alternativen zu diesem Vorgehen.

- Wir berechnen die optimalen Grade an Komplexität, z. B. in der Produktwelt mit all ihren Varianten, basierend auf modernen Analyseverfahren.

- Wir verstehen die Welt dabei bis auf diese Detailebene als greifbar, abbildbar und berechenbar.

- Es vermag uns beizeiten überraschen, dass jemand anders denkt.

- Der Erfolg der Lösung hängt von der genau geplanten Umsetzung ab. Auch wichtig ist das Ausbleiben nicht eingeplanter Veränderungen innerhalb und außerhalb des Unternehmens, da die Lösung genau für einen bestimmten Zeitpunkt und bestimmte Herausforderungen perfekt gilt.

- Unsere Aufmerksamkeit liegt dabei auf den Inhalten und nicht auf der Zielgruppe.

- Wir fokussieren uns dabei insbesondere auf Produkte, Technologien und Prozesse.

- Wir vernachlässigen in unseren Analysen die „schwammigeren" Aspekte und Variablen wie Emotionen, Symbole, Klima. Diese sind nicht greifbar, existieren nur in bestimmten Köpfen, aber nicht in der Realität. Sie sind zudem kaum messbar.

Beim CSI-Ansatz verstehen wir die Welt dabei bis auf die Detailebene als greifbar, abbildbar und berechenbar.

- Auch bei den Analysen denken wir in klaren Strukturen. Wir denken oft „inside the box", wobei die Box klar bekannt und definiert ist. Sie steht für das bekannte Spiel mit tradierten Spielregeln.
- Damit man überhaupt etwas zum Analysieren hat, orientiert man sich an dem, was vorhanden ist, nicht notwendigerweise an dem, was irgendwann einmal die Zukunft benötigt.
- Führungskräfte in dieser Kategorie verlangen Belege für gute Ideen und denken auch, dass sie mit diesen Erfolg haben. Sie verbringen mehr Zeit mit den Inhalten als mit Überlegungen, wie sie politisch die Lösungen platzieren oder wie sie bei der Präsentation am besten auftreten (Stimme, Dramaturgie, Körpersprache).
- Führungskräfte positionieren sich als Experten und vernachlässigen dabei auch den Motivationseffekt, den andere von einer Führungskraft erwarten.
- Führungskräfte denken somit, mit dem Ersinnen und Ankündigen der scheinbar logischsten und am besten belegten Lösung sei die Hauptaufgabe vollbracht.

Man kann diesen Ansatz des Komplexitätsmanagements auch sehr gut mit dem Realismus in der Kunstwelt vergleichen, wie er auch beispielhaft in der nächsten Abbildung dargestellt ist. Es herrscht Sachlichkeit. Puristen sind nur diejenigen, welche die Wirklichkeit, so wie sie ist, am besten verstanden und abgebildet haben. Die Welt darf unter keinen Umständen beschönigend oder andersartig falsch dargestellt werden, eher in ihrer oft banalen, wenig aufsehenerregenden Wirklichkeit. Aber genau in dieser Realitätsnähe liegt die Kunst, die lange und nach wie vor von zu wenigen beherrscht wird. Albrecht Dürers Aquarell „Der Feldhase" in *Abbildung 7* dargestellt, die wohl berühmteste aller Naturstudien Dürers, kann als Beispiel dienen.

Man kann diesen Ansatz des Komplexitätsmanagements auch sehr gut mit dem Realismus in der Kunstwelt vergleichen. Es herrscht Sachlichkeit.

DER STAATSMÄNNISCHE ANSATZ

Es gibt natürlich einen Gegensatz zu obigem CSI-Stil. Beim „staatsmännischen Stil", wobei wir an dieser Stelle nur beschreiben und nicht bewerten wollen, kristallisieren sich folgende Charakteristika heraus:

- Was wirklich zählt, ist die große Idee, die leicht verständlich und inspirierend, aber gleichzeitig von einer ähnlichen Genialität sein sollte, wie sie Themistokles in seiner am Anfang des Buchs beschriebenen Schlacht von Salamis anwenden konnte.

Beim „staatsmännischen Stil" zählt die große Idee.

- Diese große Idee kommt vor den Analysen. Doch wer die Idee wirklich verstanden hat, braucht für ein Vertrauen in die Lösung keine seitenlangen Details mehr.

- Die Lösung kann somit aus nur einer, alles klärenden PowerPoint-Folie bestehen, mit höchstens drei oder vier weiteren Folien zur Untermauerung.

- Wir orientieren uns dabei weniger an dem, was da ist, als an dem, was sein kann und sein soll. Komplexitätsmanager müssen beizeiten daran erinnert werden, dass es überhaupt eine „Box" gibt.

- Wir verlieren uns hier nicht auf der Detailebene, sondern müssen das Spiel insgesamt verstehen, damit wir es verändern können.

- Die Welt ist nicht wirklich berechenbar, kontrollierbar und beherrschbar. Jeder Versuch, sie anders aufzufassen, wäre somit zum Scheitern verurteilt.

- Wir akzeptieren, dass Informationen zum Teil immer unvollständig oder voller Ambiguität sind. Es darf uns nichts ausmachen, dass Entscheidungen auf unvollständigen und ungewissen Tatsachen basieren.

- Man braucht sich nicht in Diskussionen um Details zu verlieren, da diese weniger relevant sind.

- Der Erfolg der Lösung hängt nicht in erster Linie von der genau geplanten Umsetzung ab, sondern von einem gewissen Maß an Flexibilität und Anpassung in der Umsetzung.

- Unsere Aufmerksamkeit liegt dabei auf den zu gewinnenden Zielgruppen, nicht auf Inhalten.

- Produkte, Technologien und Prozesse sind nicht irrelevant, aber politische Spiele und Minenfelder, Persönlichkeiten, das Aushandeln von Lösungen werden wichtiger.

- „Schwammigere" Aspekte und Variablen wie Emotionen, Symbole, Klima werden ganz besonders berücksichtigt, kontinuierlich verfolgt, ernst genommen und als Teil der Lösung verwendet. Es gilt der alte Spruch von Henry Ford, dass die Unternehmenskultur die Strategie bereits beim Frühstück verspeist. Kulturarbeit kann somit ähnlich wichtig wie Strategiearbeit werden. Die emotionale Intelligenz wird bedeutender.

- Führungskräfte in dieser Kategorie verbringen viel Zeit damit, Auftritte nicht von den Inhalten her, sondern von der Überzeugungs- und Motivationskraft her zu planen.

Diese große Idee kommt vor den Analysen. Doch wer die Idee wirklich verstanden hat, braucht keine seitenlangen Details mehr.

- Führungskräfte verfolgen die Entwicklung der Motivation sowie Energie mindestens genauso wie die technologischen und kommerziellen Verbesserungen.

Bedient man sich eines Vergleichs mit der Kunstwelt, so fallen insbesondere Parallelen zum Expressionismus auf. Bei Letzterem geht es um einen deutlich freieren Umgang mit Farbe und Form, auch um eine Motivreduzierung auf das empfunden Wesentliche. Es dürfen bzw. müssen sogar traditionelle Perspektiven aufgelöst werden. Verbildlichen kann man dies z. B. mit August Mackes „Russisches Ballett 1" von 1912. Dieses in *Abbildung 7* in der Mitte dargestellte Bild bringt eine subjektive Wahrnehmung zu einem bestimmten Zeitpunkt zum Ausdruck. Auf die Vermittlung objektiver Wahrheiten wird kein Wert gelegt. Stellt man den Vergleich zu den auch für diesen Komplexitätsansatz namenstiftenden Staatsmännern her, so treten Führungskräfte, die Komplexitätslösungen vertreten, in der Tat staatsmännisch auf: Sie überzeugen. Sie zeichnen das große Bild. Ähnlich wie Ronald Reagan und Barack Obama vermitteln sie das Gefühl, den Überblick zu haben. Es geht mindestens genauso darum, „wie" etwas gesagt wird, als um das „Was". Dies steht im diametralen Gegensatz zu einer Margaret Thatcher, die zwar immer inhaltlich gut vorbereitet war und in Debatten mit Kenntnissen kleinster Details zu punkten versuchte, es aber nie verstand, Menschen zu bewegen.

DER META-DETAILLIERUNGSANSATZ

Dieser Ansatz stellt keinen eigenen dritten Ansatz dar. Vielmehr verlangt dieser Ansatz, dass man beide Gedankenwelten zunächst einmal als real existierend akzeptiert. Führungskräfte müssen gedanklich zulassen, dass es mehrere Ansätze gibt. Sie sollten dabei diese Ansätze nicht nur fundiert verstanden haben, sondern sich selbst sowie ihre Mitarbeiter auch problemlos den Ansätzen zuordnen können. Das Schlimmste, was passieren kann, ist eine Situation, in der – gut gemeint – große Mühe in die detaillierte Ausarbeitung einer Entscheidungsvorlage mit viel Zahlenmaterial und komplizierten, aber inhaltlich immer korrekten Grafiken investiert wird, obwohl die Zielperson eher nach der rettenden Idee sucht. Gleiches gilt im umgekehrten Falle. Im Idealfall kennt man die Zielgruppe der Kommunikation. Man weiß, wie man überzeugt, und kann dies auch effektiv umsetzen. Vielleicht kann man dies wiederum mit einer Kunstrichtung vergleichen. Hier bietet sich insbesondere der Pointilismus an, wie er prototypisch z. B. in Georges Seurats Werk „La Parade de Cirque" (1889) verkörpert ist. Beim Pointilismus kommen zwei Talente zusammen. Zum einen ist es die Raffinesse, die Maltechnik auch wirklich perfekt umzusetzen. Es geht um das richtige und auch farblich passende Setzen eines jeden einzelnen Punktes bis hin zur richtigen Flächengröße zwischen den Punkten. Der Maler schafft es, die Detail- und Technikorientierten und -verliebten abzuholen und zu begeistern. Der Maler weiß aber auch, eine Situation zu ver-

Es dürfen bzw. müssen sogar traditionelle Perspektiven aufgelöst werden.

Das Schlimmste, was passieren kann, ist eine Situation, in der große Mühe in die detaillierte Ausarbeitung einer Entscheidungsvorlage mit viel Zahlenmaterial und komplizierten, aber inhaltlich immer korrekten Grafiken investiert wird, obwohl die Zielperson eher nach der rettenden Idee sucht.

CSI-STIL	STAATSMÄNNISCHER STIL	META-DETAILLIERUNG
		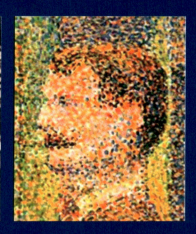
• *Zahlen, Daten, Fakten* • *Ranzoomen* • *Klassischer IQ*	• *Inspiration und Ideen* • *Rauszoomen* • *Emotionaler Intelligenzquotient (EQ)*	• *Das Beste vereinen* • *Die Idee beweisen* • *IQ + EQ*

ABBILDUNG 7 | *Zusammenfassung der drei Ansätze*

mitteln. Er versteht die Wahrnehmung des Betrachters und schafft es, recht leicht verständliche Eindrücke aufzuzeigen. Das Bild wird rasch verstanden, wiedererkannt und gerät nicht so leicht in Vergessenheit. Das Werk von Seurat in *Abbildung* 7 liefert ein Beispiel. Will man deutlich mehr Dynamik vermitteln, kann dabei der Vergleich zum gröberen, unruhiger wirkenden Virgulismus dienen. Bei diesem steht ebenfalls die Wirkung im Vordergrund, ohne jedoch die Maltechnik aus den Augen zu verlieren, auf der alles aufbaut.

Fasst man obige drei Ansätze zum Komplexitätsmanagement wie in *Abbildung* 7 zusammen, wird klar, dass wirkliche Weltklasseleistungen nur durch Meta-Detaillierung sichergestellt werden können. Dieser Ansatz verbindet das Beste aus beiden anderen Welten. Meta-Detaillierung versucht, auch die jeweiligen Schwächen der anderen Ansätze zu kompensieren.

ZUSAMMENFASSUNG – WORAUF WIR ZUERST ACHTEN MÜSSEN [2.7]

Dieses Kapitel diente zunächst der Erarbeitung eines einheitlichen und klaren Verständnisses, was Komplexität ist und welche Treiber wie fungieren. Wir klärten zudem, was Komplexität nicht ist. Wir führten aus, dass Komplexität nicht immer nur negative Folgen haben muss und sogar zur strategischen Waffe werden kann, wie unsere Darstellung der verschiedenen Evolutionsstufen verdeutlichte. Wir betonten in diesem Kapitel zudem die Notwendigkeit einer Kontingenzsicht. Genau wie Schönheit im Auge des Betrachters liegt, sind Komplexitätsführung und -management Sache der Wahrnehmung, und hier wiederum der die Wahrnehmung bestimmenden Fähigkeiten sowie der involvierten Akteure.

Wir unterscheiden ferner komplett entgegengesetzte Wege, die durchaus separat zum Ziel führen können, und darüber hinaus mit der Führungs- und Strukturperspektive unterschiedliche Sichtweisen. Sie alle haben ihre Daseinsberechtigung und ihre Anhänger. In Kapitel 3 beschäftigen wir uns mit dem übergeordneten Ziel der Komplexitätsführung und des -managements, in anderen Worten also mit dem Zweck dieses Mittels.

Die folgenden Einsichten fassen die wichtigsten Botschaften zusammen.

WORAUF WIR ZUERST ACHTEN MÜSSEN

1. *Kompliziertes ist nicht komplex. Komplexes fordert deutlich mehr!*

2. *Unser Verständnis von Komplexität muss der mehrdimensionalen Natur des Phänomens Rechnung tragen.*

3. *Wie ein gut ausgebildeter Muskel problemlos schwerere Gewichte stemmen kann, können Führungskräfte mit besseren Komplexitätskompetenzen entsprechende Herausforderungen anders wahrnehmen und meistern. Komplexitätsprobleme haben eine relative und subjektive Seite, die wir jeweils verstehen müssen.*

4. *Komplexitätslösungen müssen die Führungs- und Strukturperspektiven berücksichtigen und aufeinander abstimmen.*

5. *Nur weil Akteure eine (oft unbewusste) Präferenz für den CSI- oder den staatsmännischen Stil haben, wird dieser nicht unbedingt der richtige sein.*

6. *Schicken Sie sich an, Komplexität strategisch einzusetzen. Der Wettbewerb tut dies bestimmt.*

KOMPASS AUSRICHTEN → 3

KOMPASS
AUSRICHTEN

Wovon sollen unser Wirtschaften, Führen und Managen im Wesentlichen geleitet sein? Neben einem grundsoliden Verantwortungsdenken müssen wir unsere Firmen mit einem Kompass ausstatten und in die richtige Richtung führen. Es stehen mehrere Möglichkeiten zur Auswahl, die von „Wachstum, Wachstum, Wachstum" bis hin zu Cost Cutting reichen. Doch nicht erst der Aufstieg Chinas zur globalen Wirtschaftsmacht hat vielen produzierenden Unternehmen vor Augen geführt, dass die Innovationskraft auch in Zukunft entscheidender Werttreiber westlicher Unternehmen sein wird. Wir brauchen hierzu Mittel und Wege, um immer besser zu werden. Komplexitätsführung und -management können hier der alles entscheidende Transmissionsriemen sein.

KOMPASS AUSRICHTEN → 3

KOMPLEXITÄTSFÜHRUNG UND -MANAGEMENT IM INNOVATIONSPROZESS [3.1]

Schauen wir uns die aktuellen Entwicklungen etwas genauer an. Während sich chinesische Firmen mehr Innovationsfähigkeit aneignen, steigen parallel dazu auch die Forschungsausgaben im Land. Bereits im Jahre 2011 wurde nach Expertenschätzungen in China mehr für Forschung und Entwicklung ausgegeben als in ganz Europa.[32] Auch Japan wurde schon überholt. Indien liegt abgeschlagen zurück. Nur noch die USA werden sich maximal zehn weitere Jahre auf Rang eins der Forschungsausgaben halten. Während sich jedoch chinesische Firmen Produktionskompetenz im eigenen Hause halten, verlieren viele westliche Firmen diese zunehmend. Die Möglichkeit, kostengünstig zu produzieren, bleibt in China weiterhin bestehen. Im Westen jedoch ist dies kaum noch möglich, und die Differenzierung steht im Vordergrund. Hier liegt der Ansatz zur Komplexitätsführung und zum Komplexitätsmanagement, welche vom Endeffekt her die überlebens- und gewinnsichernde Innovationskraft stärken müssen – und dies nachhaltig. Wie folgende *Abbildung 8* skizziert, führt oft erst das Innovationspotenzial zu späterem Erfolg und entsprechender Finanzsituation.

Komplexitätsführung und -management können hier der alles entscheidende Transmissionsriemen sein.

Auch wenn Führungskräfte sich anschicken, den Unternehmenswert auf andere Art und Weise zu bestimmen, so müssen sie die positive Wirkung einer professionellen, aus der Komplexitätsperspektive optimierten Innovation anerkennen. Bei der Unternehmenswertbestimmung durch die Discounted-Cash-Flow-Methode zum Beispiel können die Erlöse durch höhere Stückzahlen und/oder Preise aufgrund von Produktinnovationen gesteigert werden. Aufwendungen können durch eine Senkung der Herstellkosten mittels Prozessinnovationen gesenkt werden. Laufende Investitionen wiederum können sich durch Kostensenkungen im Rahmen einer besseren Prozessbeherrschung schneller amortisieren. Fast alle von einer Firma beeinflussbaren Stellhebel profitieren von einer aus Komplexitätsperspektive optimierten Innovationskraft.

In diesem Zusammenhang muss jedoch zwischen verschiedenen Erwartungen an die Innovationskraft unterschieden werden. Wie in der folgenden *Abbildung 9* verdeutlicht, können die wesentlichen Ansprüche an eine Innovation eine Dynamik über die Zeit aufweisen. Betrachten wir zunächst die Bemühungen einer Firma und die erreichte Leistung nach Kurvenverlauf A. Eine ursprünglich hoch innovative Idee findet in verschiedenen Kundensegmenten und internationalen Märkten immer mehr Anhänger. Diese externen Nutzenpotenziale in Form von Kunden und Umsatzchancen werden bestmöglich gesichert. Doch wo schlummern nun weitere Innovationspotenziale? Man kann sie nun auch innerhalb der Firma eruieren. Innovationen müssen vermehrt

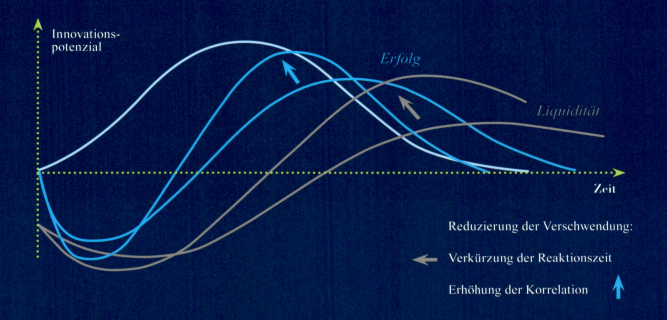

ABBILDUNG 8 | Die dominante Rolle des Innovationspotenzials

der Exploitation der ursprünglichen Idee dienen. Es geht um Prozessinnovationen, Ideen im Dienste des Kostenmanagements oder kleinere Weiterentwicklungen. Einem natürlichen S-Kurven-Verlauf folgend, brennt dieses Exploitationspotenzial jedoch früher oder später aus – es müssen neue Ideen her. Dazu bedarf es keiner Verwalter, sondern neuer Gestalter, die gegebenenfalls mit bunteren, verrückteren Ideen im Rahmen eines Explorationsparadigmas neue, unterschiedliche Wege gehen wollen, um somit Kurvenverlauf B loszutreten.

Was bedeutet dies nun für Führungskräfte, Komplexitätsführungskräfte und Komplexitätsmanager? Als ersten Schritt gilt es, den Kompass auszurichten. Wenn nicht andere gute Gründe dafür sprechen, geht es dabei um effektive und effiziente Innovationskraft. In einem zweiten Schritt gibt dieser Kompass nun normativ vor, welche Aufgaben die Komplexitätsführungskräfte und -manager erfüllen müssen. Geht es um exploitative oder explorierende Innovationskraft? Diese beiden Optionen unterscheiden sich in ihrer Umsetzung gewaltig. Wir spielen im Folgenden den Nutzenbeitrag von Lean Innovation durch, also einer deutlich effizienteren, verschwendungsfreieren Innovation.

Die Konzepte Innovation und Komplexität zusammenzubringen macht natürlich aus vielerlei Gründen Sinn. Innovationsfähigkeit und tatsächliche Innovation sind beide komplex. Ihre zahlreichen Elemente im Sinne von Personen und Prozessen sind hochgradig interdependent. Es herrscht zudem Dynamik im System vor, da Innovationen ja Veränderungen hervorbringen sollen. Dies führt aber auch dazu, dass viele Aspekte für den Betrachter oft nur unvollständig erfassbar und infolgedessen in vielen Bereichen unvorhersehbar und schwierig zu planen sind. Unsicherheit ist somit ein nicht zu vernachlässigender Bestandteil von Innovation/Komplexität. Studien zeigen, dass es statistisch keinen nachweisbaren Zusammenhang zwischen der F&E-Intensität und dem Unternehmensergebnis gibt. Oder anders ausgedrückt: Ein hohes F&E-Budget führt nicht zwangsläufig auch zu einem besseren Unternehmensergebnis. Es scheint offenbar eine Vielzahl von Führungskräften zu geben, denen es gelingt, mit einem sehr fokussiert eingesetzten Entwicklungsbudget den Unternehmenswert überdurchschnittlich zu steigern. Doch warum ist das so? Was machen diese Führungskräfte in ihren Unternehmen anders als andere? Welche anderen Entscheidungen treffen sie dort?

Apple liefert ein gutes Beispiel für die Bedeutung von Innovationen für den Unternehmenserfolg und die entwickelten Fähigkeiten. Dabei gelten unsere Einsichten bis dato. Was die Zukunft bringt, muss sich erst noch herausstellen. Das Unternehmen schaffte es, im heutigen hochdynamischen und globalen Wettbewerbsumfeld seine Attraktivität für Kunden und Investoren durch Innovationen erheblich zu erhöhen und sich nachhaltig vom Wettbewerb zu differenzieren. Durch seine Innovationskraft erzielte das Unternehmen dort überdurchschnittliche Markterfolge und

Die Konzepte Innovation und Komplexität zusammenzubringen macht Sinn.

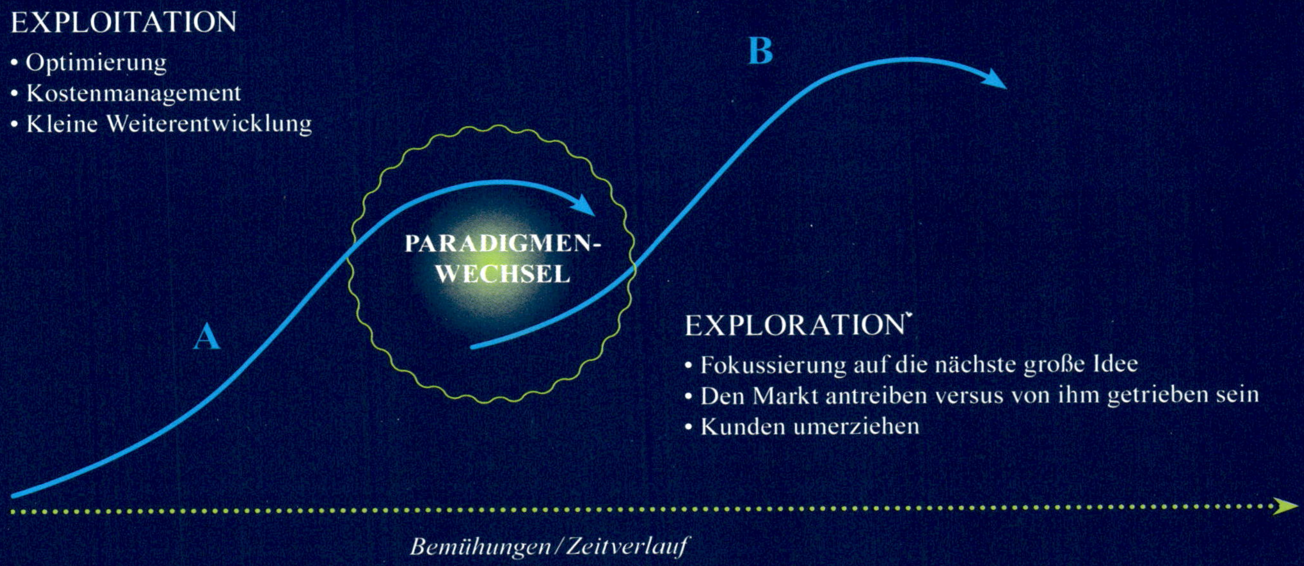

EXPLOITATION
- Optimierung
- Kostenmanagement
- Kleine Weiterentwicklung

PARADIGMEN-WECHSEL

A

B

EXPLORATION
- Fokussierung auf die nächste große Idee
- Den Markt antreiben versus von ihm getrieben sein
- Kunden umerziehen

Bemühungen / Zeitverlauf

ABBILDUNG 9 | Grundparadigmen der Innovation im Zeitverlauf

behauptete seine Positionierung auch in Krisenzeiten. Das Unternehmen hatte zwischenzeitlich Barreserven von über 100 Milliarden US-Dollar angehäuft. Apple differenzierte sich z. B. zunächst beim iPod, dann beim iPhone und auch beim iPad durch Produkt- und Leistungsinnovationen sowie durch das anfänglich neue, aber nach wie vor einen Milliardenumsatz generierende Geschäftsmodell der iTunes-Plattform. Sie hilft zudem, den Kunden in der eigenen Apple-Welt gefangen zu halten. Mit Hilfe von gleichzeitigem „Market Pull" und „Technology Push" antizipierte Apple neuen Kundennutzen und kreierte entsprechende innovative Lösungen. Fügt man noch ein hohes Maß an Ästhetik der Produktwelt hinzu, wird klar, dass Kunden nicht einfach zu billigeren Produkten greifen wollten. Es wird sogar zum Statussymbol, das neue iPhone oder (mini) iPad zu haben. Interessanterweise geht das Verlangen nach diesen Produkten sogar so weit, dass ein Viertel der Benutzer des neuen iPhones die anfallenden Rechnungen regelmäßig nicht begleichen konnten. Denn man musste es einfach haben!

Anschliessend schickte sich das Unternehmen an, das Fernsehen zu revolutionieren. Die gewünschten Programme sollen via Apps jederzeit abrufbar sein. Die Innovationskraft machte Apple zum wertvollsten Unternehmen der Welt. In 2013 verstärkten sich jedoch die kritischen Stimmen, dass Apple genau diese Innovationskraft zu verspielen riskierte. Koreanische und chinesische Konkurrenten schienen die Rolle der Innovationsführer einnehmen zu wollen. Was auch immer die Zukunft kurz- und mittelfristig bringen wird – keine Erfolgsposition, auch nicht Apples Innovationskraft wird auf ewig in Stein gemeißelt sein. Es bedarf der kontinuierlichen Pflege.

War Apple ein reiner Glücksfall? An einem Mangel an Ideen liegt es dabei sicherlich nicht. Nur eine von 300.000 in einer mittleren bis größeren Firma in den Köpfen der Mitarbeiter vorhandenen Ideen wird auch umgesetzt.[33] Selbst eine enorme Auslese hilft nicht, die Erfolgswahrscheinlichkeit der tatsächlich umgesetzten Ideen zu verbessern. Die Komplexitätsperspektive ermöglicht, die Erfolgschancen etwas mehr zugunsten der eigenen Firma zu verschieben. Auch kann mit dem entsprechenden Ansatz Verschwendungen und Fehlentwicklungen vorgebeugt werden.

Wir sehen im Konzept der Lean Innovation bereits eine elegante Möglichkeit, Komplexität besser und aktiv zu managen. Auf aggregierter Ebene postuliert Lean Thinking drei Handlungsanleitungen für Führungskräfte. Diese sind 1) Verschwendung eliminieren; 2) Nicht werterhöhende Aktivitäten und somit Komplexität reduzieren; 3) Werterhöhende Tätigkeiten optimieren. Grundsätzlich umfasst Lean Thinking schon von der Bezeichnung her eine weniger Komplexität anpeilende Situation, da insbesondere Verschwendung ausgemerzt werden muss. Dabei wird Verschwendung als jede menschliche Aktivität definiert, die Ressourcen verbraucht, aber keinen Wert erzeugt. Dies kann sowohl unnötige Prozessschritte als auch die Erzeugung von Produktmerkmalen, die der Kunde nicht benötigt, beinhalten. Nicht werterhöhende Tätigkeiten, und somit

Nur eine von 300.000 in einer mittleren bis größeren Firma in den Köpfen der Mitarbeiter vorhandenen Ideen wird auch umgesetzt. Die Komplexitätsperspektive ermöglicht, die Erfolgschancen etwas mehr zugunsten der eigenen Firma zu verschieben.

unnötige Komplexität, tragen nicht direkt zur Verbesserung des Produkts respektive zur Kostensenkung bei.

Als Beispiel ist hier die parallele Entwicklung von Konzepten zu nennen, wenn sie keinen direkten Mehrwert mit sich führt und letztlich nur ein einziges Konzept realisiert wird. Ausnahmen bestimmen wie immer die Regel. So entwickelt Apple immer bis zu sechs Varianten parallel, um genau die eine Idee zu schützen, die dann umzusetzen ist. Ein Mehr schafft Ambiguität und Wissensdiebe und illoyale Mitarbeiter, die Wissen an Journalisten weitergeben. Zur Umsetzung der Lean-Prinzipien für den Bereich Innovation und Entwicklung können, wie in der folgenden Übersicht in *Abbildung 10* dargestellt, zwölf zentrale Prinzipien für Führungskräfte genannt werden, die eine langfristige und nachhaltige Steigerung des Innovationspotenzials eines Unternehmens bewirken. Diese Prinzipien sind Inhalt des folgenden Abschnitts.

DIE 12 PRINZIPIEN DES LEAN INNOVATION AUS KOMPLEXITÄTSVERÄNDERNDER SICHT [3.2]

Bei unseren Erläuterungen beziehen wir uns im Folgenden auf ein klassisches produzierendes Unternehmen, wenngleich Verallgemeinerungen problemlos möglich sind. Diese zwölf Prinzipien werden von untenstehender *Abbildung 10* auch grafisch zusammengefasst:

1. PRINZIP > Strategische Positionierung mit dominanten Fähigkeiten

Ein wirksamer Innovationsansatz fördert den Auf- und Ausbau gefestigter strategischer Erfolgspositionen (SEP). Bei einer SEP handelt es sich um den bewussten Aufbau von wichtigen und dominanten Fähigkeiten. Sie bilden die Voraussetzung, um echte Wettbewerbsüberlegenheit und langfristig überdurchschnittliche Ergebnisse zu erreichen. Die Erhöhung der Interdependenz der Innovationsfähigkeiten und der strategischen Ausrichtung hört sich in der Theorie und vom Konzept her sehr logisch an, ist aber im praktischen Alltag häufig eine Herausforderung. Manche Führungskräfte wollen sofort und zum gleichen Zeitpunkt gleich mehrere, wenn nicht alle der folgenden Punkte ohne richtige Schwergewichtsbildung oder Sequenz erreichen. Dies schafft oft eine überwältigende Komplexität, da mehrere Erfolgslogiken parallel in den Köpfen der Mitarbeiter vorhanden sind. Während Interdependenz hilft, kann Vielfalt sogar schaden.

Bei einer SEP handelt es sich um den bewussten Aufbau von wichtigen und dominanten Fähigkeiten.

Weniger ist hier in der Tat mehr:

- Exzellenz und Effizienz im operativen Bereich
- Kostenvorteile
- Hohe Innovationsleistung
- Überlegene Produkte und Produktqualität
- Besonders enge Kundenbeziehungen

Daher ist eine rollierende Überprüfung und Anpassung der Strategien eines Unternehmens erforderlich, um die Wettbewerbsfähigkeit entsprechend der Veränderungsdynamik zu sichern. Nachfolgende *Abbildung 11* zeigt ein dafür geeignetes Vorgehen. Aus dem SEP-Profil ergeben sich allgemeine Vorgaben für die Innovationsstrategie: Auf welche Bereiche möchten Sie sich fokussieren? Wo reicht es im Gegensatz dazu aus, lediglich gängige Lösungen von Wettbewerbern zu adaptieren? Führungskräfte müssen die Teilstrategien wie auch die Innovations- und Entwicklungsstrategie kaskadenförmig aufeinander aufbauen, um die Unternehmensstrategie zielgerichtet und insgesamt zu unterstützen.

Aus dem SEP-Profil ergeben sich allgemeine Vorgaben für die Innovationsstrategie.

2. PRINZIP > Klare Hierarchisierung von Kundenwerten und Projektzielen

Auf Strategieebene haben wir vorstehend verdeutlicht, dass die Fokussierung auf wenige, mit dominanten Fähigkeiten untermauerte SEPs vielversprechend ist. Diese gedankliche Klarheit muss sich auch beim Herunterbrechen der Ziele wiederfinden. In der Vermeidung von unklaren Zielen zu Projektbeginn liegt heute eines der größten Effizienzsteigerungspotenziale, nicht nur in der F&E. Unklare Ziele ergeben sich häufig aus nicht oder nicht adressatengerecht formulierten Anforderungen an das Produkt oder, allgemeiner gefasst, den operativen Kern der Unternehmung. Etwaige bekannte Zielkonflikte müssen sofort angegangen und dürfen nicht vertagt werden. Denn je turbulenter der Alltag wird, desto mehr helfen wenige Prioritäten und gemeinsame Werte, auch für die Kollegen vorhersagbarer zu werden. Die Priorität einzelner Ziele sollte dabei stringent der strategischen Erfolgspositionierung des Unternehmens folgen. Etwaige Ambiguität oder Verunsicherung muss absolut vermieden werden.

Je turbulenter der Alltag wird, desto mehr helfen wenige Prioritäten und gemeinsame Werte, auch für die Kollegen vorhersagbarer zu werden.

Paradebeispiel ist auch hier die Firma Apple, zumindest für die Erläuterung des folgenden Beispiels und den dafür geltenden Zeitraum. Die Produktstrategie des iPhones folgte einer klaren

KONTINUIERLICHE VERBESSERUNG
der Innovationsproduktivität

STRATEGISCHE POSITIONIERUNG
mit dominanten Fähigkeiten

RELEASE-ENGINEERING
Synchronisierte Änderungen

KLARE HIERARCHISIERUNG
von Kundenwerten und Projektzielen

INNOVATIONSCONTROLLING
mit ergebnisorientierten Regelkreisen

ROADMAPPING
für Produkte und Technologien

PROJEKTSTEUERUNG
durch Multiprojektmanagement und Taktung

PRODUKTARCHITEKTURGESTALTUNG
durch integrierte Produkt- und Produktionsstrukturen

DATENKONSISTENZ
„Single source of truth"

SORTIMENTSGESTALTUNG
mit Merkmal- und Variantenbäumen

WERTSTROMOPTIMIERUNG
durch Prozessklassifizierung und -standardisierung

LÖSUNGSRAUM-STEUERUNG
durch Freiheitsgrade und Design-Sets

Sicher Adaptieren · Eindeutig Priorisieren · Früh Strukturieren · Einfach Synchronisieren

LEAN INNOVATION

ABBILDUNG 10 | *Die 12 Prinzipien von Lean Innovation*

KOMPASS AUSRICHTEN → 3

Fokussierung auf Ziele, die nicht zueinander in Konflikt stehen. In einem nahezu gesättigten Markt für Mobiltelefone, aus dem sich führende Konzerne wie Siemens 2005 als einer der Pioniere mangels Profitabilität zurückgezogen haben, startete Apple knapp zwei Jahre später als Newcomer. Apple verfolgte ein radikal neues Produktkonzept in den Mobilfunkmarkt und verbuchte traumhafte Gewinne. Ein Teil dieses Erfolgs liegt in Apples eindeutiger Priorisierung: Denn Ziel der Entwickler war es, nicht durch überlegene technologische Leistungsfähigkeit zu überzeugen, sondern die Auflösung des Zielkonflikts zwischen Bildschirm- und Tastaturgröße, um den breiten Funktionsumfang gängiger Smartphones endlich komfortabel bedienbar zu machen. Andere technische Funktionen entsprachen teilweise noch nicht einmal dem technologischen „State-of-the-Art". Der „Usability" wurde gegenüber allen anderen Zielen eindeutig Priorität eingeräumt. Unseren Beobachtungen zufolge haben beim Komplexitätsmanagement besonders erfolgreiche Firmen nie mehr als drei bis vier dieser Kernwerte – Werte, die niemals in Frage gestellt werden und die die Geschäftslogik unterstützen. Mehr Kernwerte sind nicht sinnvoll, denn sie führen im Zweifelsfall nur zu Verwirrung. Die klar definierten, bekannten und anerkannten Grundwerte dürfen höchstens an der Peripherie des Unternehmens ein Minimum an Flexibilität aufweisen. Um in dem *Abschnitt 2.3* nach Luhmann dargestellten schädlichen Effekt des Mechanismusparadigmas vorzubeugen, müssen auf Dauer Anpassung, Lernen und Experimentieren ermöglicht werden.

Mehr Kernwerte sind nicht sinnvoll, denn sie führen im Zweifelsfall nur zu Verwirrung.

3. PRINZIP > Roadmapping für Produkte und Technologien

High-Tech-Unternehmen stehen permanent vor der Herausforderung, Informationen über zukünftige Technologieentwicklungen frühzeitig zu erlangen und im eigenen Anwendungskontext umzusetzen. Erfahrungen aus der Praxis haben gezeigt, dass viele Unternehmen keine oder nur eine unzureichende Systematik besitzen, was die Einführung neuer Produkte angeht. Hierzu bedarf es eines „Fahrplans" in Form einer integrierten Produkt- und Technologie-Roadmap. Sie schaffen Transparenz. Produkt- und Technologieplanungen müssen unabhängig von den kurzfristigen Zyklen der Märkte in einem längerfristigen Roadmapping-Prozess und mit großer Konsequenz erfolgen. Mittels systematischer Technologiefrüherkennung können Führungskräfte neue Felder frühzeitig und kundenorientiert erschließen. Die folgende *Abbildung 12* verdeutlicht, wie mit Hilfe des Produkt-Technologie-Roadmappings die verschiedenen Planungsebenen „Markt", „Produkt" und „Technologie" geplant, synchronisiert und visualisiert werden können. Warum ist dies so wichtig? Diese Roadmaps helfen, ähnlich wie die zuvor dargestellte Profilsicht, bereits mit ihrer Visualisierung, ein einheitliches Verständnis der Lage und der wichtigsten Vorhaben zu schaffen. Mehrdeutigkeit, die schadet, wird abgebaut oder vermieden. Von anderen Beratern wurden z. B. alternativ dazu das Konzept einer Strategielandkarte oder Übersichten zu Aktivitätssystemen[34]

Roadmaps helfen mit ihrer Visualisierung, ein einheitliches Verständnis der Lage und der wichtigsten Vorhaben zu schaffen.

❶ WETTBEWERBS-ARENA DEFINIEREN

Was sind die Erfolgspositionen in der Branche?

Was sind die zukünftigen strategischen Erfolgspositionen?

STRATEGISCHE ERFOLGS-POSITIONEN IN DER BRANCHE	HEUTIGE BEDEUTUNG	ZUKÜNFTIGE BEDEUTUNG	INHABER (BEST-IN-CLASS)
Markenimage	1	3	Wir selbst
Innovation	4	6	Wettbewerber A
Kundennähe	1	3	Wettbewerber B
Technologie	3	4	Wettbewerber C
Leistungsbreite	4	1	Wir selbst
Skaleneffekte	3	1	Wir selbst
Distribution	5	4	Wettbewerber B
…	…	…	…

❷ „BEST-IN-CLASS" IDENTIFIZIEREN

Wie gut besetzen wir die strategischen Erfolgspositionen im Vergleich zum Wettbewerb?

Wer besetzt die strategischen Erfolgspositionen heute?

❸ STRATEGISCHE ERFOLGSPOSITIONIERUNGEN FESTLEGEN

Welche der strategischen Erfolgspositionen wollen wir in Zukunft besetzen?

Mit welchen Maßnahmen werden die strategischen Erfolgspositionen erreicht?

Legende:
sehr wichtig   unwichtig
1 2 3 4 5 6

ABBILDUNG 11 | *Konzept der strategischen Erfolgspositionierung*

vorgestellt, die aber im Grunde genommen das gleiche Ziel verfolgen – sicherstellen, dass die Vorhaben verdichtet dargestellt sind und somit auch insgesamt leichter verstanden werden.

Die Produktplanung resultiert dann aus einem systematisch geführten und am Markt ausgerichteten Ideenfindungs- und Ideenbewertungsprozess, der mit der darunterliegenden Technologieplanung eng synchronisiert wird. Die Unsicherheit bezüglich der getroffenen Annahmen bestimmt dabei Planungshorizonte und -intervalle. Je länger der Planungshorizont, desto länger und weniger detailliert sollte die Planung dafür sein, ansonsten begegnet man Unsicherheit mit zu rigider Planung, die letztlich niemandem hilft. Man sieht an diesem Prinzip auch die Wertbeiträge von Ashby und Luhmann in der Praxis. Mit einem Mehr an Komplexität im Sinne einer verfeinerten Methode kann man Unsicherheit, Unklarheit und Vielfalt an Vorgehens- und Verhaltensweisen vereinfachen.

Mit einem Mehr an Komplexität im Sinne einer verfeinerten Methode kann man Unsicherheit, Unklarheit und Vielfalt an Vorgehens- und Verhaltensweisen vereinfachen.

4. PRINZIP > Produktarchitekturgestaltung durch integrierte Produkt- und Produktionsstrukturen

Die systematische Produktarchitekturgestaltung ist Voraussetzung für die Erschließung hoher Skaleneffekte bei immer individuelleren Produkten. Auch hier erreichen wir über Ashby das Ziel, das Luhmann ebenfalls vor Augen hat. Durch die adäquate Modellierung von Funktionen und Technologien können Führungskräfte Synergien auf Produkt- und Prozessebene unternehmensweit erschließen. Eine zeitgemäße Produktarchitektur umfasst derartige Funktions- und Technologiemodelle und organisiert Kommunalitäten, also ein Weniger an Vielfalt und ein Mehr an Interdependenz, im gesamten Produktspektrum auf unterschiedlichen Ebenen – z. B. durch Gleichteile und Auslegungsstandards, aber auch durch fixierte Prozessfolgen in der Produktion. Verschwendung durch verpasste Chancen zur Nutzung von Skaleneffekten lässt sich bei konsequenter Umsetzung so vermeiden. Ein entscheidender Faktor besteht darin, Gleichheiten nicht nur in der Physis festzulegen, sondern ebenso funktionale, technische oder technologische Vereinheitlichungspotenziale zu realisieren, da diese oft eine zwingende Voraussetzung für physische Kommunalität sind und darüber hinaus technologische Synergien ermöglichen.

Ein entscheidender Faktor besteht darin, Gleichheiten nicht nur in der Physis festzulegen, sondern ebenso funktionale, technische oder technologische Vereinheitlichungspotenziale zu realisieren.

Das Beispiel des VW-Konzerns zeigt in einzigartiger Weise, wie sich mittels intelligent aufgesetzter Produktarchitekturen, in diesem Fall modulare Produktbaukästen, systematisch Wettbewerbsvorteile erschließen lassen *(siehe Abbildung 13)*. Eine Vielzahl unterschiedlicher Marken und Modelle sowie intensiver Wettbewerb führten unter Ferdinand Piëch dazu, dass der VW-Konzern bereits früh für einzelne Baureihen Plattformen definierte, die sich an der Bodengruppe orientierten.

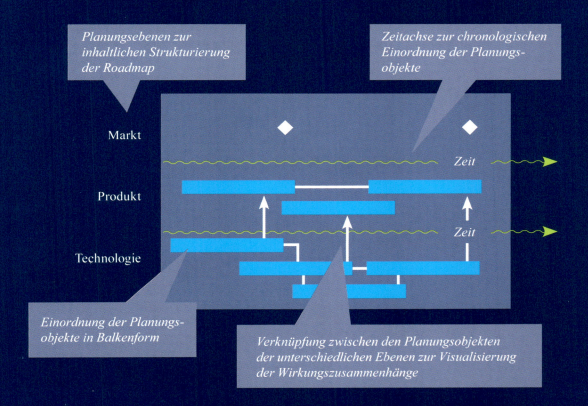

ABBILDUNG 12 | Elemente des Produkt-Technologie-Roadmappings

Da diese jedoch in ihren Synergiepotenzialen eingeschränkt waren und kaum Freiheitsgrade für eine Differenzierung aufwiesen, nahm die Konkurrenz unter den verschiedenen Modellen und Konzernmarken zu. Allein durch die Einführung des MQB konnten unter anderem die Stückkosten um 20 % sowie die Einmalaufwendungen für neue Fahrzeuge und ihre Entwicklung, Produktion und Beschaffung um 20 % gesenkt werden. Neben dieser deutlichen Kostenreduktion bilden diese Baukästen auch das Rückgrat für die Innovationsfähigkeit von Volkswagen, da sie es ermöglichen, mit vertretbarem Aufwand Derivate generieren zu können. Dadurch wird Volkswagen in die Lage versetzt, auch Nischenmodelle wirtschaftlich entwickeln und produzieren zu können. Zusätzliche Marktpotenziale sind somit leichter abzuschöpfen, denn Modularisierung heißt zwar schon Standardisierung, jedoch mit sichtbarer Individualisierung. Erweitert wird die Modularisierung zudem von einem Modularen-Standard-Antriebs-Baukasten (MSB) bei Porsche, was eine weitere Verfeinerung des Konzeptes Modularisierung bedeutet. Diese Konzernbaukästen werden prozessual und strukturell folglich gleich im Konzern aufgebaut. Auch die IT-Systeme werden hierfür angepasst.

5. PRINZIP > Sortimentsgestaltung mit Merkmal- und Variantenbäumen

Ein Mangel an Transparenz über Kosten und Nutzen produktseitiger Komplexität führt nicht selten zu überkomplexen Produktsortimenten mit einer Vielzahl von Modellen und einem breiten Konfigurationsraum. Ist dies für jemanden von Nutzen? Hat man hier die Komplexität an der richtigen Stelle? Wie nützlich ist diese Intransparenz bei der Entwicklung strategischer Vorteile oder beim Einsatz von Komplexität als strategische Waffe? Hier ist sie höchstens eine Waffe gegen sich selbst, über die sich Wettbewerber freuen.

Sortimentsvielfalt wird von den wenigsten Unternehmen aktiv und erfolgreich geplant, sondern ist häufig Resultat historischer Entwicklungen und einer Vielzahl getroffener Einzelentscheidungen. Aufgrund dieses als „Schleichkomplexität" genannten Phänomens wird die Sortimentsgestaltung auch gerne mit dem Haareschneiden verglichen: Ähnlich wie ein Haarschnitt wächst auch ein Produktprogramm kontinuierlich nach und bedarf deshalb regelmäßiger Pflege. Durch die Klassifizierung von Produktmerkmalen nach Kundennutzen und verursachungsgerechten Komplexitätskosten können Führungskräfte und ihre Teams die marktseitige Produktvarianz im Hinblick auf Verschwendung durch überbordende Komplexität ohne adäquaten Kundennutzen bewerten. Soweit die Theorie. In der Praxis stellen sich diese Aufgaben als überhaupt nicht einfach heraus. Es gilt, eine Reihe von Fragen zu beantworten: Wie viele Produktvarianten sind mit dem am Markt angebotenen Produktprogramm möglich? Welche davon werden vom Kunden überhaupt gefordert? Welche sind die „Renner", welche die „Ladenhüter"? Welche Auswirkungen hat

Ein Mangel an Transparenz über Kosten und Nutzen produktseitiger Komplexität führt nicht selten zu überkomplexen Produktsortimenten.

Ähnlich wie ein Haarschnitt wächst auch ein Produktprogramm kontinuierlich nach und bedarf deshalb regelmäßiger Pflege.

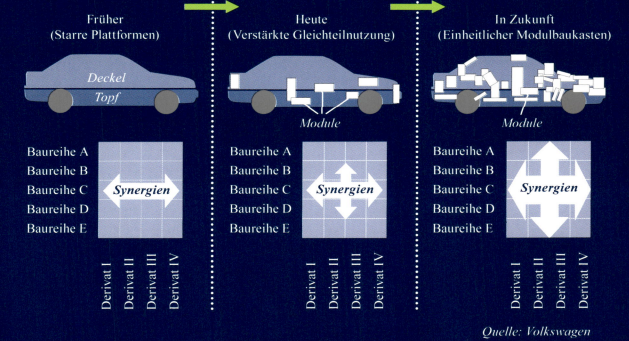

ABBILDUNG 13 | *Notwendigkeit und Vorteilhaftigkeit von mehr Interdependenz*

diese Variantenvielfalt auf Produktionsprozesse, Betriebsmittel und die Effizienz von Geschäftsprozessen? Wie können wir diese Auswirkungen finanziell bewerten? Was kostet uns letztlich eine Produktvariante in einer End-to-end-Betrachtung entlang der gesamten Wertschöpfungskette?

Es wird deutlich, dass Sortimentsentscheidungen nicht aus dem Bauch heraus getroffen werden können, sondern dass es intelligenter Werkzeuge bedarf. Hier brauchen wir die CSI-Spezialisten! Es gibt genügend Daten- und Informationsmaterial und es lassen sich Optimierungen sogar berechnen. Die softwarebasierte Analyse und Planung von Produktsortimenten mit Hilfe von Merkmal- und Variantenbäumen ermöglicht es Unternehmen, die Komplexität ihres heutigen und zukünftigen Sortimentes zu visualisieren, und zwar aus zwei Perspektiven: Die externe Sicht beschreibt die Sortimentsvielfalt aus Sicht des Kunden. Hierzu dient der Merkmalbaum, der die Vielfaltstreiber des Produktprogramms und den gesamten möglichen und tatsächlich vom Kunden gefragten Konfigurationsraum visualisiert. Die interne Sicht beschreibt die Perspektive der gesamten Supply Chain. Der Variantenbaum visualisiert hierbei die Entstehung der Sortimentsvielfalt entlang der Wertschöpfungskette und ihre Auswirkungen z. B. auf Werkzeuge und Betriebsmittel.

In Kombination mit einer ressourcenorientierten Prozesskostenbetrachtung erschließen sich mit diesen beiden Modellen vielfältige Analyse- und Simulationsmöglichkeiten sowohl bei der Optimierung des bestehenden Sortimentes als auch bei der Planung zukünftiger Produktgenerationen.

Projekte zur Variantenoptimierung mit der Software ComplexityManager führen vor allem in Branchen wie dem Maschinen- und Anlagenbau sowie der Automobilindustrie regelmäßig zu erheblichen Effizienz- und Effektivitätssteigerungen, unter anderem:

- Reduktion des Konfigurationsraumes um bis zu 70 %

- Reduzierung der Bauteilevielfalt und der durch sie verursachten Gemeinkosten um bis zu 60 %

- Reduzierung der Herstellkosten durch Skaleneffekte in Beschaffung, Fertigung und Montage um bis zu 30 %

- Verbesserung der Kundenzufriedenheit durch übersichtlicheres Sortiment und drastisch verkürzte Durchlauf- und Lieferzeiten

6. PRINZIP > Lösungsraum-Steuerung durch Freiheitsgrade und Design-Sets

Wichtig im Bereich Innovation und F&E ist die Steuerung der Komplexität der unterschiedlichen Projekte und Tätigkeiten durch „Frühes Strukturieren", um die Prozesse möglichst verschwendungsfrei und konsequent auf „Werterzeugung" auszurichten. Komplexität soll also durch richtige Planung gleich vermieden werden. Die Anwendung der Prinzipien des Frühen Strukturierens zielt auf ein motiviertes Projektteam, das Einbeziehen konkreter, transparenter und priorisierter Anforderungen und Werte sowie die Zusammenführung von Projekt und Produkt in der Art, dass eine fundierte Grundlage für eine effiziente und einfach zu synchronisierende Abwicklung geschaffen werden kann.

Für überlegenen Produkterfolg bei geringer Time-to-market ist die Steuerung des Lösungsraums entscheidend, um Iterationen zu vermeiden. Verschwendungen im Entwicklungsprozess entstehen allzu häufig durch eine zu frühe Einschränkung der im Rahmen der verschiedenen Design-Phasen betrachteten Lösungsalternativen. Etwas mehr Offenheit und bewusst in Kauf genommene Ambiguität kann hier werterhöhend wirken. Denn stellt sich gegen Ende der Design-Phase heraus, dass die angedachte Lösung die an sie gestellten Anforderungen doch nicht zu 100 % erfüllen kann, führt dies zu einem schmerzhaften Iterationsprozess, der ein Vielfaches der ursprünglich geplanten Zeit und Kosten benötigen kann. Eine wirksame Lösungsraum-Steuerung hingegen definiert transparente Freiheitsgrade für jede Innovationsaufgabe. Den so definierten Lösungsraum gilt es vollständig zu bewerten. Gruppen alternativer Lösungsmöglichkeiten, sogenannte Design-Sets, werden teils bewusst redundant weiterverfolgt, bis eine sichere Entscheidungsgrundlage gegeben ist. Kern der Lösungsraum-Steuerung ist daher ein breites „An-Entwickeln" und die daraus folgende systematische Eingrenzung der zur Verfügung stehenden Freiheitsgrade zu bewusst gewählten Zeitpunkten. Nur wenn auf der Grundlage einer ausreichenden Informationsbasis Lösungen als suboptimal eingestuft werden können, darf der Lösungsraum eingegrenzt werden.

Den Lösungsraum gilt es vollständig zu bewerten.

7. PRINZIP > Wertstromoptimierung durch Prozessklassifizierung und -standardisierung

Um den steigenden Anforderungen des Marktes und des Wettbewerbs gerecht werden zu können, überprüfen und optimieren Unternehmen regelmäßig ihre Geschäftsprozesse. Doch was in der Produktion unter Schlagwörtern wie „Lean Production" und „One-piece-flow" mittlerweile gängige Praxis in vielen Unternehmen ist, gilt noch längst nicht auch für die Entwicklungsprozesse: Der durchgängige Wertstrom von Innovationsprozessen wird heute in vielen Unternehmen durch Wartezeiten und Rückschleifen unterbrochen. Wem hilft diese Vorgehensweise? Das Fehlen der richtigen, moderneren Methode kommt einem Mangel an Komplexität gleich. Mit wirksameren Konzepten, die von dafür trainierten Experten benutzt werden, erhöhen wir zwar die Komplexität im System, erlauben jedoch nach dieser Aufbauarbeit einen umso verschwendungsfreieren, vereinfachteren Ablauf an einer Stelle mit bemerkenswerten Erfolgsreserven.

Die Wertstromanalyse im Entwicklungsprozess setzt genau an dieser Stelle an. Sie macht für Führungskräfte Entwicklungsprozesse transparent und hilft damit, wertschöpfende Tätigkeiten von Blindleistung oder sogar wertvernichtenden Tätigkeiten zu unterscheiden, indem sie systematisch Schwachstellen wie z. B. Rückschleifen, Medienbrüche und Doppelarbeiten aufdeckt. Im Gegensatz zur klassischen Wertstromanalyse in der Produktion basiert die Optimierung des Wertstroms in der F&E auf der Unterscheidung von kreativen und repetitiven Prozessen. Für repetitive Prozesse werden „Successful Practice"-Ansätze standardisiert, für kreative Prozesse werden transparente Zielgrößen und konkrete Handlungsspielräume definiert – der Schlüssel zur Vermeidung von Verschwendung ist also die an den Prozesscharakter angepasste Standardisierung. Zu den Methoden der Wertstromanalyse in direkten und indirekten Bereichen gibt es eine Vielzahl von Büchern und Tools mit individuellen Vor- und Nachteilen.

Wir möchten hierzu an dieser Stelle gar keine Empfehlung aussprechen, denn viel wichtiger als die Methode selbst ist es aus unserer Sicht, folgende praktische Grundsätze zu berücksichtigen:

1. Machen Sie sich zunächst bewusst, was Wert und Verschwendung in der Produktentwicklung im Allgemeinen bzw. für Ihr Unternehmen im Speziellen sein können.

2. Definieren Sie Leitbilder und Zielzustände als Orientierungspunkte bei der Wertstromanalyse.

3. Achten Sie bei der Zusammensetzung der Workshop-Teams zur Wertstromanalyse darauf, dass die relevanten Stakeholder gleichberechtigt eingebunden werden und das Team nur so groß wie nötig ist.

4. Wählen Sie den Fokuszeitraum/-bereich für die Wertstromanalyse nicht zu groß, da Sie den Wertstrom sonst nur oberflächlich optimieren.

5. Vertrauen Sie bei der Prozessaufnahme nicht auf bereits bestehende Prozessdokumentationen wie ISO-Dokumente, sondern machen Sie sich ihr eigenes „Bild" vom Status quo.

Mit wirksameren Konzepten, die von dafür trainierten Experten benutzt werden, erhöhen wir zwar die Komplexität im System, erlauben jedoch nach dieser Aufbauarbeit einen umso verschwendungsfreieren, vereinfachteren Ablauf an einer Stelle mit bemerkenswerten Erfolgsreserven.

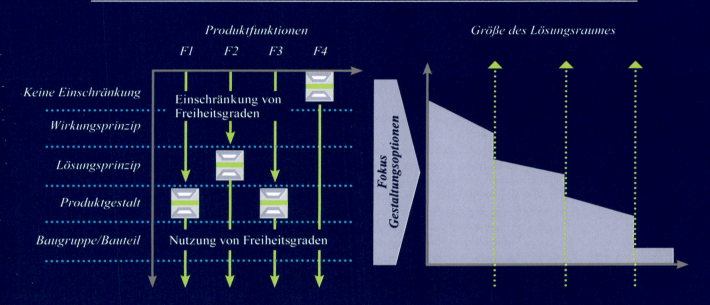

ABBILDUNG 14 | Prinzip des Lösungsraum-Managements

6. Nutzen Sie die Prozessdarstellung unbedingt zur Abbildung der Wechselwirkungen der Aktivitäten einzelner Stakeholder.

7. Bewerten Sie die Aktivitäten aus Sicht der internen und externen Kunden.

8. Wägen Sie Aufwand und Nutzen der zur Optimierung erforderlichen Maßnahmen sorgfältig ab.

8. PRINZIP > Datenkonsistenz und „Single source of truth"

Produktentwicklung ist nicht ohne den Austausch von Daten, Informationen und Wissen zwischen verschiedenen Akteuren möglich. Die Vernetzung von Informationen, sei es über Bereiche, Abteilungen oder gar Unternehmen hinweg, spielt heutzutage eine immer wichtigere Rolle. Die Dichte dieses Netzwerkes und die Intensität des Informationsaustausches unter den Netzwerkmitgliedern stellen Komplexität an der richtigen Stelle dar. Die Grundlage für synchrone Innovationsprozesse ist eine konsistente Datenbasis. Eine Vielzahl zusätzlich inkompatibler Datenbanken und -formate ist Komplexität an der falschen Stelle. Verschwendung von Entwicklungskapazität durch unvollständige oder falsche Informationen kann aber als unnötige Komplexität vermieden und Verschwendung durch nicht direkt wertschöpfende Stützleistungen wie Such- und Anpassungsaufwände signifikant reduziert werden. Product-Lifecycle Management (PLM) als Komplexität bringende, aber auch intelligenter machende Methode stellt Prozesse, Methoden und Werkzeuge bereit, um Produktinformationen in der richtigen Zeit und Qualität am richtigen Ort zur Verfügung zu stellen.

Die Dichte dieses Netzwerkes und die Intensität des Informationsaustausches ist Komplexität an der richtigen Stelle!

Das PLM bildet das informationstechnische Rückgrat des Produktentwicklungsprozesses. Alle Anwenderprogramme wie z. B. CAD-Anwendungen zur Erstellung von 3D-Darstellungen müssen darin wie in ein zentrales Nervensystem integriert werden. Sie müssen den von ihnen selbst benötigten Informationsbedarf daraus beziehen und sämtliche Ergebnisse in einem für alle Beteiligten kompatiblen Format ablegen können. Die virtuelle Produktentwicklung ist bereits in vielen Branchen gelebte Praxis. Dennoch werden die Anwendungsmöglichkeiten von PLM-Lösungen heute in den seltensten Fällen proaktiv geplant und systematisch und vollumfänglich eingesetzt. Das hierzu notwendige Know-how ist häufig entweder gar nicht vorhanden oder es wird nicht systematisch genug ausgebaut. Somit bleibt das Thema häufig vom Engagement einzelner Mitarbeiter abhängig und damit mehr „Geschmacksfrage" als „Strukturierung".

Das hierzu notwendige Know-how ist häufig entweder gar nicht vorhanden oder es wird nicht systematisch genug ausgebaut.

Unternehmen müssen bei der Auslegung ihrer PLM-Lösung zielgerichtet entsprechend ihrer individuellen strategischen Ausrichtung vorgehen und eine entsprechende PLM-Strategie definieren.

Um die potenziell überwältigende Aufgabe der Implementierung einer PLM-Lösung überhaupt bewältigen zu können, ist der Fokus auf den Hauptprozess der Entwicklung sowie die wichtigsten Anwendungssysteme zu legen. Pilotanwendungen mit hohem Realisierungspotenzial sollten als Erfolgserlebnisse genutzt werden, um die Motivation für die Veränderungsprozesse zu stärken.

Wir möchten einen ganz wichtigen Punkt nochmals besonders betonen. Hier wird die herausfordernde Natur des Themas „Komplexität" deutlich, insbesondere wenn es um die sprachliche Beschreibung geht. Datenkonsistenz bewirkt eine deutliche Vereinfachung, da parallele Datenbanken, inkompatible Schnittstellen oder Datenverwaltungsformate usw. abgeschafft werden. Die dazu notwendige IT zu entwerfen und zum Laufen zu bringen, sie auch erfolgreich politisch zu verankern und die hohen Budgets dafür zu sichern, bringt zweifelsohne ein Mehr an Komplexität mit sich. Das Komplexitätsniveau steigt durch eine ausgefeiltere Softwarelandschaft an. Sich anschließende Informationsmanagementherausforderungen werden vereinfacht. Die IT wird somit zu einem einzigartigen Weg, Prozesse zu vereinfachen, da viele Vorgänge bereits an der einen oder anderen Stelle digital erfasst und abgebildet sind. Gleichzeitig kann die IT aber auch zur Ursache von unnötiger Komplexität werden, wenn sie nicht richtig gemanagt wird. Bisher scheuen viele Unternehmen den wichtigen Schritt einer PLM-Einführung. Zukünftig wird es für Unternehmen allerdings überlebenswichtig sein, sich dieser Herausforderung zu stellen.

9. PRINZIP > Projektsteuerung durch Multiprojektmanagement und Taktung

Das Zusammenspiel der an einem Innovationsprojekt beteiligten Disziplinen gleicht einem Sinfonieorchester: Zahlreiche Experten und Künstler arbeiten zeitgleich zusammen, aber nur durch die perfekte Synchronisation entsteht ein Kunstwerk – es zählt die Fähigkeit zum „einfachen Synchronisieren" aller am Projekt Beteiligten. Eine zeitliche und inhaltliche Strukturierung der Entwicklungsprozesse durch Meilensteine und Gates ist heute Standard: Der Fortschritt im Entwicklungsprozess wird im Hinblick auf die erzielten Ergebnisse und die verbliebenen Risiken kritisch in den Gate-Reviews überprüft. Es zeigt sich jedoch häufig, dass diese Strukturierung des Entwicklungsprozesses allein nicht unbedingt das ausschlaggebende Erfolgskriterium ist: Immer wieder kommt es auch bei den Firmen, die ihre Entwicklung durch Gates und Meilensteine strukturiert haben, zu starken Verzögerungen der Projekte und zu Zielabweichungen. Während die inhaltlichen Ziele bei unseren Benchmarks in der Regel häufig noch erreicht werden, kommt es bei der Einhaltung der zeitlichen und Budget-Ziele häufig zu größeren Abweichungen vom Soll. Kennen Sie das Phänomen, dass ein laufendes Projekt, welches ein Gate nicht passieren dürfte, diese „Hürde" trotzdem überwindet, ganz einfach weil es an Alternativen mangelt? Fragen Sie sich manchmal, warum nicht einfach im Vorfeld irgendjemand mal die Notbremse zieht und auf sich abzeichnende Probleme offen aufmerksam macht?

Hier hilft die Taktung: Im Prinzip geht es um nichts anderes, als die Zeit zwischen zwei Gates oder Meilensteinen in kleinere Zeitfenster zu unterteilen. In ähnlicher Weise werden auch die meilensteinbezogenen Arbeitsinhalte in kleinere, sinnvolle und wertorientierte Arbeitspakete unterteilt – mit einigen deutlichen Vorteilen:

- Einfacheres Multiprojektmanagement: Die Priorisierung im Multiprojektmanagement wird von den Beteiligten vergemeinschaftet. Die Diskussion und permanente Entscheidungsfindung über die Prioritäten führen nicht mehr zu einer zusätzlichen Belastung der einzelnen Mitarbeiter.

- Mehr Flexibilität und höhere Auslastung der Entwicklungskapazitäten: Arbeitspakete lassen sich – technische Logik vorausgesetzt – leichter zwischen den verschiedenen Projekten verschieben. Selbst in gut strukturierten Entwicklungsbereichen führt dieses Gesamtoptimum zu einem hohen Effizienzgewinn.

- Zufriedene und motivierte Teamplayer: Erfahrungsgemäß erhöht dieses Vorgehen nicht nur die Zeitgenauigkeit der Entwicklungsarbeiten, sondern auch die Eigenverantwortung und Identifikation der Mitarbeiter mit ihrer Aufgabe.

Durch die konsequente Trennung von Projekt- und Prozesssteuerung aus führungstaktischer Sicht wird die Planungs- und Termintreue von Innovationen erheblich gesteigert, Kapazitätsspitzen werden geglättet. Auch hier führt ein Komplexitätsmanagement durch modernere Methoden zu komplexeren verwendeten Ansätzen, aber im Endeffekt zu einer erleichterten und vereinfachten Steuerung des innerbetrieblichen Vorgehens. Taktung und Ausrichtung als Grundlage einer Wertstromorientierung in der F&E, ruhige Prozesse mit maximaler Nutzung von Skaleneffekten projektintern und -übergreifend bedingen eine durchgängige und konsistente Synchronisation aller Aktivitäten. Notabene: Wir befinden uns nach wie vor im großen gedanklichen Rahmen einer eher exploitativen Innovationsherausforderung.

Durch die konsequente Trennung von Projekt- und Prozesssteuerung wird die Planungs- und Termintreue gesteigert und Kapazitätsspitzen geglättet.

10. PRINZIP > Innovationscontrolling mit ergebnisorientierten Regelkreisen

Die Idee des „Schärfe die Säge zum Erleichtern des Sägens" setzt sich hier fort. Mit den richtigen Bemühungen, die man in das System investiert, wird es effizienter und erfolgreicher. Wir runden die Palette an Systemoptimierungen mit dem Prinzip des Innovationscontrollings mit ergebnisorientierten Regelkreisen ab. Es basiert auf einem einfachen Konzept. Es wird versucht, die Steuerung des F&E-Systems als Regelkreis darzustellen. Als Führungsgröße wird ein Soll-Ergebnis in Form einer Zielsetzung vorgegeben, die dann in der Unternehmensplanung Berücksichtigung findet. Dazu gestalten Führungskräfte im Prozess transparente, messbare Zielgrößen und kurze Feedbackschleifen über das erzielte Resultat. Die Herausforderung hierbei liegt in der schwierigen Messbarkeit von F&E-Ergebnissen. Kapazitätsauslastung? ROI? Time-to-market? Wie können wir das Resultat eines Innovationsprozesses messen? Diese Fragen sind für jedes Unternehmen individuell zu beantworten.

Einen interessanten Weg geht hierbei die Firma Mattel. In der Konsumgüterindustrie und vor allem als Hersteller von Spielwaren mit typischerweise sehr kurzen Produktlebenszyklen ist ein hoher Anteil von neuen Produkten im Portfolio maßgeblich für den Unternehmenserfolg. Hierzu bedarf es einer frühzeitigen zuverlässigen Prüfung, ob ein geplantes Produkt am Markt „einschlagen" wird oder eben nicht. Für Mattel stellte sich daher die Frage nach einer geeigneten Kenngröße für dieses Phänomen. Hierfür hat Mattel die „Child Attention Time" definiert, die es mit jedem Produkt zu maximieren gilt. Sie beschreibt, wie lange ein Prototyp des Produktes in der Lage ist, die Aufmerksamkeit einer Fokusgruppe von Kindern aufrechtzuerhalten. Design-Teams können ihre Produkte regelmäßig hinsichtlich der „Child Attention Time" prüfen lassen und so schon frühzeitig entscheiden, welche Ideen zu weiteren Produktkonzepten ausgearbeitet werden. Dies erhöhte den Neuproduktanteil auf über 80 % und verkürzte die Time-to-market-Zeit um 20 %.

Verschwendung von Innovationsressourcen durch Unklarheit der Zielvorgaben und der tatsächliche Zielerreichung wird somit wirkungsvoll vermieden. Man nimmt auf konzeptioneller Ebene sozusagen Ockhams Rasierklinge und schneidet diese Verschwendung aus dem System. Wiederum ist ein Mehr an Komplexität, z. B. durch die Einführung und den Ausbau von Controlling- und Feedbackkompetenz, der Transmissionsriemen, um zu Einfachheit zu kommen.

Verschwendung von Innovationsressourcen durch Unklarheit der Zielvorgaben und der tatsächliche Zielerreichung wird wirkungsvoll vermieden.

11. PRINZIP > Release-Engineering mit synchronisierten Änderungen

Der Begriff des Release-Engineerings stammt ursprünglich aus der Softwareentwicklung. Er bezeichnet die von Softwareherstellern in vordefinierten Zeitabständen durchgeführte Bereinigung, Verbesserung und Erweiterung von Softwaresystemen. Komplexe Produkte weisen häufig Funktionalitäten und Baugruppen mit stark unterschiedlichen Lebenszyklen auf. Vision des Release-Engineerings ist es, technische Änderungen nicht ad hoc umzusetzen, sondern stets in Form gebündelter und getakteter Releases. Ziel des Release-Engineerings ist es daher, die Lebenszyklen einzelner Produktfunktionen so zu steuern, dass das Produkt insgesamt aus Kundensicht dauerhaft zeitgemäß erscheint. Ungeplante Release-Zyklen führen hingegen schnell zu Verschwendung durch unnötig hohe Komplexität in der gesamten Prozesskette. Die Release-Planung ist die methodische Schnittstelle zwischen der Produktstrukturierung und dem Lifecycle-Management.

Ein erfolgreiches Beispiel liefert hier auch die Automobilindustrie, der es in den letzten Jahrzehnten erfolgreich gelungen ist, die Lebenszyklen einzelner Komponenten vom Lebenszyklus des Produktes selbst zu entkoppeln. So muss heute bei der Entwicklung einer neuen Fahrzeuggeneration der Oberklasse keinesfalls das komplette Fahrzeug neu entwickelt werden, sondern die Innovationen konzentrieren sich häufig auf diejenigen Komponenten, die eine hohe Aufmerksamkeit des Kunden genießen, von ihm direkt als Innovation wahrgenommen werden und zur Differenzierung geeignet sind. Hierzu gehören neben dem Design des Interieurs und Exterieurs vor allem Infotainment- und Fahrerassistenzsysteme, die eine besonders hohe Innovationsrate aufweisen. Andere Komponenten wie z. B. Fahrwerk oder auch Motoren und Getriebe weisen jedoch eine im Vergleich dazu deutlich geringere Innovationsrate auf und können nicht selten vom Vorgänger- zum Nachfolgermodell übernommen werden. Umgekehrt kann auch die zeitlich asynchrone Innovation dieser Komponenten im Vergleich zum Gesamtfahrzeug attraktiv sein, um zusätzliche Marktpotenziale abzuschöpfen. So macht BMW beispielsweise seit Jahren erfolgreich vor, dass es durchaus attraktiv sein kann, für einzelne Modellreihen in der zweiten Hälfte des Lebenszyklus noch eine neue, stärkere Motorenvariante auf den Markt zu bringen, um damit in Kombination mit einem Facelift auch anspruchsvollen Kunden gezielt einen neuen Kaufanreiz zu setzen.

Hierbei wird jedoch noch einmal die herausragende Bedeutung der Produktarchitektur deutlich: Denn zwingende Voraussetzung für ein Release Engineering ist eine Architektur, die die getrennte Weiterentwicklung einzelner Bereiche des Produktes zulässt. Hierzu bedarf es in aller Regel klar abgegrenzter Module mit definierten und standardisierten Schnittstellen. Nicht nur an dieser Stelle wird deutlich, dass die von uns dargestellten Prinzipien nicht isoliert betrachtet werden können, sondern Lean Innovation sein wirkliches Potenzial nur durch die richtige Kombination der einzelnen Ansätze entfalten kann.

Nicht nur an dieser Stelle wird deutlich, dass die von uns dargestellten Prinzipien nicht isoliert betrachtet werden können.

12. PRINZIP > Kontinuierliche Verbesserung der Innovationsproduktivität

Die stetige Verbesserung wird für Lean Innovation anhand von fünf Stufen im Innovationsreifegradmodell beschrieben. Das Reifegradmodell beschreibt für Führungskräfte, wie sich über die Veränderung von Strukturen und Verhaltensweisen die Wirksamkeit der Lean-Innovation-Prinzipien kontinuierlich erhöhen lässt. Besonders wichtig für die stetige Verbesserung ist die Arbeit mit Idealzuständen und daraus abgeleiteten Zielzuständen, die für alle Mitarbeiter als Orientierung dienen. Wenn eine Firma hier Kompetenzen aufbaut, sind diese von außen kaum sichtbar. Sie tauchen nicht in der Bilanz auf. Sie sind schwer von Wettbewerbern zu kopieren, die ihren Erfolg auf das Nachahmen und Reverse Engineering aufbauen. In diesem Sinne ist Ambiguität nicht immer schädlich und Unheil verursachend. Ambiguität ganz gezielt aufzubauen, ist auch Teil der Komplexitätsführung.

Gleichzeitig gilt es natürlich, dieses Wissen und die organisatorischen Weiterentwicklungen zu schützen. Dabei gilt der Grundsatz, dass das schwächste Glied die Kette reißen lassen kann. Ein Beispiel soll dies verdeutlichen. Die Schweizer Uhrenfirma Swatch wurde zum Retter der Schweizer Uhrenindustrie, was sowohl für die Umsätze als auch die Reputation gilt. Vor zwei Jahrzehnten hatten die japanischen Wettbewerber viele Marktsegmente, insbesondere das Massengeschäft, erobert. Für die Japaner unerklärlich, produzierte Swatch Uhren allerdings zu unschlagbar niedrigen Kosten. Ein Reverse Engineering brachte keine Erkenntnisse. Folglich wurden eine Reihe von Schönheiten in den Gaststädten um die Produktionsstandorte von Swatch platziert, um die gegebenenfalls sich etwas einsam fühlenden Angestellten, die ihren Feierabend bei einem Glas Bier genossen, kennenzulernen und von ihnen mehr über den Erfolg von Swatch zu erfahren. So geschah es dann auch. Das einzige Erfolgsprinzip in der Produktion von Swatch war die Montage von nur einer Seite, was eine deutliche Vereinfachung darstellte. Es dauerte nur kurze Zeit, bis die japanischen Konkurrenten diese Methode kopiert hatten. Die Botschaft ist, dass es bei Lean Innovation um mehr geht als um eine kluge Idee. Es geht um den Auf- und Ausbau individueller Fähigkeiten des Unternehmens, die einzigartig sind und schwer von Wettbewerbern kopiert werden können. Lean Innovation bietet damit gerade auch westlichen Unternehmen eine Art Kompass, um auch in hart umkämpften Wettbewerbsarenen und unter zunehmendem Konkurrenzdruck aus Fernost nachhaltig erfolgreich zu sein.

ZUSAMMENFASSUNG – WORAUF WIR ZUERST ACHTEN MÜSSEN [3.3]

Kapitel 3 klärt den nächsten Schritt in unserem Rahmenkonzept der Komplexitätsführung. Firmen, Führungskräfte, Komplexitätsmanager und ihre Kollegen benötigen und verdienen einen klar ausgerichteten Kompass, der wirklich auch nur in eine Richtung zeigt und nicht zu viele Ziele

Ambiguität ganz gezielt aufzubauen, ist auch Teil der Komplexitätsführung.

gleichzeitig ansteuern soll. Mit Lean Innovation steht Komplexitätsführungskräften bereits ein solides Konzept zur Verfügung, das das Komplexitätsniveau in Firmen verlagert. Einerseits die Komplexität auf der Systematik- und Methodenseite erhöhendes, andererseits auf der Ablaufseite grandios vereinfachendes Lean Innovation ermöglicht es jedem Unternehmen und seinen Führungskräften, die zur Verfügung stehenden Mittel fokussierter einzusetzen, um so die Entwicklungseffizienz zu steigern und darüber die relative Wettbewerbsposition zu sichern und auszubauen. Wir haben dazu in den vorhergenannten Prinzipien beobachtet, wie sich mit der richtigen Methodenausstattung die Komplexität an welcher Stelle erhöht und andernorts sogar radikal beschnitten wird.

Wir wollen zudem Folgendes betonen. Ein komplexitätstransformierendes Lean Innovation ist kein Projekt, das man von A bis Z zwischendurch einmal abarbeiten kann oder „auch noch" mit auf die Prioritätenliste setzen kann. Es weist Interdependenzen zu organisatorischen und technischen Aspekten, zu IT- sowie HR-Management und kulturellen Aspekten auf. Schon allein deswegen wird man „den Meistergrad" nicht von heute auf morgen erreichen. Nach einem Verstehen des Konzeptes und seiner Daseinsberechtigung im Unternehmen, nach dem Sichern der notwendigen Top-Management-Unterstützung gilt es, das Thema kontinuierlich auszubauen. Es ist ein Ideal-Vektor-Konzept, bei welchem es immer noch eine Verfeinerungsmöglichkeit gibt, und kein Ideal-Punkt-Konzept, bei dem man einen gewissen Status quo erreicht hat und dann alle Bemühungen ruhen lassen und sich entspannt zurücklehnen kann. Für die einzelnen Schritte gilt das Motto: „It is better to be done than perfect." Zur kontinuierlichen Verbesserung kann man sich z. B. am zuvor vorgestellten fünfstufigen Lean-Innovation-Reifegradmodell orientieren. Für jede einzelne dieser fünf Stufen erfolgt eine unternehmensspezifische Anpassung des Reifegradmodells, um eine ganzheitliche Planung auf Basis der einzelnen Ebenen zu ermöglichen. Die wirklich erfolgreiche und weise (Komplexitäts-) Führungskraft weiß jedoch um die zeitliche Begrenztheit eines Erfolgsrezeptes. Man kann es zwar eine Zeit lang verfeinern, optimieren, kostengünstiger gestalten, doch früher oder später – wohl eher früher als später – wird zunächst der gedankliche und dann der organisatorische Wechsel von der Exploitation der gefundenen Lösungen hin zur Exploration stattfinden. Gemäß dem Komplexitätstreiber „Dynamik" muss jede Führungskraft dabei wissen, wann selbst zu einem Zeitpunkt bestens funktionierende Lösungen in die Jahre kommen. Führungskräfte müssen dann rechtzeitig die nächste Lösungsgeneration ins Rennen schicken. Führungskräfte arbeiten ja nicht wie ein Manager im System, sondern am System, für das sie verantwortlich sind. Sie müssen dabei im Auge behalten, dass es immer eine nächste, bessere Lösung geben wird. Deshalb werden in den folgenden Kapiteln Aspekte vorgestellt und diskutiert, wie nun solche Veränderungen losgetreten werden sollen, wie man also als Chef und Komplexitätsführungskraft „Fallstricke antizipiert" und beim „Kurssetzen" vorankommt.

Ein komplexitätstransformierendes Lean Innovation ist ein Ideal-Vektor-Konzept, bei welchem es immer noch eine Verfeinerungsmöglichkeit gibt, und kein Ideal-Punkt-Konzept, bei dem man einen gewissen Status quo erreicht hat und dann alle Bemühungen ruhen lassen kann.

WORAUF WIR ZUERST ACHTEN MÜSSEN

1. *Ein Schiff kann nur in eine Richtung fahren. Vereinfachen wir also unsere Zielsysteme und verlangen wir nicht die gleichzeitige Ansteuerung zu vieler Häfen.*

2. *Wenn wir Innovationskraft als Ziel ansteuern, dann besteht der einzige Lackmustest darin, Komplexität ideal für sie eingesetzt zu haben. Alles andere darf keine Bedeutung haben.*

3. *Die Führungsperspektive ist normativer und strategischer, wird aber wie bei Themistokles ohne die Perfektion bei der Strukturperspektive nicht ausreichen.*

4. *Auf der Strukturperspektive geben die 12 Lean-Innovation-Prinzipien einen klaren und bewährten Ordnungs- und Handlungsrahmen.*

5. *Im Innovationsprozess benötigen die Explorationsphase (wirklich Neues zu finden) und Exploitationsphase (Bestehendes besser und neuer zu nutzen) ganz andere Komplexitätsarten.*

6. *Dafür muss die Crew entsprechend ausgewählt, trainiert und erfahren sein, um die Anforderungen zu meistern. Manche Fahrten in bestimmte Gewässer brauchen solche Talente oder eine Anpassung der Crew.*

FALLSTRICKE ANTIZIPIEREN

In KAPITEL 4 beschreiben wir eine Reihe von Fallstricken, die die weise Komplexitätsführungskraft mit auf ihrem Radarschirm hat, erst recht in der Führung der Komplexitätsmanager. Damit betrifft KAPITEL 4 deutlich mehr die Führungsperspektive, wohingegen Kapitel 3 sich mehr mit der konkreteren Strukturperspektive beschäftigte. Wir starten den Überblick an dieser Stelle mit Wahrnehmungsfallen, auf die wir schon zuvor in KAPITEL 2 in der Form kognitiver Filter ansprachen. Diesen Aspekt wollen wir im Folgenden vertiefen und dadurch vermeiden, dass Komplexitätsführungskräfte und ihre Komplexitätsmanager Fallstricken zum Opfer fallen, die sie hätten vermeiden können. Insbesondere in den letzten Jahren hat die Wahrnehmungsforschung zu diesem Thema große Fortschritte gemacht. Untenstehende Auflistung fasst 20 essenzielle Wahrnehmungsfallen zusammen[35], die einer Führungskraft grundsätzlich bekannt sein sollten und die die Vorbereitung und Durchführung von Komplexitätslösungen zu erleichtern vermögen. Sie helfen Führungskräften zumindest teilweise bei der Herausforderung, mit dem Thema Ambiguität umzugehen, denn diese stammt mit Sicherheit von den kognitiven Filtern und mentalen Softwareprogrammen. Untenstehende Beschreibungen wurden im Rahmen von Managemententscheidungen, der Perspektive einer Führungskraft und dem Kontext einer Unternehmung interpretiert und angepasst.

Mit diesem Kapitel wollen wir vermeiden, dass Komplexitätsführungskräfte und ihre Komplexitätsmanager Fallstricken zum Opfer fallen, die sie hätten vermeiden können.

WAHRNEHMUNGSFALLEN [4.1]

1. Hawthorne-Effekt: Bei externen oder internen Studien und Analysen können Menschen ihr natürliches Verhalten ändern, weil sie wissen, dass sie unter Beobachtung stehen. Dies kann zu einer falschen Einschätzung der Beobachtungen und Wirksamkeit führen. Die gewonnenen Erkenntnisse sind mit Vorsicht zu genießen. Im weiteren Sinne werden neue Mitarbeiter, aber auch Vorstände, vornehmlich nach Beginn ihrer Aufgabenübertragung besonders beobachtet, was über die Zeit immer mehr abnimmt, bis es schließlich zu negativen Entwicklungen kommen kann.

2. Rosenthal-Effekt: Der Beobachter, Berater oder Interviewer sucht und findet zu schnell Bestätigung für seine Erwartungen, was zudem noch zu sich selbst erfüllenden Prophezeiungen führen kann.

3. Halo-Effekt: Einzelne Charaktereigenschaften oder Merkmale einer Organisation werden zu einer insgesamt positiven Gesamteinschätzung verallgemeinert, obwohl hierfür weder zusätzliche Erkenntnisse vorliegen noch eine Überprüfung durchgeführt wurde. Jede erfolgreiche Firma muss somit einen brillanten Vorstand und eine attraktive Unternehmenskultur haben.

4. Kognitive Dissonanz: Sie beschreibt, dass Managementforscher, die für uns Antworten finden und Fallstudien entwickeln, aber auch Führungskräfte gerne nach Belegen für bisher als richtig eingestufte Fakten oder Einsichten suchen. Man gesteht sich selbst gegenüber oft nur ungern Fehler ein.

5. Abneigung gegenüber „versunkenen Kosten": Führungskräfte und Manager weisen oft eine grundsätzliche Abneigung auf, bisherige Entscheidungen zu revidieren. Je höher die damit verursachten, dann fehlinvestierten Kosten bzw. die „versunkenen Kosten" sind, umso stärker. Dies schafft somit Pfadabhängigkeiten. Ein bisher eingeschlagener Kurs wird beibehalten, auch wenn streng betrachtet ein Richtungswechsel immer notwendiger wird.

6. Primäreffekt und Rezenzeffekt: Der Primäreffekt beschreibt ein psychologisches Gedächtnisphänomen, bei welchem sich unser erster Eindruck deutlich länger auswirkt, als dies der Fall sein sollte. Früher eingehende Informationen erhalten mehr Gewicht. Beim Rezenzeffekt ist dies genau umgekehrt. Später erhaltene Informationen können besser in Erinnerung bleiben, obwohl diese für Entscheidungen nicht notwendigerweise wichtiger oder richtiger sind.

7. Rolleneffekte: Managementforscher und -berater sowie Führungskräfte legen hier zu viel Wert auf ihre eigenen, vorgefertigten Rollenerwartungen für sich selbst und den Gesprächspartner. Doch Rollen können von Land zu Land, von Industrie zu Industrie, von Firma zu Firma, von Abteilung zu Abteilung und je nach gemachten Erfahrungen anders definiert sein. Man drängt andere in Rollen, was zu Reaktanz führen kann, oder wichtige Rollenerwartungen bleiben unausgesprochen.

8. „Déformation professionelle" bzw. Ausbildungseffekt: Die Ausbildung schärft unsere Wahrnehmung, aber immer nur für den jeweils vorherrschenden Blickwinkel. So wird tendenziell ein Jurist vornehmlich die Fakten betrachten und Probleme im Kern nüchtern, sachlich und rational untersuchen und bewerten. Ein Soziologe, Psychologe oder Anthropologe wird umso offener für Emotionen, subjektivere Einschätzungen und Symbolik sein. Jemand mit besonderen Vorlieben und Ausbildungsschwerpunkten im Bereich Ethik und Nachhaltigkeit wird erst mit Lösungen zufrieden sein, die den Standards dieser Themengebiete entsprechen. Ein promovierter Ingenieur hat gegebenenfalls mehr Erfahrung und ausgebildete Synapsen für ein technokratischeres Denken, kann aber leicht bei der Lösung von sozialen Konflikten, interkulturellen Überraschungen und im Umgang mit schwierigeren Persönlichkeiten verunsichert werden. Unsere Ausbildung gibt uns Werkzeuge für Problemlösungen, die aber je nach Situation nicht immer die richtigen sein müssen.

Unsere Ausbildung gibt uns Werkzeuge für Problemlösungen, die aber je nach Situation nicht immer die richtigen sein müssen.

9. Hierarchieeffekt: Allein die Hierarchiestufe kann ähnlich dem Rolleneffekt Erwartungen von anderen an die Führungskraft bzw. auch von der Führungskraft an sich selbst begründen. Doch bereits Peter F. Druckers Peter-Prinzip lehrte uns, dass Menschen oft auf die Stufe ihrer Inkompetenz befördert werden. Nur weil auf anderen Stufen erstklassige Arbeit geleistet wurde, bedeutet dies nicht, dass man automatisch und ohne Weiterbildung ein Garant für Erfolg auf der nächst höheren Hierarchiestufe ist. Ein erstklassiger Forscher taugt nicht unbedingt als Forschungsleiter. Ein erstklassiger Forschungsleiter wird nicht ohne Weiteres ein Hochleistungsmanager, wenn er aufgrund guter Ergebnisse auf der Karriereleiter nach oben steigt. Es bedarf eines „Entlernens" im Sinne eines Vergessens alter Erfolgsrezepte und oft deutlichen Weiterentwickelns.

10. Kontakteffekt: Häufigerer Kontakt mit einem Menschen oder Unternehmen führt entweder dazu, dass umso mehr positive Beurteilungen bis hin zu (blindem) Vertrauen entstehen oder umgekehrt, dass sich Ablehnungshaltungen verstärken, obwohl diese objektiv nicht immer gerechtfertigt sind.

11. Ähnlichkeits- und Kontrasteffekt: Eigene oft positive oder zu antizipierende Verhaltensweisen und Eigenschaften werden auf andere übertragen, sobald wir Gemeinsamkeiten entdecken.

Wenn wir anfänglich Unterschiede bemerken, verstärkt sich das Misstrauen oder Missfallen, was auch anhand von vereinzelten Aspekten festgemacht wird, die nicht wirklich wichtig sein müssen.

12. Attributionsfehler: Hier haben in unserer Wahrnehmung angenommene dispositive Faktoren wie unsere Persönlichkeit und Geisteshaltung mehr Einfluss auf das Verhalten anderer, als dies eigentlich der Fall sein sollte. Andere situative Faktoren werden fälschlicherweise ausgeblendet. Die Ursachenzuschreibung erfolgt anders als sie sein sollte, z. B. auch durch eine bestimmte Gruppenzugehörigkeit. Führungskräfte können als aggressiv oder menschenverachtend wahrgenommen werden, wenn sie einen Standort schließen, obwohl sie eigentlich unter Druck von oben stehen. Dies muss nicht mit einem schlechten Urteilsvermögen der Führungskraft zu tun haben.

13. Cum hoc non est propter hoc/post hoc ergo propter hoc: Diese beiden Denkfehler stellen eine Variante des Attributionsfehlers dar. „Cum hoc" verlangt nach Vorsicht bei gleichzeitig auftretenden Aspekten, die aber nicht unbedingt logisch korreliert sein müssen. Hier heißt „mit diesem" nicht deswegen. „Post hoc ergo propter hoc" beschreibt ein zeitliches Nacheinander, was aber kein ursächlicher Zusammenhang sein muss. Nur weil das Marketingbudget gesenkt und in den Folgemonaten 10 % weniger verkauft wurde, ist das Marketingbudget nicht notwendigerweise die Ursache. Zudem zeigen große Strategieentscheidungen aufgrund von Verzögerungseffekten häufig erst Jahre später ihre Wirkungen. Ein neuer Vorstandsvorsitzender erntet daher oft nur die Früchte der Bemühungen seines Vorgängers. Ihn sofort mit aktuellen Umsatzentwicklungen in Verbindung zu bringen, wird der Realität nicht vollkommen gerecht.

„Post hoc ergo propter hoc" beschreibt ein zeitliches Nacheinander, was aber kein ursächlicher Zusammenhang sein muss.

14. Show- und Lebhaftigkeitseffekt: Aufmerksamkeitserregende Darstellungen oder Bezeichnungen, auch die Substantivtechnik, bei der Phänomenen besondere Namen in Substantivform gegeben werden, fallen in diese Kategorie. Besonders humoristisch wirkende Phänomene erhalten mehr Aufmerksamkeit, als sie eigentlich verdienen. Dies gilt auch für leicht einprägsame Informationen. Umgekehrt gilt, dass ein Phänomen sehr leicht unter den Tisch fällt, wenn uns das entsprechende Vokabular zur Beschreibung des Phänomens fehlt.

15. Zuhörereffekt: Man passt die Botschaften je nach Zielgruppe an und sagt, was gehört werden will. Führungskräfte müssen aufpassen, dass sie nicht unüberlegt z. B. gegenüber dem Betriebsrat bestimmte Sachverhalte verzerrt darstellen bzw. Mitarbeitern die Realität ebenfalls als zu positiv, ihre eigenen Leistungen als zu kreativ und ihre Ursachenanalysen zu beschönigend darstellen.

16. Bandwaggon-Effekt: Dieser bezeichnet etwas positiver ausgedrückt, was in der Handlungstheorie auch als Mitläufereffekt betitelt wird. Sind drei oder vier Mitarbeiter in einer Gruppe von der Richtigkeit einer Lösung überzeugt, können Tendenzen auftreten, die auch die restlichen Mitglieder auf die emergente Meinung einlenken lassen. Der oder die Einzelne will vermeiden, den Rapport zu brechen, auf der Verliererseite zu sein, noch mehr Energie zu investieren, offiziell von den anderen in der Teambeurteilung am Ende des Jahres schlecht bewertet zu werden etc. Dieses Phänomen beschreibt nicht, dass sich manche Meetings ewig in die Länge ziehen können oder dass es immer den einen oder anderen Besserwisser gibt, sondern genau das Gegenteil. Zu schnell beschließt man unreflektierte Lösungen. Gruppenintelligenz und Entscheidungsqualität liegen deutlich unter der Summe der Einzelnen!

17. „Der Fluch des Wissens": Führungskräfte sollten in erster Linie aufgrund besonderer Fähigkeiten ihre Rolle erhalten. Diese können durchaus auch in besonderen Kommunikations- oder politischen Fähigkeiten liegen. Nicht selten verfügen sie gleichzeitig auch über klares Expertenwissen und entsprechende Erfahrungen. Sie können Muster gegebenenfalls schneller erkennen und Lösungen rascher ersinnen. Sie sind oft gedanklich dem Rest des Teams, der Abteilung oder dem Unternehmen um Monate voraus. Wenn ihnen eine Lösung vollkommen klar ist – immerhin hatten sie ja deutlich mehr Zeit für die Analyse und Reifung der Gedanken –, bedeutet das nicht, dass die Mitarbeiter innerhalb kürzester Zeit und mit begrenzten Erklärungen schnell verstehen und überzeugt folgen können. Führungskräfte müssen sich in Geduld üben, wenn ihre Vorgaben verstanden werden sollen.

18. Schwarzer-Schwan-Effekt: Führungskräfte und ihre Mitarbeiter begehen hier den Fehler, dass Entwicklungen der Vergangenheit einfach in die Zukunft extrapoliert werden. Es bestehen insbesondere heute in vielen Bereichen gravierende Asymmetrien zwischen dem, was war, und dem, was sein wird. Schwarze Schwäne[36] bezeichnen ein Teilphänomen dieser Kategorie. Als Schwarze Schwäne gelten Events, die die drei folgenden Eigenschaften haben: 1) Sie sind sehr unwahrscheinlich. 2) Wenn sie dennoch eintreten, haben sie eine massive Wirkung. 3) Im Nachhinein sagt jeder: „Ich hätte es kommen sehen müssen!"

Führungskräfte und ihre Mitarbeiter begehen hier den Fehler, dass Entwicklungen der Vergangenheit einfach in die Zukunft extrapoliert werden.

19. Denkerfalle: Nur weil eine Lösung auf dem Papier oder in PowerPoint entwickelt ist, ist die Arbeit für Führungskräfte beendet. Die Umsetzungsfähigkeiten müssen mitberücksichtigt werden. Es reicht nicht, (Vor-) Denker zu sein.

20. NIH-Syndrom: Das Not-Invented-Here-Syndrom lässt auch eine noch so brillante Idee an anderer Stelle ins Leere laufen, wenn dortige Personen sich nicht richtig in die Entwicklung der Idee eingebunden fühlen.

Der Hinweis auf und die Erklärung dieser 20 Wahrnehmungsfallen sollen Führungskräfte dahingehend sensibilisieren, bestimmte Denkvorgänge regelmäßig zu hinterfragen und auch bei ihren Mitarbeitern kritisches Denken zu fördern. Probleme mit Ambiguität müssen offen und ehrlich angesprochen werden. Folgende Fallstudie verdeutlicht gleich mehrere Denkfehler, und insbesondere Phil Rosenzweig veranschaulichte, wie sehr Führungskräfte auf wirklich fundierte Analysen zu achten haben und wo die Grenzen liegen.[37]

Phil Rosenzweig veranschaulichte, wie sehr Führungskräfte auf wirklich fundierte Analysen zu achten haben und wo die Grenzen liegen.

Am Beispiel ABB verdeutlicht er, wie Reporter und Akademiker die gleichen Variablen und somit Gründe für den Aufstieg, aber auch den Fall des schwedisch-schweizerischen Industriegiganten ABB verwenden. Er verdeutlicht, dass es keinen Sinn macht, aus dem großen Zusammenhang von Hunderttausenden von Variablen nur ganz wenige aus zu nehmen und isoliert zu analysieren. Die Interdependenzen und Ambiguitäten müssen verstanden werden. ABB wurde von 1990 bis 2000 immer wieder als eines der angesehensten Unternehmen genannt. MBA-Studenten überall auf der Welt untersuchten die besonderen Erfolgsfaktoren der ABB-Organisation als Königsweg, wie man ein Unternehmen führen sollte. Die Unternehmenskultur von ABB galt als besonders dynamisch und vorbildlich. ABBs Führung, Percy Barnevik, war Europas Antwort auf GEs Jack Welch – mindestens ein solcher Visionär und exzellenter Stratege. Er war ein begnadeter Analytiker, der so hart arbeitete und sich für die Firma engagiert, dass er selbst in der Sauna Unterlagen studiere.[38] Barnevik erhielt sieben verschiedene Ehrendoktorwürden und unter anderem den IEEE Engineering Leadership Award. Er wurde von der Koreanischen Managervereinigung als „weltweit meistgeehrter Top-Manager" nochmals geehrt. Die Lobpreisungen wollten nicht verstummen. Dies änderte sich, als von 2000 bis 2003 95 % des Aktienwerts vernichtet wurden, Liquiditätsengpässe bekannt wurden, milliardenschwere Klagen wegen Asbestschäden in den USA anhängig wurden, von Gewinnen keine Rede mehr war und die Asienstrategie aufgrund des dort (temporär) einbrechenden Wachstums genauso in sich zusammenfiel wie die verabschiedete Strategie, aus ABB eine E-Business fokussierte Organisation und ein wissensorientiertes Unternehmen zu machen, wie es der damalige Hype eigentlich forderte. Zu guter Letzt ertappte man Barnevik praktisch beim Griff in die Kasse, als er sich ohne die Genehmigung des Verwaltungsrats Pensionszulagen in dreistelliger Millionenhöhe genehmigte.

Der Skandal und das Desaster waren perfekt. Sofort interpretierte man die Situation so, dass die Strategie falsch sei, die Führung korrupt, die Organisation zu langsam und komplex und dass die Organisationskultur absolut unhaltbar sein müsse. Natürlich ist bekannt, dass die zuvor als „Heiliger Gral" gefeierte Matrixorganisation genauso ihre Tücken hat wie wenn man die mehr als 1.000 innerhalb von ABB vorgefundenen Profit Center sowohl intern als auch extern nur für sich selbst verhandeln und optimieren ließe. Beispielhaft sei ein Kunde erwähnt, der etwas zynisch reagierte, als er erneut von einem ABB-Vertreter besucht wurde. „Das ist die achte Visitenkarte und der achte Besuch von ABB dieses Jahr. Warum nehmt ihr euch das nächste Mal nicht einfach einen Bus und kommt zusammen?"[39] Natürlich muss es zunächst einmal an der Unternehmensspitze gelegen haben, ungeachtet des Personenkults und zahlreicher Veröffentlichungen, die vormals als Paradebeispiel angeführt worden waren. Auf einmal war Barnevik nicht mehr authentisch oder kompetent, nicht mehr aufopfernd, sondern ein Krimineller aufgrund seines Griffs in die Pensionskasse. Es kann folglich also nur an ihm gelegen haben, denn der Fisch stinkt ja bekanntlich vom Kopf her. Erfolg kann ja ohne richtige Führung gar nicht möglich sein.

Andere Interpretatoren argumentieren anders. Das Business-Modell von ABB war am Ende des Lebenszyklus angelangt. Knapp zwei Jahrzehnte lang fokussierte sich ABB auf Rationalisierung durch Automatisierung in verschiedensten Industrien und verdiente blendend. Der Rationalisierungsbedarf verringerte sich in den 90er Jahren jedoch zunehmend, was nichts mit der Unternehmensführung oder der Unternehmenskultur zu tun hat. Fast schon schulbuchmäßig hatte man – wie z. B. beim BCG-Portfolioansatz – auf neue „Sternchen" und „Fragezeichen" gesetzt, denn die „Melkkuh" wurde älter. Auf bisher unbekannte Entwicklungen wie die Asbestproblematik in den USA sollte man immer vorbereitet sein, wenn man einen teuren, bekannten Markennamen hat.

Wiederum andere sehen in dem dominanten Großaktionär Martin Ebner, der egoistisch und extrem kurzfristig denkend ein Aktienrückkaufprogramm durchboxte, die Wurzel allen Übels und einen Feind im Inneren. Er hatte zuvor schuldenfinanziert ABB-Aktien in großen Mengen erstanden und wollte damit seinen Wertverlust wiedergutmachen und sein Investitionsmodell vor dem bevorstehenden Kollaps retten. Dies sei ja die wirkliche Ursache, und nicht, dass Barnevik eine nach amerikanischen Verhältnissen gar nicht exorbitant anmutende Pension bekommen sollte. Wiederum andere vermuten in schlechter Unternehmensüberwachung oder den Old-Boys-Netzwerken die Ursache des Verfalls. Auf einer höheren Abstraktionsstufe wird klar, dass z. B. „cum hoc"- und „post hoc"-Denkfehler begangen wurden sowie Trends der Vergangenheit zu vereinfachend in die Zukunft fortgeschrieben wurden. Auch werden Attributsfehler zumindest bei einigen der Interpretationsversuche nicht auszuschließen sein, einmal angenommen, es gibt wirklich eindeutig identifizierbare Ursachen für den Absturz von ABB.

BESCHLEUNIGUNGSFALLEN [4.2]

Insbesondere durch die Finanzkrise zur Notwendigkeit geworden, haben viele Firmen Kosteneinsparungsprojekte verabschiedet. Gleiches muss vom Prinzip her mit weniger gemeistert werden. Im umgekehrten Fall haben Firmen zusätzliche Aufgaben oft etwas zu vorsichtig mit Ressourcen ausgestattet. Man wusste ja nie, ob die Krise einen L-förmigen (radikaler Absturz und Verharren auf niedrigem Niveau), einen V-förmigen (rascher Absturz mit ähnlich schneller Erholung), einen U-förmigen (mit einem längeren Tal der Tränen) oder W-förmigen (rasche Erholung gefolgt, von der nächsten schweren Krise) Verlauf haben würde. Selbst wenn nun Führungskräfte wirklich gute Ideen für Komplexitätsmanagementprojekte haben, gilt es, vor der Verabschiedung und Umsetzung einen Realitätscheck zwischenzuschalten. Sie müssen insbesondere sogenannte Beschleunigungsfallen[40] vermeiden, die, wie in untenstehender *Abbildung 15* gezeigt, in einem Teufelskreislauf mit Sicherheit nicht zum gewünschten Ergebnis führen. Diese Beschleunigungsfallen laufen oft so ab, dass Führungskräfte ein gewisses Mehr an Wettbewerbsdruck verspüren. Die Wettbewerber kämpfen umso härter um die Kunden, sei es mit wirklich guten Innovationen, einem Preiskampf, Allianzen, Unternehmenszukäufen und somit einem absichtlichen Beeinflussen der Branchenstruktur. Gemäß dem Motto „when the going gets tough, the tough get going" verlangen Führungskräfte von sich und den geleiteten Teams und Abteilungen ein Mehr an Bemühungen. Wie sonst soll man reagieren, wenn die Wettbewerber oder die Kunden die Messlatte höher legen? Es werden zusätzliche Projekte definiert und Sofortmaßnahmen beschlossen. Diese zeigen ganz natürlich recht rasch erste Erfolge.

Spätestens hier begehen Führungskräfte den ersten Fehler, wenn sie dieses Mehr an Bemühungen aufrechterhalten und auch intern als neues Anforderungsniveau auf Dauer definieren. Zu leicht verzetteln sich sowohl Führungskräfte als auch ihre Mitarbeiter. Die daraus resultierende Überlastung belastet die Motivation. Wiederum müssen Führungskräfte aufpassen, einen oft begangenen Fehler nicht zu wiederholen. Denn nicht selten wird ein wahrgenommenes Motivationsdefizit als reines Problem der Mitarbeiter interpretiert. Führungskräfte zweifeln, ob sie die richtigen Mitarbeiter an Bord haben, und halten ungeachtet dessen die Anforderungen ähnlich hoch. Mitarbeiter spielen eine Zeit lang mit. Sie sind und geben sich beschäftigt, doch die zuvor wahrgenommenen Zusatzerfolge bleiben immer öfter aus. Auch hier dürfen Führungskräfte nicht den Fehler begehen, an den Kompetenzen und der Motivation der Mitarbeiter zu zweifeln und diese sogar noch mehr auf den gestiegenen Wettbewerbsdruck hinzuweisen oder mit Zusatzprojekten zu belasten. Sie haben die Mitarbeiter zu diesem Zeitpunkt schon lange verloren. Die innere Kündigungsrate ist unweigerlich gestiegen. Die besten Mitarbeiter werden sich überlegen, ob sie das Spiel mitspielen, sondern ihren Lebenslauf in Ordnung bringen, um sich

Wenn nun Führungskräfte wirklich gute Ideen für Komplexitätsmanagement-Projekte haben, gilt es, vor der Verabschiedung und Umsetzung einen Realitätscheck zwischenzuschalten.

in anderen Betätigungsfeldern umzuschauen. Diejenigen Mitarbeiter mit geringeren Chancen außerhalb der eigenen Firma sind zum Bleiben verdammt, werden aber für den gestiegenen Wettbewerbsdruck nicht ausreichen. Entweder absolvieren sie Dienst nach Vorschrift oder brennen aufgrund der Überlastung aus. Die Frage ist somit nur, wann und wie sehr die Leistung weiter fällt.

Inzwischen dürfte bereits eine Mehrheit der Firmen in dieser Beschleunigungsfalle gefangen sein, wofür folgende Aspekte bzw. folgendes Mitarbeiterfeedback klare Anzeichen sind:

- Beklagen sich Mitarbeiter, dass sie nicht genügend Ressourcen einschließlich Personal für ihre Projekte haben?

- Weisen Mitarbeiter darauf hin, dass kontinuierlich Zeitdruck herrscht?

- Geben Mitarbeiter Feedback, dass sich die Prioritäten oft ändern?

- Bemerken Mitarbeiter in wöchentlichen Jour-fixe-Meetings, dass kein Licht am Ende des Tunnels zu sehen ist?

- Beklagen sich selbst jüngere Mitarbeiter, dass es kaum Zeit zur Regeneration gibt?

- Gibt es den einen oder anderen Mitarbeiter, der angibt, an einem Burn-out zu leiden?

- Lassen Mitarbeiter ihre Führungskräfte konkret wissen, dass sie oft nicht wissen, an was sie nun zuerst arbeiten müssen, oder dass sie andere Projekte auch für wichtig halten?

Über das Feedback von Mitarbeitern hinaus gibt es zusätzliche Aspekte, die Führungskräfte auf ihrem Radarschirm haben sollten:

- Müssen auch Führungskräfte selbst zugeben, dass Projekte oft sehr schnell kommen bzw. gestartet werden?

- Beenden Führungskräfte von sich aus bzw. auf Bitten und Drängen der Mitarbeiter das eine oder andere Projekt und entrümpeln die Aufgabenlisten?

- Sind Führungskräfte davon überzeugt, dass sie durchaus alle Mitarbeiter an ihre Kapazitätsgrenze bringen können und müssen?

Inzwischen dürfte bereits eine Mehrheit der Firmen in dieser Beschleunigungsfalle gefangen sein.

FALLSTRICKE ANTIZIPIEREN → 4

- Nehmen sich Führungskräfte die Zeit, mit jedem Einzelnen, soweit dies in vernünftigem Maße möglich ist, zu besprechen, was ihre eigentlichen Ziele sind und wie sehr die aktuellen Aufgaben ihnen helfen, ihre Wachstums- und Entwicklungsziele zu erreichen?

- Achten Führungskräfte darauf, dass es nicht nur um bloße Präsenz im Büro geht, sondern um Effektivität?

- Werden Bemühungen und Ergebnisse geschätzt?

- Ist es in Ordnung, das Büro als Ausgleich auch einmal etwas früher zu verlassen?

- Darf ein Mitarbeiter auch einmal Nein zu einer Projektanfrage oder einem -antrag sagen?

- Müssen alle Mitarbeiter über E-Mail und Telefon auch in ihrer Freizeit erreichbar sein? Müssen dabei E-Mail-Antworten und Rückrufe sofort erfolgen?

- Organisieren Führungskräfte gewisse Freiräume für ihre Mitarbeiter, um ihnen Möglichkeiten für eigene Innovationen zu geben?

Man könnte zu leicht versucht sein, obige Fragen als Teil einer zu soften Haltung einer Führungskraft zu interpretieren. Sie könnten als Schwäche sowohl der Führungskraft als auch der Mitarbeiter interpretieren und als Pflichtverletzung wahrgenommen werden, denn geht es bei Unternehmen nicht um den möglichst ressourcenoptimalen Ansatz? Wollen wir nicht „Human Resources", also die menschlichen Ressourcen, genauso optimiert einsetzen, sogar „melken", oder formaler ausgedrückt einen maximalen Return on Investment erzielen? Ungeachtet dessen, dass sich das Wirtschaften nicht nur an der Gewinnmaximierung ausrichten muss, müssen selbst der Menschenwürde etwas weniger Bedeutung beimessende Führungskräfte folgende Tatsachen für ihr eigenes Wohl, aber auch das ihrer Firma berücksichtigen. Sie müssen sich wirklich gut überlegen, ob sie folgende Richtung einschlagen wollen. In Firmen, die sich in der Beschleunigungsfalle befinden, können wir Folgendes beobachten:[41]

- Die Kündigungsabsicht steigt um 200 %. Wie viel Zeit und Budget will man wirklich (unnötigerweise) dafür allokieren? Ein Erfahrungswert ist, dass sich ungefähr die Hälfte der Besetzungen von „Weißkragenstellen" als falsch erweisen.

- Aggressionen nehmen um 100 % zu. Wie viel der eigenen kostbaren Zeit will man mit Konfliktmanagement und somit unnötiger Ablenkung vergeuden?

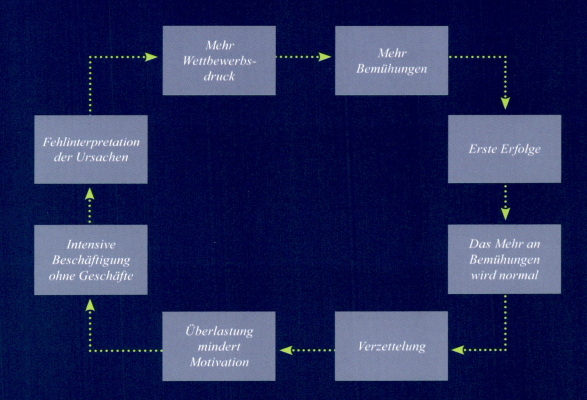

ABBILDUNG 15 | *Typischer Kreislauf einer Beschleunigungsfalle*

FALLSTRICKE ANTIZIPIEREN → 4

- Deutlich negativ aufgeladene, sehr intensive korrosive Energie nimmt ebenso um 100 % zu. Will man als Führungskraft selbst jeden Morgen in ein solches Umfeld kommen?

- Die emotionale Erschöpfung nimmt um 70 % zu. Will man als Führungskraft mit erschöpften Menschen arbeiten?

- Die Resignation nimmt um 50 % zu. Kann man als Führungskraft mit solchen Mitarbeitern großartige Ergebnisse erzielen?

- Der Return on Investment und die Effizienz nehmen jeweils um 24 % ab. Die Gesamtleistungen nehmen um 17 % ab. Das bemerkbare Wachstum ist in den untersuchten Fällen sogar negativ und liegt bei -10 %. Wie lange kann man sich selbst als Führungskraft halten?

Es gibt für eine Führungskraft keine wirkliche Wahlmöglichkeit. Die ethisch verantwortliche und sich um die Menschenwürde der Mitarbeiter kümmernde Führungskraft, aber auch die rein auf Effizienz und Effektivität getrimmten Zahlenjongleure müssen das Phänomen Beschleunigungsfalle kennen, akzeptieren und regelmäßig darauf achten, dass die Auslastung das gesunde Maß nicht übersteigt. Zusätzliche Komplexitätsprojekte sollten demnach am besten so angelegt sein, dass Führungskräfte Antworten auf folgende Fragen haben:

- Wie sehr sind Mitarbeiter bereits an ihrer Belastungsgrenze angelangt?

- Wie oft in den letzten fünf Jahren gab es Restrukturierungen?

- Haben Mitarbeiter immer fair am Erfolg dieser Restrukturierungen partizipiert?

- Kann dieses neue Projekt andere ersetzen?

- Haben wir wirklich genügend Ressourcen für den Projekterfolg bereitgestellt?

- Können wir vor Projektstart eine Phase der „Ruhe vor dem Sturm" organisieren bzw. proaktiv nach Abschluss die Geschwindigkeit bzw. das Anforderungsniveau temporär etwas senken?

- Habe ich als Führungskraft bewusst Zeit- und Energiekontingente reserviert, um schnell auf emergente Probleme reagieren zu können und etwaige Krisen nicht in einen schon vollgepackten Kalender pressen zu müssen?

Die ethisch verantwortliche und sich um die Menschenwürde der Mitarbeiter kümmernde Führungskraft, aber auch die rein auf Effizienz und Effektivität getrimmten Zahlenjongleure müssen das Phänomen Beschleunigungsfalle kennen, akzeptieren und regelmäßig darauf achten, dass die Auslastung das gesunde Maß nicht übersteigt.

ENERGIE- UND FOKUSFALLEN [4.3]

Die zuvor beschriebene Beschleunigungsfalle warnt davor, sich und der Organisation kontinuierlich neue Projekte zusätzlich und auch noch mit immer mehr Zeitdruck zuzumuten. Die Frage ist dann nicht mehr, ob eine Führungskraft scheitert, sondern wann sie scheitern wird. Doch selbst in den Zeiten, in denen nicht unbedingt mehr Projekte gestartet werden, ist die erfolgreiche Führungskraft weise beraten, ihr Gespür für die Mitarbeiter immer weiterzuentwickeln. Auch nach einer weitgehenden technischen Automatisierung und zunehmender Erledigung digitalisierter Prozesse durch Software sind es die Menschen im System, die über Erfolg und Misserfolg entscheiden. Führungskräfte müssen dabei die zum Teil bittere Realität kennen und als Ausgangspunkt ihrer Bemühungen akzeptieren, wenn es um die folgenden Fragen geht:

- Wie fokussiert sind meine Mitarbeiter bei ihrer Arbeit?

- Verfügen sie über genügend Energie, um ihre Aufgaben gut zu erledigen?

Dies mag zuerst als etwas Unverständliches anmuten. Wofür werden denn Angestellte bezahlt, wenn nicht für ihre zufriedenstellende Arbeitsleistung? Dem ist natürlich formell so. Doch wie steht es wirklich um diese beiden Fragen? Forschungsergebnisse der Universität St. Gallen[42] geben konkrete Antworten und unterscheiden dabei vier verschiedene Typen von Mitarbeitern. Wir betrachten sie nachfolgend im Zusammenhang mit Komplexitätsführung und -management:

1. Die Ausgekoppelten: Ca. 20 % der Mitarbeiter zeigen zwar hinreichende Fokussierung, vermissen jedoch die notwendige Energie für ihre Arbeit. Sie fühlen sich permanent erschöpft. Es fehlen innere Ressourcen, um sich schnell wieder aufzuladen. Diese Gruppe hat nie gelernt, was ihnen in diesem Fall am besten hilft. Sie können sich daher nicht voll engagieren, insbesondere nicht, wenn es um zusätzliche und auch komplexere Aufgaben geht. Sie leisten oft nur das Minimum und müssen fast schon Veränderungen ablehnen, da ja die Energie zur Umsetzung fehlt. Repräsentanten dieser Gruppe überspielen dieses Problem und damit verbundene Symptome, was sich z.B. in defensiver Arroganz zeigen kann. Solche Mitarbeiter fühlen sich oft unter Druck und sind voller Angst zu verlieren. Nun können diese Menschen in Komplexitätsprojekten auf dreierlei Arten in Erscheinung treten. Sollten sie die Komlexitätsführungskräfte sein, werden entsprechende Projekte wohl am Energiemangel scheitern. Weitreichendes Engagement, längere oder weitreichende Projekte mit viel „political engineering" werden wohl gar nicht erst konzipiert. Als Komplexitätsmanager wird der Projektfortschritt ebenfalls aufgrund des Energiemangels kontinuierlich hinter dem Plan, den Meilensteinen und insgesamt den Er-

Auch nach einer weitgehenden technischen Automatisierung und zunehmender Erledigung digitalisierter Prozesse durch Software sind es die Menschen im System, die über Erfolg und Misserfolg entscheiden.

wartungen zurückbleiben. Es stellt sich die Frage, ob die richtigen Kollegen im Team sind. Zudem können solche Ausgekoppelten auch „Empfänger" und Zielgruppe von Komplexitätsprojekten sein. In diesem Fall muss man mit einer gewissen Veränderungsresistenz und einem Verhaftetsein in den Lösungen der Vergangenheit rechnen.

2. Die Abgelenkten: Ca. 40 % der Mitarbeiter verfügen über die notwendige Energie, weisen jedoch keinen Fokus in all ihren Bemühungen auf. Sie bringen zweifelsohne gute Absichten mit, verwechseln aber Beschäftigtsein mit wirklich effektiver Arbeit. Mark Twains klassischer Spruch „Als sie das Ziel aus den Augen verloren, verdoppelten sie ihre Anstrengungen" beschreibt, was vor sich geht. Es herrscht Strategielosigkeit. Ein Zielen vor dem Schießen wird ausgelassen. Zum Teil wirken diese Mitarbeiter unberechtigterweise aggressiv. Momente der Reflexion fehlen gänzlich in ihrem Tagesablauf. Sie tanzen auf zu vielen Hochzeiten. Durch dieses Beschäftigtsein bis hin zum verbissenen Kämpfen um Fortschritte fällt es ihnen schwer, sich zwischendurch an neue Spiele und Spielregeln anzupassen. E-Mails werden genauso gemanagt wie große Projekte. Es werden immer nur Feuer gelöscht und das Dringende erledigt. Komplexitätsprojekte scheitern, wenn die involvierten Führungskräfte diese Komplexitätsmanager nicht stringenter führen und coachen. Zielvereinbarungen, Berichtssysteme, Entlohnungssysteme und Weiterbildungen sollten umso fokussierter analysiert werden.

3. Die Hinauszögernden: Ca. 30 % der Mitarbeiter sind dadurch gekennzeichnet, dass sie kaum Initiative zeigen. Sie tragen nicht zur Leistungssteigerung oder Strategieverbesserung bei, sind also chronisch passiv und verstecken sich gerne in der Gruppe. Es herrscht unter ihnen auch ein gewisses Maß an Unsicherheit und Angst vor dem Scheitern. Abläufe scheinen sowieso außerhalb ihrer Kontrolle zu liegen. Selbst kleinere neue Projekte können leicht überwältigend wirken, da diese Gruppe von Menschen weder fokussiert ist noch genügend Energie hat. Involvierte Komplexitätsführungskräfte müssen hier ihren Optionenraum prüfen. Haben sie selber die Möglichkeit und Ressourcen, diese Menschen an die Hand nehmend weiterzuentwickeln? Gewährt man ihnen aus humanistischen Gründen weiterhin dieses Schattendasein? Oder bereitet man für sie Chancen vor, an anderer Stelle ihre Talente besser einzubringen und ihre Motivation zu entfalten?

4. Die Zielgerichteten: Ca. 10 % der Mitarbeiter fungieren als Hoffnungsschimmer für Führungskräfte! Sie besitzen im Gegensatz zu den drei anderen Gruppierungen genügend Energie und einen ausreichenden Fokus. Diese Mitarbeiter können sich gut selbst einschätzen, auch was ihre Grenzen betrifft, wählen ihre „Schlachten" weise, sind willensstark. Sie fühlen sich verantwortlich, suchen Verantwortung und gestalten gerne. Sie denken mit und managen ihre Zeit, E-Mails, Anrufe und Meetings vorausschauend. Sie treiben Dinge voran und sind nicht Getrie-

Durch Beschäftigtsein bis hin zum verbissenen Kämpfen um Fortschritte fällt es schwer, sich zwischendurch an neue Spiele und Spielregeln anzupassen.

10 % der Mitarbeiter fungieren als Hoffnungsschimmer für Führungskräfte!

bene, wissen aber auch, wann sie wie abzuschalten haben, um nicht auszubrennen und sogar schnell Kraft zu tanken. Man kann sie mit Enten vergleichen, die elegant und scheinbar mühelos über einen See gleiten, dabei ruhig und bedacht um sich schauen. Diese Enten strampeln unter Wasser, aber was nicht direkt sichtbar ist und doch am Vorankommen festzumachen ist. Sie prahlen nicht unbedingt damit, sondern die Arbeit wird einfach erledigt. Die Handlungsanweisung an Führungskräfte kann hier nur sein, diese Menschen bestmöglich vor Ablenkungen und Abwerbungen zu beschützen sowie ihre Motivation zu erhalten. Kontinuierliche Weiterentwicklung und Weiterbildung sind hier ebenso vonnöten.

Was bedeuten diese Segmentierungen und Häufigkeiten, mit welchen wir höchstwahrscheinlich die Vertreter der einzelnen Gruppierungen antreffen werden? Die erste wichtige Botschaft ist, dass wir als Führungskräfte die Realität anerkennen müssen. Positiv betrachtet, bedeutet das Vorhandensein von zehn Mitarbeitern, dass man ein großes Projekt auf Manntage für diese zehn herunterbrechen kann und dann über eine Vollauslastung effizient zur Zielerreichung kommt. Dabei dürfen Führungskräfte nie von ihrem eigenen Arbeitsvermögen, Fokus oder Energielevel ausgehen und diesen auch den Mitarbeitern attribuieren. Die Ausgangssituation ist folglich nicht immer eine ideale. Diese Überlegungen, gemeinsam mit einem selbst gewonnenen Eindruck, wie es um den Fokus und die Energie der einzelnen Teammitglieder wirklich steht, sind wichtige Aufgaben vor dem Launch wichtiger Komplexitätsmanagementprojekte. Die zweite Botschaft liegt darin, dass es Mittel und Wege gibt, die verhindern, dass wir obige Beobachtungen und Statistiken als unbeeinflussbar hinnehmen müssen. Spätestens hier wird die ganzheitlich zu verstehende Rolle einer Führungskraft deutlich. Fachkenntnisse werden immer unbedeutender. Andere Fragen treten in den Vordergrund:

- Kann und will ich die individuelle Ausgangslage der in meinem direkten Umfeld Arbeitenden verstehen?

- Fällt es mir leicht, situationsspezifisch zu coachen?

- Kann ich z. B. genügend Rapport und Vertrauen aufbauen und nutzen, um gegebenenfalls Abgelenkten bei ihrer Fokussierung auf das Wesentliche zu helfen?

- Verfüge ich über ein Repertoire an kreativen, relevanten Führungswerkzeugen, um auch den Ausgekoppelten und den Herauszögernden in ihrer Weiterentwicklung zu helfen?

- Wie entwickelten sich meine eigenen Fähigkeiten, Mitarbeiter zu coachen, über die Zeit? Was ist wann und wie zu tun, um sogar noch besser zu werden?

FALLSTRICKE ANTIZIPIEREN → 4

UNTERNEHMENSKULTURFALLEN [4.4]

Nach der Fokussierung auf die individuellen Mitarbeiter wollen wir nun den Fokus etwas erweitern und uns unternehmenskulturelle Erfolgsfaktoren für modernes Komplexitätsmanagement anschauen. Die mentale Software, also die Programme, die in unseren Gehirnen ablaufen und sie steuern, wird wichtig bei Komplexitätsmanagement-Projekten, weil sie Auskunft darüber geben kann, in welchem Ausmaß man mit ihr arbeiten kann oder wie herausfordernd diese Aufgabe wohl sein wird. Auch wurde in Zusammenhang von Unternehmenskulturen von dem Vergleich mit einem Eisberg gesprochen. Der oft unsichtbare Teil, insbesondere wenn er ignoriert wird, stellt das größte Risiko dar. Wir fordern somit:

- Entweder einen bestmöglichen Fit zwischen Komplexitätsprojekt und der Unternehmenskultur. Oder:
- Ein deutlich höheres Maß an Realitätsnähe, was ohne diesen Fit überhaupt machbar ist. Oder:
- Ein professionelles Veränderungsmanagement.

Dies hat Auswirkungen auf den Ressourcenbedarf einschließlich Zeitbedarf und kann auch die Natur und das Ausmaß von Komplexitätsprojekten verändern. Neben einem z. B. sehr technisch aufgezogenen Gleichteileprogramm kann es verhaltensändernde Unternehmenskulturprogramme geben. Auch von der Steuerung der Projekte her gesehen muss der Ansatz situativ gewählt werden. Autoritär entschiedene, top-down kommunizierte, wenig erklärte Projekte können zu einem maximalen Zusammenstoß führen, wenn die Mitarbeiter bisher ein deutlich höheres Maß an Empowerment, Involvement und ausführlicherer Kommunikation genossen haben und gewohnt sind. Folgende Reflexionsfragen können bei der Standortbestimmung helfen:

- Bemühen sich Führungskräfte darum, dass die wichtigsten Strategieentscheidungen immer klar verständlich kommuniziert werden?
- Verstehen Führungskräfte, effektiv zu motivieren, zu inspirieren, ja sogar Sehnsüchte zu wecken?
- Gibt es Grundwerte für ein gutes Zusammenarbeiten?
- Kennen die Mitarbeiter diese Grundwerte und stimmen ihnen zu, damit Umsetzungen umso reibungsloser und schneller ablaufen können?

Autoritär entschiedene, top-down kommunizierte, wenig erklärte Projekte können zu einem maximalen Zusammenstoß führen, wenn die Mitarbeiter bisher ein deutlich höheres Maß an Empowerment, Involvement und ausführlicherer Kommunikation genossen haben und gewohnt sind.

FALLSTRICKE ANTIZIPIEREN → 4

- Wird Weiterbildung und organisationales Lernen wertgeschätzt, aktiv gefördert und kontinuierlich verbessert?

- Kann sich die Organisation rasch anpassen und weiterentwickeln?

- Untersuchen Führungskräfte bei einem Scheitern interne Gründe konstruktiv, oder machen sie oft zu voreilig einfach die externen Bedingungen oder Mitspieler dafür verantwortlich?

- Dürfen Mitarbeiter hin und wieder auch mal scheitern und Fehler machen, um Risikobereitschaft und Initiative zu fördern sowie Lernen zu beschleunigen?

- Verstehen Führungskräfte, eine gesunde Balance zwischen Fördern und Fordern zu sichern, sodass Mitarbeiter genügend Wachstumschancen sehen und Wertschätzung erfahren und sich nicht nur als kleines Rädchen im Getriebe fühlen?

Die Grundfrage dabei ist also, in welcher Verfassung ein Unternehmen ist, um Komplexitätsmanagement als wirklich strategische Waffe zu verstehen und entsprechende Projekte zu lancieren bzw. diese zu verkraften und erfolgreich umzusetzen? Dies zu erkennen, ist Kernaufgabe der Führungsriege, genauso wie ein situationsgerechter Umgang mit Analyseergebnissen.

Oft fehlt es in der Praxis bereits an der strategischen Klarheit. Es gibt keine motivierende, inspirierende Vision. Dies erinnert etwas an Alice im Wunderland, die die Grinsekatze fragt: „Würdest Du mir bitte sagen, welchen Weg ich einschlagen muss?" „Das hängt in beträchtlichem Maße davon ab, wohin du gehen willst", antwortete die Katze. „Oh, das ist mir ziemlich gleichgültig", sagte Alice. „Dann ist es auch einerlei, welchen Weg Du einschlägst", meinte die Katze. „Hauptsache, ich komme irgendwohin", ergänzte Alice. „Das wirst Du sicher, wenn Du lange genug gehst", sagte die Katze. Dagegen ließ sich nichts einwenden …[43] Ohne eindeutigen Leitstern spielt auch jedes Mehr an Anstrengung keine Rolle.

Oft fehlt es in der Praxis bereits an der strategischen Klarheit. Es gibt keine motivierende, inspirierende Vision.

Obige Reflexionsfragen sensibilisieren für die Eignung einer Organisation für Komplexitätsvorhaben. Je ungünstiger die Ausgangssituation, desto erfolgskritischer werden Veränderungsprogramme, um ein Scheitern zu verhindern. Betrachten wir nachfolgend ein paar Praxisbeispiele. Starten wollen wir mit dem phänomenalen Erfolg von Nespresso. Nespresso war eine dermaßen radikal innovative Lösung, dass sich die Führungskräfte für eine komplett separate Einheit außerhalb der bestehenden Strukturen entschieden. So konnte jegliche Art von internen Konflikten vermieden werden. Solche externen Lösungen werden nicht selten in weiser Voraussicht und im Hinblick auf entsprechende Unternehmenskulturen getroffen. Eine fatalistische Sicht hilft bei der

Analyse einer Unternehmenskultur natürlich nicht. Vielmehr gilt es, rasch den Optionenraum aufzuspannen. Hierzu im Folgenden weitere Beispiele.

Auch bei Daimler kann man Parallelen dazu ziehen. Vor Jahren fragte ein Mitarbeiter seinen Chef, warum keine modernen Geländewagen produziert und angeboten würden. Damals produzierte Daimler nur die in die Jahre gekommene, aber immer noch hochprofitable G-Klasse. Andere Hersteller schickten sich bereits an, das schnell wachsende Segment der Pseudo-Geländewagen zu erschließen. Sie ähnelten vom Design her den wirklich geländetauglichen Fahrzeugen und wurden zumeist nur auf normalen Straßen eingesetzt. Der Chef des Mitarbeiters erkannte zwei Dinge. Sollte ein solches Projekt wirklich den normalen Weg gehen, würde es schnell im Sande verlaufen. Es bestünden Risiken eines internen Verdrängungswettbewerbs und Geschwindigkeitsverlusts. Deshalb wurden die Modelle gleich von Anfang an isoliert und separat entwickelt sowie dann auch als wirklich erstmalige Innovation in den USA gebaut. Nespresso und die M-Klasse stehen dabei in direktem Gegensatz zur Situation von miadidas. Hierbei sollte es nun jedem Sportler ermöglicht werden, nicht nur die Top-Modelle für den jeweiligen Sport im Fachgeschäft zu kaufen, sondern sogar individualisierte Varianten mit eigenem Namenszug. Welcher Laufnarr, der es sich leisten kann, besäße denn nicht gerne extra für ihn oder sie angefertigte Laufschuhe in den Wunschfarben? Im Gegensatz zu Nespresso und Daimler organisierte Adidas die interne Abwicklung einschließlich Marketing und Logistik in den gleichen Abteilungen mit denselben Mitarbeitern, die das restliche, weitaus sicherere und bereits etablierte Geschäft verantworteten. Das Konzept miadidas scheiterte aufgrund interner Interessenkonflikte – während der Wettbewerb die Zusatzmillionen einstrich.

FALLSTRICKE ANTIZIPIEREN → 4

ZUSAMMENFASSUNG – WORAUF WIR ZUERST ACHTEN MÜSSEN [4.5]

Dieses Kapitel diente Führungskräften dazu, weichere Themen ihrer Aufgaben zu reflektieren. Es betrachtete im Gegensatz zu *Kapital 3* deutlich mehr die Führungs- statt die Strukturperspektive. Wir besprachen zunächst die sich ändernden Aufgaben und Herausforderungen, wenn wir Komplexitätsmanager von Komplexitätsführungskräften unterscheiden. Wir stellten dann 20 Wahrnehmungsfallen vor, die ganz am Anfang von Denk- und Gestaltungsprozessen sowie deren Erfolgscontrolling stehen. Mit den Aspekten der Beschleunigungsfallen warnten wir ausdrücklich davor, Komplexitätsinitiativen einfach zusätzlich zu anderen Aufgaben der Mitarbeiter zu initiieren – im schlimmsten Fall auch noch ohne zusätzliche Ressourcen und Weiterbildung. Die aufgeführten Misserfolgsstatistiken verdeutlichten, dass jedes Vorgehen, das Beschleunigungsfallen missachtet, aller Wahrscheinlichkeit nach hinter den Erwartungen zurückbleiben wird, was dann zusätzliche, ungewollte und schädliche Komplexität schafft. Wir diskutierten zudem im Zusammenhang von Komplexitätslösungen die Rolle eines geschulten Auges, wenn es um Energie- und Fokusfallen bei einzelnen Mitarbeitern geht. Was nützen die besten gedanklichen Ansätze zum Meistern der Komplexität, wenn 90 % der Mitarbeiter nicht in der Lage sind, sie umzusetzen? Sie verzetteln sich oder leiden an akutem Energiemangel – oder an beidem. Diese Beobachtung ist sogar vollkommen unabhängig von der Frage, ob sie genügend weitergebildet sind. All diese Maßnahmen haben mit einem wirksamen Führungs- und somit auch Motivationsstil zu tun und stellen keine fatalistische Situation dar. Über die individuelle Mitarbeiterebene hinweg betrachteten wir in diesem Kapitel auch die unternehmenskulturspezifische Sichtweise. Vor jeder Implementierung von Komplexitätslösungen, ja bereits bei dem Ersinnen und der Bewertung müssen Bedenken hinsichtlich der Kompatibilität mit der Unternehmenskultur behandelt und mit entsprechenden Lösungen ausgeräumt werden.

Ist nun eine Führungskraft in der Lage, Komplexität wirklich zu verstehen, sich der Bedeutung des Themas im Hinblick auf die Innovationskraft bewusst zu sein, zudem Offenheit für weichere Themen zu zeigen, dann geht es nunmehr darum, die Komplexitätskompetenzen zu überprüfen, sodass Lösungen auch erfolgreicher umgesetzt werden können. Mit einem fünfstufigen Kompetenzmodell beschäftigt sich das nachfolgende *Kapitel 5*.

Mit den Aspekten der Beschleunigungsfallen warnten wir ausdrücklich davor, Komplexitätsinitiativen einfach zusätzlich zu anderen Aufgaben zu initiieren.

WORAUF WIR ZUERST ACHTEN MÜSSEN

1. *Die alte Weisheit gilt nach wie vor: Wahrnehmung schafft Realität. Eine verzerrte Wahrnehmung führt zwangsläufig zu einer ungeeigneten Orientierung und einem fragwürdigen Handeln.*

2. *Das komplexeste (nicht komplizierteste) Element in einer Unternehmung ist nach wie vor der Mensch.*

3. *Der Mensch kann als enormer Puffer und Absorptionsmechanismus für Komplexität wirken oder die Komplexität erhöhen.*

4. *Komplexitätslösungen müssen bezüglich dieser Wahrnehmungs-, Beschleunigungs-, Energie- und Unternehmenskulturfallen proaktiv geprüft werden.*

5. *Eine Tradition im Führungsstil oder Verhalten im Unternehmen, diese Fallen eher abzublocken („Das haben wir immer schon so gemacht"), wird in wenigen Monaten oder Jahren keine gute Ausrede für ein Scheitern sein.*

KURS SETZEN → 5

KURS SETZEN

In unseren Forschungsarbeiten und Praxisprojekten kristallisiert sich das im Folgenden dargestellte Rahmenkonzept als ebenso fundiert wie praktikabel heraus. Komplexitätsführungskräfte müssen als ersten Stellhebel die Einstellung des Komplexitätsmanagementteams und weiterer Kollegen als Betätigungsfeld verstehen und nutzen. Es geht hier um die Vermittlung der adäquaten Sichtweise in Bezug auf Ursachen und Potenziale von Komplexitätsführung und -management. Als zweiten Stellhebel gilt es, den Kompetenzaufbau sicherzustellen. Alte Aufgaben sind durchaus mit alten Fähigkeiten zu bewerkstelligen, für neue, anders gelagerte Aufgaben benötigt man ein Upgrade an neuen Fähigkeiten. Komplexitätsmanagementprojekte ohne Sicherstellung ausreichender, richtig geschulter Kapazitäten werden zum reinen Glücksspiel! Der dritte Stellhebel beschäftigt sich ganz konkret mit der Simplifikation oder Amplifikation von Komplexität, wobei wir in vielen Firmen beobachten, dass dieser Prozess auf eine Relokation hinausläuft – eine deutliche Reduzierung von schädlicher Komplexität an der einen Stelle zugunsten eines Mehr an positiver Komplexität an anderer Stelle. Die sich anschließenden Unterkapitel führen diese Aspekte weiter aus. Im harmonischen Dreiklang erlauben die Stellhebel den Chefs und Komplexitätsführungskräften, einen klaren Kurs zu setzen und auf ihrer Komplexitätsreise deutlich Fahrt aufzunehmen.

KURS SETZEN → 5

GANZHEITLICHE HERANGEHENSWEISE BEI KOMPLEXITÄTSPROJEKTEN [5.1]

In unseren Forschungsarbeiten und Praxisprojekten kristallisiert sich das im Folgenden dargestellte Rahmenkonzept als ebenso fundiert wie praktikabel heraus. Komplexitätsführungskräfte müssen als ersten Stellhebel die Einstellung des Komplexitätsmanagementteams und weiterer Kollegen als Betätigungsfeld verstehen und nutzen. Es geht hier um die Vermittlung der adäquaten Sichtweise in Bezug auf Ursachen und Potenziale von Komplexitätsführung und -management. Als zweiten Stellhebel gilt es, den Kompetenzaufbau sicherzustellen. Alte Aufgaben sind durchaus mit alten Fähigkeiten zu bewerkstelligen, für neue, anders gelagerte Aufgaben benötigt man ein Upgrade an neuen Fähigkeiten. Komplexitätsmanagementprojekte ohne Sicherstellung ausreichender, richtig geschulter Kapazitäten werden zum reinen Glücksspiel! Der dritte Stellhebel beschäftigt sich ganz konkret mit der Simplifikation oder Amplifikation von Komplexität, wobei wir in vielen Firmen beobachten, dass dieser Prozess auf eine Relokation hinausläuft – eine deutliche Reduzierung von schädlicher Komplexität an der einen Stelle zugunsten eines Mehr an positiver Komplexität an anderer Stelle. Die sich anschließenden Unterkapitel führen diese Aspekte weiter aus. Im harmonischen Dreiklang erlauben die Stellhebel den Chefs und Komplexitätsführungskräften, einen klaren Kurs zu setzen und auf ihrer Komplexitätsreise deutlich Fahrt aufzunehmen.

Komplexitätsmanagementprojekte ohne Sicherstellung ausreichender, richtig geschulter Kapazitäten werden zum reinen Glücksspiel!

DER STELLHEBEL „EINSTIMMUNG DER CREW" [5.2]

Den Führungskräften obliegt es, die richtigen Sichtweisen bezüglich des tatsächlichen Unternehmenserfolges, der zukünftigen Ausrichtung und des Potenzials von Komplexität im Unternehmen zu vermitteln. Sie müssen nicht nur eine einheitliche und klare Sichtweise der Welt und ihres Erfolgsrezeptes sicherstellen, sondern darüber hinaus für die anstehenden Komplexitätsreisen Commitment und Motivation multiplizieren. Dies geht über eine einmalige Lagebesprechung hinaus, findet darin aber ihren Anfang. Es muss verdeutlicht werden, dass Veränderungen anstehen. Wie beim Inseestechen wird man nicht mehr auf festem Untergrund stehen. Es wird wackeliger, bis man sich auch daran gewöhnt hat. Ein paar werden unter Seekrankheit leiden. Es ist keine Option, sich an das verlassene Ufer zurückzusehnen. Je mehr ein jeder mitanpackt, desto schneller wird das angestrebte Ziel erreicht. Je mehr ein jeder zur positiven Stimmung und zu tatsäch-

Etwaige Kompetenzschwächen müssen durch entsprechende Hilfe und Kompetenzaufbau eher früher als später angegangen werden.

lichen Fortschritten beiträgt, desto angenehmer wird zudem die Reise. Etwaige Kompetenzschwächen müssen durch entsprechende Hilfe und Kompetenzaufbau eher früher als später angegangen werden.

Grundsätzlich stehen uns zwei Hauptmöglichkeiten für die Kommunikation und bevorstehenden Veränderungen zur Verfügung. Der erste Ansatz kann bildlich gesprochen als *„Drachen töten"* bezeichnet werden.[44] Wir warnen vor der großen Bedrohung, die wir überleben müssen. Dies können die neuen „Angreifer" aus China sein, die mit tiefen Taschen, starker Unterstützung durch ihren Staat und einer atemberaubenden Geschwindigkeit lernen und Märkte erobern wollen. Da der erste bekannte Chief Strategy Officer bzw. Strategieleiter bereits vor über 2.500 Jahren in Sun Tsus Armee existierte und sich in China seitdem eine reiche Strategielehre heranbildete, werden auch weitere Überraschungen nicht ausbleiben. Auch aus Indien und von anderen Erdteilen werden mehr oder weniger fokussierte Konglomerate um Marktanteile kämpfen. Dieser Wettbewerbsdruck kann sich in immer kürzeren Technologiezyklen bzw. immer größeren Innovationssprüngen zeigen. Fügt man dem Ganzen noch die eine oder andere Wirtschafts- und Währungskrise auf lokaler oder internationaler Ebene hinzu, werden den Führungskräften die Bedrohungen und Drachen nicht ausgehen. Für uns stellt aber auch die interne, oft ausufernde Komplexität eine Bedrohung dar, der wir Herr werden müssen. In der Vergangenheit konnten wir Kunden mit einem deutlich standardisierteren Kernproduktprogramm zufriedenstellen und Wachstum sichern. Die Welt war noch in Ordnung.

Als Wachstumskurven langsam abflachten, veränderte sich dieser Sachverhalt grundlegend. Heute wollen wir, der Philosophie einer kompromisslosen Kundenorientierung folgend, unseren Kunden Sonderwünsche erfüllen. Dies gilt umso mehr, als beeindruckende Wachstumsraten und Verkaufserfolge vielleicht nur noch auf diese Weise wiederhergestellt werden können. Marketing und Vertrieb versuchen, durch neue Artikel Nischen zu erschließen, um Absatz zu generieren. Der alte Spruch „In niches there are riches" inspiriert nach wie vor. Zusätzlich wird das Angebotsportfolio z. B. mit abrundenden Dienstleistungen erweitert. Auch für internationale Märkte wird eine immer größere Vielfalt angeboten. Es kann zudem zu einer wachsenden Anzahl an Produktionsstätten und Vertriebsorganisationen durch Akquisitionstätigkeit kommen. Natürlich spielt auch der hohe Qualitätsanspruch, den unsere Ingenieure und Markenverantwortlichen an sich selbst stellen, eine Rolle. Wenn man etwas macht, dann macht man es auch gut! Im Endeffekt werden so allerdings immer mehr überproportional teure Exoten in das Produktportfolio aufgenommen. Deren Preise können nicht immer die vollen Zusatzkosten, die sie verursachen, absorbieren. Oft besteht ja keine Transparenz bezüglich ihrer Höhe. Es entstehen Wettbewerbsnachteile, wenn wir heute dauerhaft das Produktportfolio erweitern und als Folge daraus die Kosten explodieren.

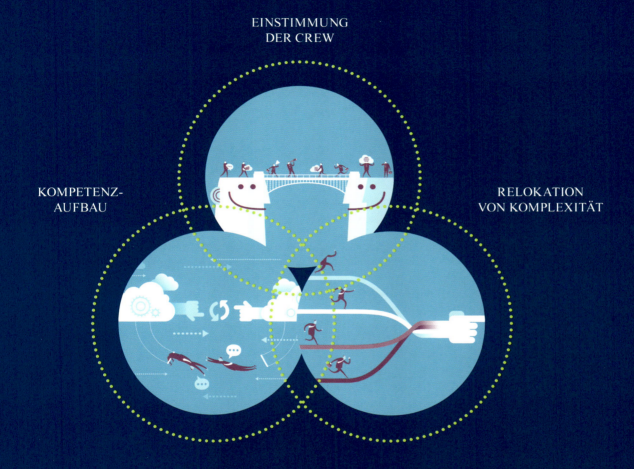

ABBILDUNG 16 | *Ganzheitlicher Ansatz bei der Komplexitätsführung*

Die *Abbildung 17* hingegen versucht, diesen Sachverhalt aufzunehmen, aber um eine weitere Dimension zu ergänzen. Der Grenznutzen[45] von immer mehr Vielfalt im Produkt- und Serviceportfolio nimmt stetig ab. Wenn man die dazugehörige *Kostenkurve 1* betrachtet, so beschreibt diese den Sachverhalt, dass zusätzliche Sonderwünsche natürlich auch mit Zusatzkosten verbunden sind. Es besteht die Gefahr, dass Kosten ausufern und etwaige zusätzliche Umsätze schnell unrentabel werden lassen. Dabei ist es nicht immer leicht, alle Komplexitätskosten zunächst bestimmen zu können, wie wir in zahlreichen Unternehmen beobachten konnten. Eine aufwandsgerechte Allokation der Kosten auf diese Sonderwünsche scheitert bereits an deren Transparenz. Die Kosten steigen jedoch unabhängig davon an.

Was wäre, wenn Führungskräfte Erfolgsrezepte und Werkzeuge hätten, einschließlich der jeweils benötigten Umsetzungskompetenzen, um deutlich mehr Vielfalt anbieten zu können und um die Kosten dabei nur unterproportional steigen zu lassen?

Wir würden somit eine deutlich attraktivere *Nutzenkurve 2* realisieren, bei einer vorteilhafteren *Kostenkurve 2*. Im besten Fall könnte man sogar die Steigung der Kostenkurve noch weiter verringern. Unmöglich, mag man zuerst annehmen. Man denke dabei an das Beispiel VW. Die konsequente Ausrichtung der Produktpalette nach dem Baukastenprinzip[46] ermöglicht die Erschließung und sogar die erstmalige Schaffung neuer Segmente. VW will 90 % seiner Modellvarianten über ein modulares Baukastensystem standardisieren.[47] Nach Ulrich Hackenberg, Entwicklungsleiter der Volkswagen AG, werden bestimmte Modelle durch die neue, modular transverse Produktplattform überhaupt erst möglich. Auch weiterhin können so früher für unmöglich zu realisieren gehaltene Ideen konkretisiert werden. Als Beispiel dafür kann ein geländegängiges Modell auf Up-Basis dienen, das sogar eine neue Preisklasse anführen könnte.[48]

Die *Nutzenkurve 2*, die mit der *Kostenkurve 2* einhergeht, stellt natürlich eine viel vorteilhaftere Situation dar. Wäre es nicht ein Traum, unter solchen Bedingungen zu arbeiten? Dieser Ansatz der Kommunikation und des Komplexitätsmanagements kann am besten als „*Prinzessinnen erobern*" bezeichnet werden. Es geht dabei nicht darum, Angst einzujagen, nicht darum, ein Damoklesschwert von Firmenpleite oder Kündigung über die Mitarbeiter zu hängen. Vielmehr geht es darum, eine wirklich positive Zukunft zu zeichnen, nach der sich die Mitarbeiter sehnen. Sie muss aber nach wie vor realistisch sein. Das heißt, es muss das Pendant dieser „Prinzessin" in der Firmenwelt auch tatsächlich geben! Ähnlich wie Volkswagen nun eine Modellvielfalt ins Rennen schicken kann, die zudem Kostenvorteile ermöglicht, motiviert es jede Führungskraft und auch die Teams, wenn man solche gewinnbringende Erfolgsrezepte vorweisen kann.

*Was wäre, wenn Führungskräfte Erfolgsrezepte und Werkzeuge hätten, um deutlich mehr Vielfalt anbieten zu können **und** um die Kosten dabei nur unterproportional steigen zu lassen?*

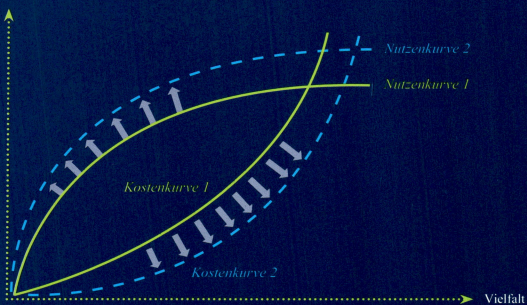

ABBILDUNG 17 | *Grenznutzen und Grenzkosten durch Komplexitätsmanagement*

DER STELLHEBEL „KOMPETENZAUFBAU" [5.3]

Nach einer weltweiten IBM-Studie[50] mit mehr als 1.500 CEOs glauben acht von zehn unter ihnen, dass sie in Zukunft mit erheblich mehr Komplexität konfrontiert werden. Gleichzeitig hegt die Mehrheit von ihnen Zweifel, ob sie die Komplexität beherrschen können oder für sie adäquat gerüstet sind. Wenn bereits ein derart großer Anteil der CEOs dies so offen zugibt, ist höchstwahrscheinlich die tatsächliche Anzahl derer, die Komplexität nicht beherrschen oder für sie gerüstet sind, noch höher.

Ohne entsprechende Kompetenzen – im Firmenkontext sind damit entsprechend geschulte „Weißkragen" oder entsprechende Weiterbildungsbudgets verbunden – werden Komplexitätsprojekte scheitern. Aus unseren Studien wissen wir, dass 75 % der Projekte scheitern. Sie verfehlen zeitliche Vorgaben, Budgetvorgaben oder Spezifikationsvorgaben. Natürlich bleibt ein Rest an Unsicherheit und Unvorhersagbarkeit, doch gravierender Kompetenzmangel hat in erheblichem Maße damit zu tun. Auch die heutzutage deutliche Mitarbeiterfluktuation darf keine Ausrede sein, Weiterbildung zu vernachlässigen.

Wir möchten eine Parallele zum Sport herstellen. Wer schwimmen kann, für den ist dies Spaß und vielleicht sogar sportliche Betätigung. Wer es nicht kann, für den ist die Koordination der Arme und Beine in dem herausfordernden Element ein gewaltiger Schock, wenn nicht sogar lebensgefährlich. Führungskräfte können daher von einem Orientierungsrahmen profitieren, der ihnen dabei hilft, Komplexitätsherausforderungen gedanklich besser zu kategorisieren. Im Folgenden stellen wir dazu unseren Ansatz vor. Wie in *Abbildung 18* dargestellt, unterscheiden wir dabei vier Ebenen bzw. Reifegrade von Komplexitätswissen und -fähigkeiten. Angefangen bei *Ebene 1* bis hin zu *Ebene 4* fokussieren die jeweils von Führungskräften benötigten Komplexitätskompetenzen auf andere Veränderungs- und Gestaltungsobjekte.

Diese vier Ebenen kategorisieren vorhandenes Wissen und verfügbare Managementkonzepte, sie lassen sie nicht obsolet werden. Das heißt, dass wir auf den jeweiligen Ebenen Verwendungschancen für sie sehen. Denn nach wie vor bergen sie enorme Potenziale, um konkrete wirtschaftliche Ergebnisse zu erzielen. Komplexitätsführung und -management machen keine Abstriche, wenn es um Effektivität und Effizienz in einem Business Case geht. Der jeweilige Einsatz der Komplexitätskompetenzen orientiert sich an der zu verändernden Komplexität im Unternehmen.

... unter mehr als 1.500 CEOs glauben acht von zehn, dass sie in Zukunft mit erheblich mehr Komplexität konfrontiert werden.

Der jeweilige Einsatz der Komplexitätskompetenzen orientiert sich an der zu verändernden Komplexität im Unternehmen.

KOMPETENZEBENE 1 > Kognitives Verstehen

Auf dieser Ebene geht es in erster Linie um ein richtiges und modernes Verständnis von Komplexität. Es geht also zuerst darum, die Gedankenwelten und Vorgänge in den Köpfen zu überprüfen und gegebenenfalls zu transformieren. Tatsächliche Strukturen oder Prozesse in Unternehmen sind nicht Kern dieser Ebene. Diese Ebene ist in unseren Augen bereits die Anfangshürde, die es in einem ganzheitlichen und wirksamen Ansatz des Komplexitätsmanagements zu nehmen gilt.

Reflexionsfragen können bei der Situationsbestimmung und -beurteilung helfen:

- Verstehen wir Komplexität wirklich richtig?

- Sehen wir, dass – wie am Anfang des Buchs dargestellt – der tatsächliche Erfolg vereinzelt oder sogar zunehmend hinter den eigenen Standards, den selbst gesteckten Zielen, aber auch den Erwartungen des Umfelds hinterherhinkt?

- Kennen wir die offiziellen Statistiken, wie oft Strategien, Projekte oder M&A scheitern?

- Merken wir, dass diese Statistiken ohne besondere Anpassungen durchaus auch für unser Unternehmen zutreffen können?

- Realisieren wir, dass es zwar für jedes Nichterreichen der Ziele situative Erklärungen gibt, dass es aber der falsche Weg ist, dem Markt, den Kunden, der Finanzkrise oder den Kollegen die Schuld zuzuweisen?

- Kennen und verstehen wir die in Kapitel 2 aufgeführten und verbildlichten wirklichen Treiber von Komplexität?

- Wissen wir, wie wir komplex von kompliziert unterscheiden können?

- Können wir diese Treiber auf unsere eigene Situation im Unternehmen anwenden?

- Merken und akzeptieren wir, dass wir sowohl innerhalb als auch außerhalb des Unternehmens aufgrund der Ambiguität nicht alles immer gleich verstehen können, dass selbst moderne Marktforschung, von Experten erstellte Berichte und Analysen keine Garantie für Erfolg geben können?

- Sind wir uns bewusst, dass Kunden, Märkte und Unternehmen nicht genauso leicht zu führen sind wie Maschinen?

- Werden wir von Branchenentwicklungen und Ankündigungen überrascht oder antizipieren wir sie? Haben wir sogar Antworten proaktiv gedanklich skizziert oder ausgearbeitet?

- Ahnen wir, dass auch jede noch so geniale Lösung, die wir ersinnen, Reaktionen von anderen Mitspielern provozieren und ihre Wirksamkeit wohl eher früher als später verlieren wird?

- Kennen wir zumindest das derzeitige Standardwissen in der Managementliteratur für Praktiker, wie z. B. Talebs Schwarze Schwäne?

- Haben wir die Zeit investiert, um unsere eigenen Stärken und Schwächen wirklich fundiert zu kennen, sodass wir unsere wahren Fähigkeiten auf den Gebieten der Visionsfähigkeit, des effektiven Steuerns, des strategischen Denkens, des politischen Navigierens und des nachhaltigen Motivierens beherrschen und kontinuierlich verfeinern können?

- Zeigt sich dies z. B. in einem eigenständigen Ersinnen von ganz speziellen Erfolgsrezepten?

- Akzeptieren wir die heutige Komplexität in all ihren Formen und begrüßen sie sogar, da wir uns durch sie energetisierend herausgefordert fühlen?

- Können wir also ohne Frust mit der mangelnden Ungewissheit und Planbarkeit umgehen?

- Lassen wir diese realitätsbejahenden und -nahen Gedanken auch tatsächlich in unser Projektmanagement, unseren Führungsstil und die Entwicklung der nächsten Generation von Führungskräften einfließen? Oder klaffen Wissen und Tun meilenweit auseinander?

- Schaffen wir es, in unserem Umfeld ein Mindestmaß an Verständnis und Bejahung von Komplexität herzustellen?

Ebene 1 beschäftigt sich folglich mit der Gedankenwelt der Führungskräfte und der Frage, wie sie gedanklich in ihren Teams einen gemeinsamen Nenner finden können. Dies bedeutet natürlich nicht, dass eine gute Führungskraft gedanklich nicht drei, sechs, neun Monate oder sogar noch länger voraus sein kann und dies auch sein muss. Ein gemeinsames Verständnis der Komplexitätsherausforderungen konzentriert die Aufmerksamkeit und andere verfügbaren Ressourcen und wirkt beschleunigend.

Akzeptieren wir die heutige Komplexität in all ihren Formen und begrüßen sie sogar, da wir uns durch sie energetisierend herausgefordert fühlen?

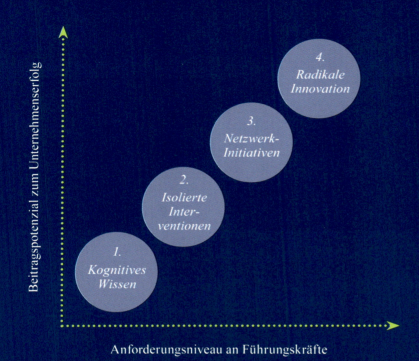

ABBILDUNG 18 | *Vier Arten von Komplexitätskompetenzen*

Ist es ratsam, *Ebene 1* grundsätzlich zu ignorieren? Nicht, wenn man eine wichtige Gefahrenquelle ernst nehmen will. Substanziieren wir obige Botschaften mit ein paar Beispielen. Betrachten wir zunächst einige Aussagen[51] von Führungskräften, die aus heutiger Sicht leicht zu interpretieren sind:

- „640K sollten genug für jeden sein." Bill Gates, 1981.

- „Es gibt keinen Grund dafür, dass jemand einen Computer zu Hause haben wollte." Ken Olson, Präsident von Digital Equipment Corp., 1977.

- „Ich denke, dass es einen Weltmarkt für vielleicht fünf Computer gibt." Thomas Watson, CEO von IBM, 1943.

- „Schön, aber wozu ist das Ding gut?" Ein Ingenieur der Forschungsabteilung Advanced Computing Systems Division von IBM über einen Mikrochip, 1968.

- „Wer zum Teufel will denn Schauspieler sprechen hören?" Harry M. Warner, Chef von Warner Brothers, 1927.

- „Wir sind 60 Jahre ohne Fernsehen ausgekommen und werden es weitere 60 Jahre tun." Avery Brundage, Präsident des Internationalen Olympischen Komitees, 1960.

- „Auf das Fernsehen sollten wir keine Träume vergeuden, weil es sich einfach nicht finanzieren lässt." Lee De Forest, Vater des Radios, 1926.

- „Der Fernseher wird sich auf dem Markt nicht durchsetzen. Die Menschen werden sehr bald müde sein, jeden Abend auf eine Sperrholzkiste zu starren." Darryl F. Zanuck, Chef der Filmgesellschaft 20th Century-Fox, 1946.

- „Das zeitraubende Hin- und Hergeschiebe von Papier wird im Büro der Zukunft durch Informationsverarbeitung mit Computer ersetzt." Prognose des Palo Alto Research Center, 70er Jahre.

- „Computer sind nutzlos. Sie können nur Antworten geben." Pablo Picasso, Maler und Bildhauer, 1946.

- „Die weltweite Nachfrage nach Kraftfahrzeugen wird eine Million nicht überschreiten – allein schon aus Mangel an verfügbaren Chauffeuren." Gottlieb Daimler, Erfinder, 1901.

- „Das Pferd wird es immer geben, Automobile hingegen sind lediglich eine vorübergehende Modeerscheinung." Der Präsident der Michigan Savings Bank, 1903.

Ähnlich wie die zuvor genannten Zitate kann man auch das letzte Zitat der Führungskraft der Michigan Savings Bank aus heutiger Sicht fast schon als ignorant oder infantil interpretieren. Doch wie sieht die Wirklichkeit heute aus? Haben wir heute Fortschritte erzielt? Die Finanzkrise erschwert natürlich die Zielerreichung ungemein. Tatsache ist z.B. auch, dass sich Josef Ackermann für seine von 2002 bis 2012 während und nun zu Ende gegangene Ära drei konkrete Ziele vorgegeben hatte[52]: eine Eigenkapitalrendite von 25 %, eine Steigerung des Aktienkurses und eine gemessen an der Marktkapitalisierung erreichte Marktstellung unter den Top 10 weltweit. Selbst als Branchenführer in Deutschland konnten die Ziele nicht erreicht werden, was verdeutlicht, wie schwierig es doch in der heutigen Zeit ist, gesteckte Ziele zu erreichen. Die richtige Einschätzung der Situation und der Machbarkeit von Zielen ist auch in anderen Branchen schwer. Man bedenke, dass z.B. die Aussage des Vorstandsvorsitzenden von Microsoft, Steve Palmer, aus dem Jahre 2007, dass das iPhone unter keinen Umständen Erfolg haben könne[53], sich angesichts der allein von Oktober bis Dezember 2011 verkauften 37 Millionen Geräte[54] als fatal falsch erwiesen hat. Bereits zuvor lag Microsoft mit der Einschätzung netzbasierter Dienstleistungen mehrmals falsch, was sich in der Potenzialbeurteilung von Cloud Computing wiederholte. Deshalb zieht auch das Argument nicht wirklich, Steve Palmer hätte die Konkurrenz absichtlich schlechtreden wollen.

KOMPETENZEBENE 2 > Isolierte Interventionen

Auf dieser Ebene von Komplexitätskompetenzen gehen alle Bemühungen über ein kognitives Verstehen und auch emotionales Akzeptieren von Komplexität hinaus. Es gilt, nun konkret in einem isolierten Bereich eine fokussierte Komplexitätsintervention zu konzipieren und erfolgreich umzusetzen. Wir reden auf dieser Ebene noch nicht von einer Umgestaltung des ganzen Unternehmens einschließlich der Veränderung aller wesentlichen Strukturen, Prozesse und Kulturen. Es geht hier in erster Linie um eine Abteilung, einen Bereich oder eine Funktion, die bestimmte Komplexitätsherausforderungen zu meistern hat. Im Folgenden werden mehrere Erfolgsfaktoren für solche gezielten Interventionen besprochen.

Diese Situation ist grundsätzlich aus einer Governance-Perspektive noch als relativ einfach einzustufen, da die Führungskraft, die diesen Bereich verantwortet, Entscheidungsfreiraum hat und sich nicht in Prozessen, die schnell politisch und verlangsamt werden können, mit anderen Bereichen abstimmen muss. Darüber hinaus können Innovationen leicht mit dem offensichtlichen Wunsch nach Leistungssteigerung losgetreten und begründet werden.

Alle geplanten Komplexitätsprojekte müssen sich gänzlich in dem übergeordneten strategischen Korridor bewegen. Somit fällt auch die Wahl der grundsätzlichen Stoßrichtung leichter. Wollen wir:

- Komplexität drastisch reduzieren?

- Komplexität verlagern, aber insgesamt auf ähnlichem Niveau halten?

- Komplexität merklich, aber wirklich nur nutzenstiftend erhöhen?

- Erst einmal mit einer Führungskräfte- und Mitarbeiterqualifikation beginnen, uns also im übertragenen Sinne erst einmal über einen Hausbau schlaumachen, bevor wir zur Tat schreiten?

Viele Firmen bergen nach wie vor enormes Vereinfachungspotenzial in sich, selbst nach weitgehender Automatisierung, die wir in unseren Breiten- und Längengraden antreffen. Dies liegt teilweise an den hohen Ansprüchen an unsere Ingenieurskünste und an unserem Qualitätsverständnis. Zum Teil liegt es aber auch an den enormen Fortschritten, die wir im Bereich Komplexitätsmanagement in den letzten Jahren erzielt haben. Diese neuen Erfolgsrezepte sind nicht weitgehend diffundiert. Hier gilt es, einen Schwerpunkt zu bilden und firmenspezifische Lösungen umzusetzen. Nicht immer muss Komplexitätsmanagement einen Kahlschlag an Komplexität bedeuten. Produktvielfalt kann durchaus helfen, Kunden in verschiedenen internationalen Märkten und Segmenten besser zu bedienen. Deshalb müssen Führungskräfte auch einer Verlagerung bzw. einem deutlichen Mehr an Komplexität gegenüber offen sein.

Viele Firmen bergen nach wie vor enormes Vereinfachungspotenzial in sich, selbst nach weitgehender Automatisierung.

KOMPETENZEBENE 3 > Unternehmensweite oder Netzwerkinitiativen

Auf dieser dritten Stufe des Komplexitätsmanagements geht es um wirklich unternehmensweite Initiativen für das Erreichen andersgelagerter Komplexitätsniveaus in Unternehmen und ihren Wertschöpfungsnetzwerken. Das bedeutet in der heutigen Zeit oft, dass wir über die Firmengrenze hinaus wahre Clusterlösungen schaffen müssen. Ausmaß und Aufwand von Komplexitätslösungen sind daher auf einem ganz anderen Niveau anzusiedeln. Ein Beispiel hierfür können die im Folgenden dargestellten Veränderungen bei Gleichteilestrategien im Volkswagen-Konzern sein. Im dargestellten Zeitverlauf werden nicht nur Baureihen, sondern auch Derivate über Konzernmarken hinweg integriert, was Auswirkungen auf den Einkauf und die Produktion hat. Bei der Allianz von Renault und Nissan, die jährlich über eine Milliarde Euro an Einsparungen durch solche Komplexitätsideen ermöglicht, werden dafür die Firmengrenzen überschritten. Im Folgenden führen wir kritische Erfolgsfaktoren auf.

Bei unternehmensweiten Lösungen müssen Führungskräfte ganzheitliches Management verstanden haben. Es geht um das explizite und gleichzeitige Mitberücksichtigen von mehr Faktoren als nur dem Produkt. Diese sind eingebettet in eine umfassendere Strategiearbeit mit klaren strategischen Erfolgspositionen (SEP) in Produktion und Organisation. Oft vermag die wahre Stärke einer Firma gar nicht in Erfolgsrezepten für die Produkt-Markt-Sicht liegen, sondern in der Wertschöpfungskette. Dieses Gesamtbild muss verstanden werden.

Mit der angeführten Gesamtsicht geht insbesondere ein möglichst wirklichkeitsnahes Verständnis der Governance im Unternehmen einher. Auf *Kompetenzebene 3* geht es um bereichs-, ja sogar unternehmensübergreifende Lösungen, die zwangsweise andere Entscheidungsträger mit sich bringen. Da man oft anderen Bereichsleitern auf der gleichen Hierarchiestufe nicht vorschreiben kann, wie diese ihre Aufgabe zu erfüllen haben, bedarf es umso mehr eines kontinuierlichen Auf- und Ausbaus der Soft Skills. Hier geht es um das proaktive Einbinden und das Meistern der politischen Dimension. Nichts ist schlimmer als ein kontinuierliches Blockieren der Kollegen, oft auch nur deshalb, weil diese das NIH-Syndrom haben. Das „Not-invented-here"-Syndrom führt zu Reaktanz, also einer gewissen Ablehnungshaltung, da die guten Ideen nicht von einem selbst kamen, sondern von anderen Personen, und man sich nicht richtig eingebunden fühlt. Ferner gilt es, klare Strukturen und Rollen, Transparenz und ein Mindestmaß an Einheit von Verantwortung und Entscheidungshoheit sicherzustellen. Das nachfolgende *Kapitel 6* zum Thema Komplexitäts-Governance vertieft diese Gedanken.

Wie in *Kapitel 4* ausgeführt besteht die Gefahr, dass wir aus durchaus gut gemeinten Gründen der Organisation zu viel zumuten. Kontinuierlich höhere Ziele könnten die Organisation doch fitter machen, könnte man meinen. Misst man jedoch die Effektivität, muss jede rational agierende Führungskraft sowohl Menge als auch Intensität von Veränderungsprojekten mit Vorausschau managen. Man kann sich in der Tat zu viel aufbürden und am Ende sogar mit weniger dastehen als ohne dieses Projekt. Beschleunigungsfallen sind real existierend und müssen ernst genommen werden. Sollten Komplexitätsprojekte zusätzlich hinzukommen, müssten zumindest genügend Ressourcen oder eine sich anschließende Erholungspause ermöglicht werden, wenn nicht sogar temporär eine andere „Baustelle" im Unternehmen außen vor gelassen wird.

Auf dieser Stufe der Komplexitätskompetenzen müssen die zuvor in *Kapitel 2* diskutierten Ansätze zur Gestaltung von Komplexitätskompetenzen überprüft und trainiert werden. Nur weil ein Abteilungsleiter mit einem CSI-Ansatz in seinem Bereich extrem erfolgreich war, bedeutet dies noch lange nicht, dass ihm das auch weiterhin erfolgreiche Projekte mit weitergehenden Auswirkungen erlaubt. Oft müssen die jeweils einer Person möglichen Ansätze trainiert und durchweg ausgebaut werden. Insgesamt wird der „staatsmännische" und der „Meta-Detailierungsansatz" wichtiger, denn die Gespräche werden politischer.

Oft vermag die wahre Stärke einer Firma gar nicht in Erfolgsrezepten für die Produkt-Markt-Sicht liegen, sondern in der Wertschöpfungskette. Dieses Gesamtbild muss verstanden werden.

KOMPETENZEBENE 4 > Radikale Innovation

Bereits bei der Beschreibung der den Komplexitätstreiber verunsichernden Dynamik in *Kapitel 2* haben wir auf die grundsätzliche Bedeutung von radikaler Innovation hingewiesen. Sie löst, wie in der nachfolgenden *Abbildung 19* dargestellt, als Hauptparadigma des Wirtschaftens andere Dynamiken aus, als dies noch beim Vorgänger, der „Marktorientierung", der Fall war. Viele tradierte Vorgehensweisen werden heute umso schneller verworfen.

Die erste Kompetenz, die Führungskräfte auf dieser Ebene von Komplexitätskompetenzen zu reflektieren haben, ist die Fähigkeit, die Rolle der radikalen Innovation bis hin zur kreativen Zerstörung richtig einzuschätzen und verstehen zu lernen. Wie radikal sind die Innovationen in „meiner" Industrie? Sind wir dabei die Treiber oder treiben uns andere aus unserer – oder gegebenenfalls einer anderen – Branche vor sich her? Haben wir zumindest die radikal denkenden Menschen in unserem erweiterten Netzwerk?

Wie radikal sind die Innovationen in „meiner" Industrie? Sind wir dabei die Treiber oder treiben andere uns?

Schließlich ist von Bedeutung, was wir in einer Art qualitativem, konzeptionellem Benchlearning von den Besten, aber auch den Schlechtesten in puncto radikaler Innovation lernen können:

- Kann Groupon wirklich zum neuen Betriebssystem des Privatkonsums werden? Wenn ja, was bedeutet dies für uns?

- Was können wir von lovefilm.de und maxdome.de darüber lernen, wie man traditionelles Fernsehen ausschaltet und dabei ein neues Geschäftsmodell etabliert?

- Wenn lovefilm.de zu Amazon gehört und somit noch mehr Daten über User sammeln, selbst nutzen und verkaufen kann – wie schaffen wir es, ein ähnlich reiches Wissen über unsere Kunden aufbauen zu können?

- Was können wir von dem Unternehmen Harley-Davidson lernen, das es erneut schafft, sich vom Markt abzuheben, die höchsten Preise zu erzielen, obwohl die Motorräder nach wie vor nur unterdurchschnittliche Qualität aufweisen? Als erste Antwort auf die japanische, bayerische und italienische Konkurrenz fokussierte es auf das Marketing- und Produktversprechen, eine einzigartige Erfahrung zu bieten. „Wir verkaufen keine Motorräder, sondern einem 43 Jahre alten Buchhalter die Möglichkeit, in schwarzes Leder gekleidet durch eine Kleinstadt zu fahren und anderen Angst einzuflößen", wird eine Harley-Davidson-Führungskraft zitiert.[56] Nach vorläufiger Ausreizung dieses Potenzials entdeckt und erobert das Unternehmen Harley-Davidson das weibliche Geschlecht, indem es exklusive Werkstattpartys nur für Frauen organisiert, bei

ABBILDUNG 19 | *Verbildlichung der radikalen Innovation*[55]

denen sie sich ohne Zeitdruck alle Fragen beantworten lassen können. Die Konkurrenz aus den anderen Ländern schaut immer noch überrascht zu.

- In diese Kategorie fällt auch der weithin bekannte Cirque du Soleil. Der Gründer, ein kanadischer Straßenkünstler, der es satt hatte, auch bei Regen und Kälte immer nur gerade so viel zu haben, dass er nicht verhungerte, erfand den Jahrhunderte alten Zirkus neu. Tiere sind in Unterhalt und Transport zu teuer und finden in unserer heutigen westlichen und immer mehr nachhaltig denkenden, tierfreundlichen Gesellschaft weniger Anklang. Nachdem das Fernsehen bereits viel sensationellere Akte zeigt, bei denen Gamsböcke Stufen besteigen und Elefanten auf Hinterbeinen stehen, kann man sich auf diesem Feld auch nur schwer differenzieren. Der Sonnenzirkus fischt in Russland und Brasilien nach hochtalentierten, aber noch unbekannten, und somit äußerst günstig zu verpflichtenden Artisten, was die Kosten noch mehr senkt. Gleichzeitig werden Shows mit entsprechenden Kostümen, Themen und Bühnen- bzw. Manege-Bildern entworfen, die dann einen bis zu zehnfach höheren Preis erzielen, als dies bei klassischen Zirkussen der Fall ist. Nur bedingt durch die Wirtschaftskrise rutschte der Umsatz wieder knapp unter eine Milliarde US-Dollar, was für einen Industrieneuling dennoch beachtlich ist. Die Konkurrenz hingegen dezimiert sich weiter – vollkommen ratlos, was zu tun ist.

Im Zeitalter von zunehmender Interdependenz, aber auch Ambiguität, wie wir es in *Kapitel 2* beschrieben haben, helfen simplifizierende Ursache-Wirkungs-Analysen immer weniger. Es wirken auf einen Faktor gleich mehrere andere ein, wobei wiederum andere auf dieses Beziehungssystem Einfluss nehmen. Dabei wollen wir jedoch nicht in dem Zeitgeist der vor Jahrzehnten bereits ihren Höhepunkt erreichenden Kybernetik steckenbleiben. Hauptziel von Letzterem war es zu analysieren, nicht jedoch diese ersonnenen Zusammenhänge dann auch gleich zu transformieren. Diesen Anspruch hingegen müssen Führungskräfte heute erfüllen. Dabei müssen sie mit der inhärenten Ambiguität leben können. Niemand kann das genaue Maß an zu erwartender Inflation oder Deflation voraussehen.

Daher ist es mit Sicherheit nicht der falsche Ansatz, bei radikalen Innovationen auch im Sinne einer kreativen Zerstörung aktiver Gestalter und Treiber zu sein. Dies muss jedoch nach wie vor auf einem ethisch vertretbaren Weg geschehen. Wenn bestimmte chinesische Hersteller von Spielsachen und Tierfutter, nur um noch billiger produzieren zu können, wissentlich giftige Materialien verwenden, dann ist dabei eine nicht akzeptable Grenze überschritten. Dies gilt auch für ausgewählte Beispiele im Westen. Erinnern wollen wir dabei z. B. an die Firma Exxon, die zwischenzeitlich jährliche Gewinne bis zu 70 Milliarden US-Dollar erwirtschaftet. Vor 20 Jahren war Exxon für eine der bis dahin größten Ölverschmutzungen vor der Küste Alaskas verantwortlich. Neben der Verseuchung der Natur starben mehr als 250.000 Seevögel. Aber noch heute warten

Im Zeitalter von zunehmender Interdependenz, aber auch Ambiguität helfen simplifizierende Ursache-Wirkungs-Analysen immer weniger.

die Anwohner und Fischer auf jegliche Art von Entschädigung. Es ist aus Gewinnmaximierungsüberlegungen und nie auch nur annähernd verantwortungsvoll ausgeführter Anspruchsgruppenorientierung auch heute noch billiger, die teuersten Anwaltskanzleien Amerikas zu beschäftigen, statt eine Wiedergutmachung anzustreben. Auch dies ist ein Gedanke, den Führungskräfte bei einem dynamischen, zirkulären Denken berücksichtigen müssen. Sie sollen dabei nicht nur die Zusammenhänge wie unten dargestellt abbilden, wie sie faktisch und nüchtern betrachtet sind, sondern auch wie sie auf einer normativen Ebene sein sollten.

Führungskräfte müssen nicht nur einen klaren normativen Kompass bei bzw. in sich tragen, sie müssen auch Weitblick entwickeln. Die Versuchung liegt nahe, der Analogie des Kompasses folgend auch diesen Weitblick mit einer Seekarte zu verbildlichen. Das Herausfordernde ist jedoch, dass sich das Terrain in einer komplexen Welt auch ändern kann, wohingegen Seekarten für ein eher statisches Umfeld gedacht sind!

Führungskräfte müssen also nicht nur die Denkaufgaben wahrnehmen, sondern in sich selbst oder im Team die transformativen Fähigkeiten vorhanden wissen. Die Frage, ob dies der Fall ist und was gegebenenfalls hier zu tun ist, obliegt jeder Führungskraft selbst. Diese Reflexion auszulassen oder nötige weitere Schritte auszulassen, zeugt nicht von weisem Risikomanagement. Das Vermögen zur Selbsterkenntnis setzen wir jedoch bei Führungskräften nicht nur, aber vor allem auf dieser *Komplexitätskompetenzstufe 5* als gegeben voraus, es ist der vordefinierte Standard und eine eigene Messlatte zugleich!

KOMPETENZEBENEN RICHTIG ZUORDNEN

Nach dem Besprechen der einzelnen Reifegrade von Komplexitätskompetenzen wollen wir diese im Zusammenhang mit drei möglichen Situationen, in denen sich Führungskräfte befinden können, betrachten. Dabei gilt diese Perspektive auch für die Einschätzung und Weiterentwicklung der Kollegen. Wir spannen dazu, wie im Folgenden dargestellt, einen Optionenraum auf. Dieser bildet einerseits die tatsächlichen Erfahrungen eines Managers bzw. einer Führungskraft ab. Mit diesen Erfahrungen wird andererseits die konkrete, mit der jeweiligen Stelle verbundene Rollenerwartung in Beziehung gesetzt. Daraus ergibt sich ein natürlicher Entwicklungspfad bzw. eine Führungspipeline. Natürlich unterscheiden sich die Organisationsstrukturen sowie einzelne Karrierepfade von Firma zu Firma und von Individuum zu Individuum. Dennoch kann man in groben Zügen bestimmte Etappen festhalten. Wir beginnen die Kompetenzüberprüfung zunächst mit einer „General Management"- Sicht.[57] Ein „einfacher" Manager trägt eine bestimmte Verantwortung. Er kann den einen oder anderen zuarbeitenden Kollegen haben. Im weiteren Verlauf der Leadership Pipeline nimmt die Verantwortung für andere im Sinne einer Führungsspanne sowie die Budgetverantwortung immer mehr zu. Auf seiner Stufe geht es jedoch darum, die aufgetragenen Arbeiten effizient und effektiv zu erledigen. Es muss gezeigt werden, dass Ziele erreicht werden können und die Unternehmenskultur verstanden ist. Es geht darum, auch sich selbst gut managen zu lernen und erste Potenziale zu zeigen, auch andere anleiten zu können.

Bei der nächsten Stufe als Teamleiter zeigt man bereits, dass man eigene Arbeitspakete so flexibel handhaben und umschichten kann, dass genügend Zeit dafür besteht, anderen zu helfen, effektiver zu werden. Aufgaben werden zunehmend mit und durch andere erledigt. Man muss loslassen, um nicht als „Mikromanager" alles noch selbst erledigen zu wollen, auch wenn man es gerne tun würde und in der Vergangenheit auch selbst erledigt hat. Damit geht auch eine gedankliche Neuausrichtung einher. Man muss genau dieses Helfen und Entwickeln anderer nicht als Ablenkung betrachten, sondern aktiv begrüßen. Bei Projektleitern wird der Anteil des eigenen Inputs noch mehr hinter dem Managen anderer zurücktreten. Sie zeigen, dass sie wiederum die nächste Ebene auswählen, entwickeln und anleiten können. Sie demonstrieren, dass sie ihre Rolle nicht starr verstehen, sondern flexibel anpassen können. Sie sind je nachdem, was benötigt wird[58]:

1. Katalysator, der Unzulänglichkeiten und Unzufriedenheit mit den Zielen der Auflösung von Blockaden und Beschleunigung voranbringt

2. Motivierender Visionär, der primär Commitment sichern und alle auf das große Ziel einschwören will

3. Vernetzter, der bereichernde und nutzenstiftende Beziehungen ermöglicht durch das Zusammenbringen entsprechender Kollegen

4. Architekt von großartigen Lösungen

5. Umsetzer, der wenn nötig stur und gradlinig auf das Ziel zumarschiert

Als solche treten die weichen Faktoren immer mehr in den Vordergrund, obwohl die Projekte durchaus anders gelagert sind. Wiederum eine Etappe in der Führungspipeline weiter sehen wir Direktoren oder Leiter von Funktionen. Kommunikationsfähigkeit wird umso wichtiger, denn die Anzahl der Ebenen unter der eigenen nimmt zu und man muss alle erreichen. Gleichzeitig kommen mehr Elemente ganzheitlichen Denkens und Gestaltens hinzu. Spätestens hier muss man die bereichsübergreifenden Regeln und Prozesse durchdrungen haben und auch mit der notwendigen Verwaltungsarbeit problemlos klarkommen. Die Arbeit hat im Grunde kaum noch etwas mit dem eigentlichen

Im weiteren Verlauf der Leadership Pipeline nimmt die Verantwortung für andere im Sinne einer Führungsspanne sowie die Budgetverantwortung immer mehr zu.

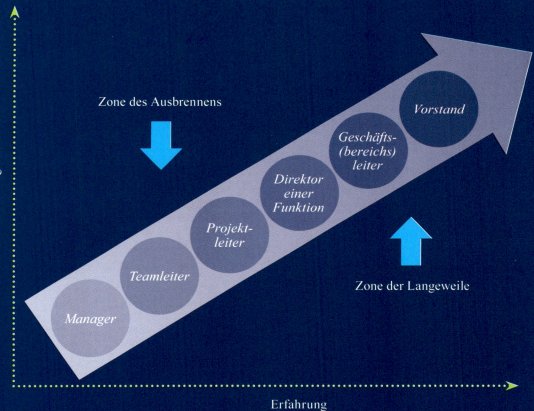

ABBILDUNG 20 | Entwicklungschancen von Führungskräften und Teammitgliedern

Verrichten von Aufgaben auf vorhergehenden Stufen zu tun. Das Wesen und die Vorgänge in anderen Bereichen und Funktionen müssen für ein effektives Wirken und Koordinieren verstanden werden. Strategisches Denken muss einsetzen, denn immer mehr schließt man die aufgetragene Umsetzung ab und gestaltet selbst, was Weitblick erfordert. Da diese Koordination mit anderen Bereichen und das Schaffen von Freiraum für vorausschauendes Denken Zeit und Energie in Anspruch nehmen, muss man auch das Delegieren emotional begrüßen und effektiv demonstrieren.

Schließlich steht bei Erfolg eine Beförderung zum Geschäfts(bereichs)leiter an. Man ist nun in einer Position, die wirklich relevant für die Mission der Unternehmung wird. Der Grad an Autonomie nimmt deutlich zu, womit man sich auch erst einmal zurechtfinden muss. Orientierungspunkte, was wie zu tun ist, werden vermehrt selbst entwickelt. Man lernt zu akzeptieren, dass man auch einsamer wird. Politische Machtspiele nehmen zu. Man ist zunächst oft der Einzige, der eine Idee konkretisieren und voranbringen will. Es geht immer mehr um die Integration von Bemühungen sowie Transformation in mehrere Firmenbereiche. Die Frage ist nun nicht mehr rein die, ob und wie eine Idee umgesetzt werden kann, sondern ob sie auch im Hinblick auf die Anspruchsgruppen sinnvoll ist. Kann sie z. B. auch profitabel durchgeführt werden? Kommunikations- und damit einhergehende Motivationskünste werden noch wichtiger. Man lernt abzuwägen, was kurzfristig und langfristig zu priorisieren ist. Reflexionskünste werden wichtiger, damit nicht nur die Dinge richtig erledigt werden, sondern auch die richtigen Dinge. Man bemerkt, dass alle Vorgänger und auch man selbst einen Lebenszyklus im Management haben. Die Verantwortung kann einem schnell wieder entzogen werden, obwohl man denkt, derweil gute Arbeit zu verrichten. Es wird zur Kernaufgabe, die nächste Generation und gegebenenfalls auch den einen oder anderen Nachfolger für die Position vorzubereiten. Man jongliert mit mehreren Bällen gleichzeitig, denn sowohl die Finanzen, das Personal, die Innovationskraft, die Produktion als auch viele weitere Aspekte müssen konstant auf dem Radarschirm sein.

Diese Aufgaben sollten derart bewältigt werden, dass sie einem nicht die komplette Energie rauben. Da nicht mehr alles selbst geregelt werden kann, muss man Vertrauen in andere Mitarbeiter haben. Gleichzeitig werden Probleme und Sachverhalte so komplex, dass man nach wie vor offen für Feedback und Coaching sein muss. Sollten andere Geschäftsbereiche von der Verantwortung her übernommen werden, findet auch ein Wechsel an Würdigungen statt. Hat man sich bisher daran erfreut, für Leistungen verantwortlich zu sein und dafür gewürdigt zu werden, liegt es nun an einem selbst, richtig mit der Würdigung anderer umzugehen. Der Erfolg anderer im Rahmen eines größeren Miteinanders muss akzeptiert und weiter katalysiert werden. Andersartige Vorgehensweisen der Kollegen müssen in bestimmtem Maße akzeptiert werden und dürfen nicht frustrieren. Auch auf dieser Ebene kann man nicht wie ein Alleinherrscher walten. Anspruchsgruppen müssen gemanagt werden. Wenngleich ein bedeutsam anmutender Titel auf der Visitenkarte oder dem Türschild steht,

Da die Koordination mit anderen Bereichen und das Schaffen von Freiraum für vorausschauendes Denken Zeit und Energie in Anspruch nehmen, muss man auch das Delegieren emotional begrüßen und effektiv demonstrieren.

Reflexionskünste werden wichtiger, damit nicht nur die Dinge richtig erledigt werden, sondern auch die richtigen Dinge.

können diese Anspruchsgruppen einem das Gefühl vermitteln, doch wieder nur in gewisser Form mittleres Management zu sein, das oft genau wie auf unteren Ebenen nur gefühlte 15 % der Dinge wirklich beeinflussen kann. Training und Weiterbildung müssen weiterhin Priorität genießen, auch wenn man das Gefühl haben könnte, man habe es ja schon so weit geschafft, dass wirklich genügend Stärken und Erfahrungen vorhanden sein müssten. Weiterbildung wird notwendig, da:

- die Ansprüche an Strategieentwicklungs- und Bewertungsfähigkeiten einschließlich der damit einhergehenden Budgetallokation herausfordernder werden.

- das Coaching des Führungsnachwuchses kritischer wird.

- das Veränderungsmanagement wichtiger wird, denn die Führungskraft wird im Laufe der Zeit Bereiche hinzufügen, ausbauen, umstrukturieren oder abstoßen.

- Selbsterkenntnis und Reflexionsfähigkeit wichtiger werden. Konstant muss sich die Führungskraft fragen, ob die richtigen Fähigkeiten und Personen an der richtigen Stelle sind, was auch die eigene Position betrifft. Auch hier hilft professionelle Unterstützung.

Darüber hinaus kann noch eine weitere Etappe hin zum Vorstand anstehen. Die Fähigkeit, nicht nur sich selbst, sondern auch das Business neu zu erfinden, wird hier zum Erfolgsschlüssel. Kann man glaubhaft verschiedene Rollen[59] spielen oder zumindest sich im Team so organisieren, dass alle Fähigkeiten vorhanden sind? Wir müssen dabei insbesondere die in der obenstehenden *Abbildung 20* beschriebenen Rollen effektiv und flexibel anwenden oder organisieren können, wobei die zuvor erwähnte Selbsterkenntnis von überragender Bedeutung ist.

DER STELLHEBEL „RELOKATION" [5.4]

Das Thema Relokation betrifft zunächst einmal einen stark divergierenden Optionenraum. Nach effektiver Adressierung der zuvor genannten Themen Einstimmung und Kompetenzaufbau geht es nun um konkrete Ideen der Verlagerung von Komplexität in andere Bereiche. Dies ist in der Realität immer in abgegrenzten Episoden zu sehen, d. h., dass in *Phase 1* durchaus erst ein Vereinfachen im Sinne eines Entrümpelns, Frühjahrsputzes, Entschlackens oder Befreiens von unnützer oder schadhafter Komplexität ablaufen kann, bevor dann in *Phase 2* strategisch besonders hilfreiche Komplexität aufgebaut wird. Wir benötigen somit ein dynamisches Erfolgsmuster

Training und Weiterbildung müssen Priorität genießen, auch wenn man das Gefühl haben könnte, man habe es ja schon so weit geschafft.

Relokation betrifft einen stark divergierenden Optionenraum.

über die Zeit, das die folgenden drei Optionen zu unterschiedlichen Zeitpunkten abdecken kann:

1. Simplifizieren entweder durch radikaleres Eliminieren oder bloßes Reduzieren.

2. Beibehalten des Komplexitätsniveaus, was auf zwei Arten passieren kann: bei einem Thema oder in einem Bereich, z. B. durch Erhöhung der Methodenkomplexität, was wiederum zu einfacheren Prozessen führt, oder innerhalb der Gesamtorganisation durch Vereinfachung an einer Stelle, z. B. dem Einkauf, und absichtlicher Zunahme von Komplexität an anderer Stelle, z. B. durch mehr Anpassung der Produkte für ausländische Märkte.

3. Amplifizieren des Komplexitätsniveaus, z. B. durch Merger, neue Produktsparten, zusätzliche Service-Dienstleistungen etc.

Zum *Thema 1.* Simplifizierend haben wir an anderer Stelle generische Vereinfachungsstrategien[60] vorgestellt und diskutiert:

- Fokussierungsstrategien beschäftigen sich mit dem klaren Multiplizieren von bestehenden Nutzenpotenzialen und der Konzentration der Kräfte auf die Must-win-battles. Sie können umgesetzt werden, indem man sich fokussiert auf nur wenige Kundensegmente, nicht auf alle; auf bestimmte Aktivitäten, nicht auf alle; auf bestimmte Märkte, nicht auf alle; auf bestimmte gut beherrschte Geschäftsmodelle, nicht auf alle. Man vereinfacht dadurch die Führungs- und Managementarbeit drastisch.

- Kernprozesse sind immer dann besonders hilfreich, wenn zur Sicherung der Innovationen, Synergien, Kosten, Qualität und anderem sehr wenige, aber umso wichtigere Prozesse standardisiert werden sollen. Hier brechen wir sachlogisch vollends mit Ashby, der verlangt, dass Unternehmen genauso komplex sein müssen wie ihre Umwelt. Sie müssen an den richtigen Stellen ausreichend komplex sein, an anderen hingegen drastisch vereinfacht.

- Dezentralisierungsansätze verlangen nach der Analyse und Erledigung von Schlüsselaufgaben auf der Ebene, auf der auch die Experten dazu angesiedelt sind. Sie vereinfachen und beschleunigen den Entscheidungsprozess. Wenngleich Bürokratie vor knapp 100 Jahren als Mittel für mehr Fairness und eine bessere Aufgabenbewältigung von Max Weber ersonnen wurde, so hat sich der Lebenszyklus dieses Konzeptes schon lange seinem Ende zugeneigt. Nun ist das Thema Empowerment nicht unbedingt neu, doch in der Vergangenheit hatten wir noch die Wahl zwischen Sollen und Wollen. Heute müssen wir vieles dezentralisieren und dafür geschickt Korridore vorgeben.

Hier brechen wir sachlogisch vollends mit Ashby, der verlangt, dass Unternehmen genauso komplex sein müssen wie ihre Umwelt.

- Integritätsstrategien beziehen sich nicht in erster Linie auf das Schließen von Deltas zwischen den Aktivitäten einer Firma und den Werten und Erwartungen der Umwelt, auch nicht auf die oft bestehenden Deltas zwischen den Versprechungen in Ethikkodizes oder Hochglanzbroschüren zum Thema CSR und den tatsächlichen Gegebenheiten. Die wird nicht in erster Linie angesprochen, fällt aber grundsätzlich auch unter unser Verständnis von Integrität an dieser Stelle. Es geht vielmehr um das Schaffen eines in sich widerspruchsfreien Ganzen, eines besseren Alignments der einzelnen Variablen im System. Wie in *Kapitel 1.2* ausgeführt, sind nach wie vor (Unter-) Ziele und zu viele Verhaltensweisen nicht aufeinander abgestimmt. Abteilungen gehören gemeinsam unter ein Firmendach, doch sind sie in zwei Drittel aller Fälle nur sehr schlecht aufeinander abgestimmt. Auch in der vertikalen Betrachtung arbeiten Ebenen aufgrund bestimmter Verhaltensweisen suboptimal zusammen. In den beim Thema Komplexität in unseren Augen besonders erfolgreichen Firmen gibt es kaum mehr als drei Kernwerte. Wer mehr hat, hat keine wirklichen Kernwerte. Manche Chefs versuchen, ganze Wertehäuser mit zwölf Kernwerten zu definieren, was tiefer in der Organisation mehr verwirrt als Klarheit schafft. Lange „Einkaufslisten" mit Aspekten, die zu beachten sind, müssen vermieden werden. Diese maximal drei Kernwerte dürfen unter keinen Umständen unterlaufen werden. Wie in einem Zwiebelmodell können sie umgeben werden mit weiteren Aspekten, deren Nichtbeachtung zwar kein „Köpferollen" mit sich bringt, jedoch unbedingt erklärt werden muss.

Beibehalten von Komplexität unter gleichzeitiger Verlagerung sowie Amplifizierung von Komplexität bedeuten, dass Komplexität bewusst in Kauf genommen oder geschaffen wird. Es gibt hier eine Reihe von möglichen Betätigungsfeldern. Im Folgenden sind zwei beispielhaft herausgegriffen:

- Entwicklung der Kundenbasis von Stammkunden hin zu Neukunden, auch noch in anderen Ländern. Dies muss natürlich differenziert erfolgen, denn nur weil theoretisch China, Indien und Afrika Kundenmassen um die Milliardengrenze bieten, bedeutet das nicht automatisch, dass man auch nur annähernd eine Chance hat, dort zu punkten.

- Zunahme der Komplexität in Bezug auf das Nutzenversprechen und die Wertkette. Man denke nur an die Entwicklung der Automobilindustrie von Einzelstücken hin zu globalen Einkaufs-, Produktions- und Logistiknetzwerken, in denen Wettbewerber teilweise konkurrieren und kooperieren.

Die wichtigste begleitende Handlungsempfehlung ist dabei, sich nicht zu sehr auf die Konkurrenten zu verlassen, sondern sie nur als einen Orientierungspunkt zu nehmen. Dies widerspricht auch vereinfachend eingesetztem quantitativem Benchmarking. Die einzelne Ausgangssituation kann dazu viel zu unterschiedlich sein. Ein jeder Anbieter simplifiziert oder amplifiziert Komplexität genau da, wo sie hilft oder unbedingt vermieden werden muss.

Der Innovationsführer kann nur über Neuerungen punkten. Komplexitätsführung muss hier besondere F&E-Sensitivität bzw. Marktnähe gewährleisten. Es bedarf besonders visionärer Menschen und „bunter Vögel" einschließlich der gegebenenfalls ungewöhnlichen Vorgehensweisen, um zum Ziel zu kommen. Marken-Champions werden die Komplexität auf der Marketingseite konzentrieren. Der „easy"-Anbieter wird Komplexität minimieren, den Kunden umerziehen, Dinge radikal auslassen oder unter normale Industriestandards senken. Genau das Gegenteil wird ein „Alles-aus-einer-Hand"-Lösungsanbieter anpeilen, denn er wird zur Einlösung des Kundenversprechens ein kompliziertes Wertschöpfungsnetzwerk aufbauen und steuern müssen. Der Dienstleistungs-Champion hingegen wird Komplexität beim Beziehungsmanagement aufweisen. Vertreter dieser verschiedenen Positionierungen bauen Komplexität in ganz bestimmtem Ausmaß und an spezifischen Stellen auf oder ab. Natürlich gibt es über diese generischen Positionierungsalternativen hinaus weitere verfeinerte Alternativen, die temporär und industriespezifisch erarbeitet werden können. Damit diese Erfordernisse auch wirklich umgesetzt werden können, bedarf es einer funktionierenden Komplexitäts-Governance, die wir im Folgenden behandeln.

Die wichtigste begleitende Handlungsempfehlung ist dabei, sich nicht zu sehr auf die Konkurrenten zu verlassen, sondern sie nur als einen Orientierungspunkt zu nehmen. Dies widerspricht auch vereinfachend eingesetztem quantitativem Benchmarking.

DIE CONDITIO SINE QUA NON – MODERNE KOMPLEXITÄTS-GOVERNANCE [5.5]

Dieses Buch plädiert, das Thema Komplexitätsmanagement als Chefsache stärker zu verankern, denn dieses birgt enorme Leistungssteigerungs- bzw. Kostensenkungspotenziale. Das gilt für die Innovationskraft im Speziellen, aber auch darüber hinaus. Insofern liegt eine Prüfung nahe, wie man Komplexität besser verstehen kann und wo bzw. durch wen relevante Aufgaben zu erledigen sind. Bei der Komplexitäts-Governance geht es grundsätzlich um die Etablierung klarer Verantwortungsstrukturen, mehr Transparenz und Überschaubarkeit in Bezug auf die Aufgaben und Rollen. Dabei gibt es durchaus Parallelen zur Entwicklung des Begriffs Corporate Governance. Letzterer erhielt insbesondere im Rahmen der Skandale von vor zehn bis 15 Jahren eine inhaltliche Aufladung als Absicherungsfunktion. Mit entsprechenden Strukturen sollte Abhilfe von den Skandalen geschaffen werden. Dies war und ist nur ein sehr einseitiges Verständnis des Themas. Vielmehr geht es insgesamt um die Schaffung eines klaren Mehrwerts über die Risikovermeidung hinaus. So soll auch das Thema Komplexitäts-Governance im Rahmen dieses Buchs verstanden werden. Die Komplexitäts-Governance sichert nicht nur gegen eine oft in verschiedenen Formen immer wiederkehrende Komplexität ab, sondern muss einen Mehrwert schaffen, indem die Art und Weise, wie Komplexität gemanagt wird, zur strategischen Waffe wird. Dabei spielen Strukturen zunächst keine Rolle. Sie treten hinter der tatsächlichen Arbeits-, Denk- und Entscheidungsweise in einem Unternehmen zurück. Somit geht es mehr um effektive Komplexitätsmanagement- und Führungsprozesse als in falscher Sicherheit wiegende starre Strukturen, die nicht richtig mit Leben ausgefüllt oder missbraucht werden. Wenn wir im Folgenden Elemente in den Entscheidungssystemen betrachten, dann geschieht dies vornehmlich mit einem Blick auf ihre Arbeitsweise und Wirkung. Dabei werden wir auf folgende Prinzipien eingehen:

1. Notwendigkeit einer fallabhängigen Sichtweise

2. Richtige Interpretation der Ausgangssituation an der Unternehmensspitze

3. Klare Strukturierung flexibler Rollen auf allen Ebenen

4. Optimierung der temporären Komplexitäts-Governance

5. Transparente Gestaltung der Entscheidungsfelder

Die Komplexitäts-Governance sichert nicht nur gegen eine oft in verschiedenen Formen immer wiederkehrende Komplexität ab, sondern muss einen Mehrwert schaffen.

NOTWENDIGKEIT EINER FALLABHÄNGIGEN SICHTWEISE

Bevor wir in Details einsteigen, bedarf es noch ein paar weiterer einleitender Gedanken. Auch beim Komplexitätsmanagement gibt es, wie beim Thema Governance generell, verschiedene Kontingenzfaktoren. Einer der wichtigsten Faktoren sind die involvierten Persönlichkeiten und Charaktere. In Erinnerung bleibt vielen die sehr dominante Persönlichkeit eines Jürgen Schrempp, der in seiner Rolle als Vorstandsvorsitzender von Daimler-Benz den bis zur damaligen Zeit größten, zudem transatlantischen Unternehmenszusammenschluss mit Chrysler herbeiführte und dafür mehrfach zum „Manager des Jahres" gewählt wurde. Mit Ausnahme des Vorsitzenden informierte er den Aufsichtsrat erst am Vorabend der offiziellen Pressekonferenz zum Unternehmenszusammenschluss mit Chrysler. Es handelte sich dabei immerhin um den größten transatlantischen Merger, der auch das Unternehmen Daimler-Benz fundamental verändern würde. Unter diesen Umständen kann der Aufsichtsrat als gesetzlich vorgesehenes Kontrollorgan natürlich nicht wirklich kontrollieren. Kein noch so effektiver Aufsichtsrat schafft es, über Nacht eigene Synergie- oder Komplexitätskostenberechnungen loszutreten und Risiken so herauszuarbeiten, dass sie einer fundierten Diskussion mit anderen standhalten, die seit Monaten daran arbeiten und zudem das Momentum auf ihrer Seite haben. Jürgen Schrempp plante eine massive Komplexitätserhöhung, ohne zu diesem Zeitpunkt Kontrolle zuzulassen.

Auch Jack Welsh, der frühere CEO von General Electric, war eine ähnlich dominante Persönlichkeit, die 20 Jahre lang starke Leistungen brachte. Versuche, die Governance-Strukturen zu modernisieren, wurden erst bei seinem Nachfolger umgesetzt. General Electric implementierte anschließend eine sechsseitige Liste an mit einzeiligem Zeilenabstand aufgeführten Reformen, nur um mit anderen Firmen aus Governance-Sicht einigermaßen gleichzuziehen. Wie angedeutet, geht es nicht um das Aufspringen auf jeden neuen Governance-Trend, sondern darum, ob ein Board, Aufsichts- oder Verwaltungsrat effektiv wirkt, was für die Unternehmensentwicklung im Allgemeinen und im Hinblick auf die Komplexität im Speziellen gilt.

Der zweite wichtige Faktor für ein tatsächlich gelebtes Governance-System ist die *Eigentümerstruktur* und das Verhalten der einzelnen Eigentümer. In einem Familienunternehmen sind Entscheidungen oft viel langfristiger angelegt als bei der relativ anonymen großen Schar an Aktionären börsennotierter Firmen, die vielleicht nur eine kurzfristigere Anlagemöglichkeit suchen. Im Fall von DaimlerChrysler gewährten die Investoren Jürgen Schrempp zwar etwas Zeit, um den Verlust von 60 Milliarden Euro an Aktionärswert wieder auszugleichen, doch schließlich verloren sie die Geduld. Insgesamt gilt: Je unbekannter dem Vorstand die tatsächlichen Aktionäre oder Eigentümer sind, desto mehr muss man mit den negativen Aspekten der Principal-Agent-Theorie rechnen. Das Top-Management hat als Agenten und Akteure mehr Informationen und verfolgt durchaus Eigeninteressen, die nicht immer im Interesse der Eigentümer bzw. der Principals sind. Dies kann einer effektiven Governance entgegenwirken.

Ein dritter Faktor ist das *Geschäftsmodell* im konkreten Unternehmensumfeld. In manchen Industrien wird dadurch die Arbeit der Unternehmensspitze konkret beeinflusst. Im Schiffsbau z. B. folgen auf längere Ruhephasen oft sehr schnelle, kurzfristige Wachstumsschübe. Mit einem langwierigen Abholen und Einbinden des Aufsichtsrats wird riskiert, diese Chance zu verpassen. Wachstums- und Geschäftsmöglichkeiten verlangen, dass der Vorstand relativ schnell und daher unabhängiger agiert. Dies erschwert es den Mitgliedern des Aufsichtsrats, z. B. beim Komplexitätsmanagement wichtige Impulse zu geben. Dabei ist Komplexitätsmanagement als Begriff hier generisch verwendet. Streng genommen geht es um die Komplexitätsführung. Zudem ist erwiesen, dass sich die Machtbasis in internationaleren und komplexeren Firmen immer häufiger weg vom Aufsichtsrat hin zum Vorstand und Top-Management verlagert. Da man insbesondere bei der Governance-Diskussion Machtfragen nicht einfach ignorieren kann, kommt dieser Aspekt als weitere Herausforderung hinzu. Selbst wenn man fähige Mitglieder in Aufsichtsräten hat, bedeutet dies nicht, dass sie keine „Spiele der Erwachsenen"[61] an den Tag legen.

… ist erwiesen, dass sich die Machtbasis in internationaleren und komplexeren Firmen immer häufiger weg vom Aufsichtsrat hin zum Vorstand und Top-Management verlagert.

Schließlich sind die lokalen Gesetze und Wirtschaftskulturen zu nennen. Diese können viele Aspekte, etwa die Größe und Zusammensetzung von Vorständen und Aufsichtsräten, und – was oft genauso wichtig ist – die grundsätzliche Art und Weise des Wirtschaftens bestimmen. Erwähnt seien hier die angelsächsische, schnelllebigere, finanz- und ergebnisorientierte Vorgehensweise im Vergleich zu anderen sozial-marktwirtschaftlichen Systemen mit mehr Mitsprache für Anspruchsgruppen wie z. B. Mitarbeiter. Diese vier Haupteinflussfaktoren lassen erahnen, dass jedes Unternehmen individuell davon betroffen ist. Daher kann es auch keine für alle Unternehmen gültigen Faustregeln geben. Immer ist das jeweils herrschende Muster zu beachten.

RICHTIGE INTERPRETATION DER AUSGANGSSITUATION AN DER UNTERNEHMENSSPITZE

Ein Aufsichtsrat hat zwei Kernaufgaben. Genau diese Sichtweise der Wertschöpfung des obersten Kontrollorgans charakterisiert die Corporate-Governance-Debatte: Die erste Kernaufgabe von Aufsichtsräten besteht in der *Kontrolle und Überwachung des Top-Managements*. Das sind die gesetzlich vorgegebenen Aufgaben, das betrifft die gegenüber den Aktionären zu erfüllende Verantwortung. So weit zumindest die Theorie. In der Praxis zeigt sich immer wieder, dass es nicht an der Qualifikation oder den dazugehörenden beeindruckenden Lebensläufen der Aufsichtsräte liegt, wenn etwas schiefgeht. Denn wo waren deren Beiträge, als bei Enron und Worldcom Betrug im Spiel war?

Verfeinerte Committee-Strukturen können Spezialisierungsvorteile bei der Arbeitsteilung schaffen, sind aber nach wie vor keine Garantie für den Erfolg. Denn auch bei den vorgenannten Firmen waren Finanzprofessoren, erfahrene Ökonomen und andere Vorstände „im Board". Selbst diese geschulten Augen hatten der kriminellen Energie an anderer Stelle nichts entgegenzusetzen. Was bedeutet dies im übertragenen Sinne für das Thema Komplexität? Auch hier gilt es, die Aufgaben richtig abzustecken, das richtige Maß an Kontrolle auszuüben und eine effektive Funktionsweise sicherzustellen. In der heutigen Zeit wirkt sich ein Vernachlässigen oder nicht erfolgtes Eingreifen beim Thema Komplexität durchaus ähnlich radikal auf den Unternehmenserfolg und die Überlebenschancen aus, wie dies bei den moralischen Vergehen vor mehr als zehn Jahren der Fall war! Bei der Erfüllung ihrer Aufgaben sehen wir somit heute eine immer größere Verantwortung bei den Aufsichtsräten. Vorstände nicht nur in klassischen Themen wie dem Wettbewerb oder dem finanziellen Erfolg zu kontrollieren. Aufsichtsräte müssen auch beim Thema Komplexitätsmanagement gegebenenfalls nachziehen.

Dabei gilt es, verschiedene Anspruchsgruppen zu managen. Ein Aktionär kann immer mehr globales Wachstum fordern, was mehr Komplexität schafft. Immerhin versprechen die jeweils knapp über oder unter einer Milliarde Konsumenten umfassenden chinesischen, indischen oder afrikanischen Märkte deutlich mehr Wachstumspotenzial als die oft nur stagnierenden oder schrumpfenden europäischen Volkswirtschaften. Paradoxerweise möchten Aktionäre häufig auch kurzfristig Erfolge sehen, was einem langfristig gesunden Unternehmen schaden könnte. Outsourcing oder die Verlagerung der Produktion ins Ausland vermag aus dieser Logik sinnvoll sein, doch damit gehen oft weitere, noch unbekannte Probleme einher. Aufsichtsräte müssen dabei auch die besonderen Interessenlagen von Vorständen berücksichtigen. Je größer die Firma und ihre Probleme, desto höher normalerweise die Bezahlung der Führungskräfte. Doch diese Interessen müssen effektiv gesteuert werden. Ansonsten entsteht Komplexität an der falschen Stelle.

Ein Aktionär kann immer mehr globales Wachstum fordern, was mehr Komplexität schafft.

Als zweite Aufgabe gilt es, die *Vorstände und das Top-Management auszuwählen, zu beurteilen und im Hinblick auf eine erfolgreiche Unternehmensentwicklung zu coachen* sowie mit Rat und Tat zu unterstützen. Es muss ein wesentlicher Beitrag zur Verbesserung der Entscheidungsfindung geleistet werden. Aufsichtsräte selbst müssen zu Komplexitätsexperten werden. In Zeiten schnelllebiger Veränderungen und komplexer Herausforderungen wird immer klarer, dass ein Vorstandsvorsitzender die wichtigen Entscheidungen nicht mehr alleine vorbereiten und umsetzen kann. Je nachdem, wie diese Aufgaben erfüllt werden, können wir vier Typen von Aufsichtsräten im Verhältnis zu ihren Vorständen unterscheiden[62]:

- Sogenannte „VIP-Aufsichtsräte" sind zwar mit hochkarätigen Fachleuten und sogar Berühmtheiten besetzt. Zwar haben z. B. ehemalige Spitzenpolitiker oder prominente Mitglieder der Gründerfamilie gegebenenfalls einen aufmerksamkeitssichernden Effekt, doch tragen sie nur sehr selten zur inhaltlichen Diskussion von Komplexitätslösungen bei. VIP-Aufsichtsräte leisten weder einen tatsächlichen Kontrollbeitrag, noch sind sie in der Entscheidungsfindung inhaltlich hilfreich. Sie stellen somit für ein kompetentes Komplexitätsmanagement sogar eine Bedrohung dar, da Gefahren und Potenziale nicht adäquat besprochen werden können.

- „Wachhund-Aufsichtsräte" nennt man diejenige Konstellation, bei der zumindest Kontrolle ausgeübt wird, aber von der ansonsten inhaltlich kein Beitrag kommt. Die in den letzten Jahren verabschiedete Governance-Gesetze, Richtlinien und -Verhaltenskodizes, insbesondere die Sarbanes-Oxley-Initiative, verlangen zu oft nach solchen Aufsichtsräten. Ihr Fokus liegt jedoch auf Kontrolle, die Risikovermeidung und die notwendige Breite und Tiefe an Komplexitätswissen – wenn denn überhaupt vorhanden – werden nicht für einen strategischen Input genutzt.

In Zeiten schnelllebiger Veränderungen und komplexer Herausforderungen wird immer klarer, dass ein Vorstandsvorsitzender die wichtigen Entscheidungen nicht mehr alleine vorbereiten und umsetzen kann.

- „Aufklärer-Aufsichtsräte" hingegen leisten keinen bemerkenswerten Kontrollbeitrag, können aber Vorstände immerhin auf wichtige Muster und Veränderungen aufmerksam machen und Expertisen aus anderen Industrien zur Verfügung stellen. So können Komplexitätslösungen aus anderen Bereichen zumindest als Inspirationsquelle dienen. Eine Diskussion über den wirklichen Mehrwert solcher Aufsichtsräte beim Thema Komplexität kann zumindest beginnen.

- „Herausforderer-Aufsichtsräte" stellen vielfach den Idealtypus eines Aufsichtsrats dar. Hier leisten Aufsichtsräte sowohl ausreichend Kontrollarbeit als auch inhaltlich wertvolle Beiträge für das Gesamtwohl des Unternehmens. Dies schließt in unserem modernen Verständnis von Unternehmenssteuerung explizit auch Hinweise und, wenn nötig, ein inhaltliches, aber auch persönliches Herausfordern beim Thema Komplexitätsmanagement mit ein.

KLARE STRUKTURIERUNG FLEXIBLER ROLLEN AUF ALLEN EBENEN

Geht es nun um ein konkreteres Ausgestalten der Komplexitäts-Governance, so wird schnell Folgendes klar. Wichtig für die Schaffung von Werten für die Aktionäre und Eigentümer generell sowie für das ausgeglichene Weiterkommen von Unternehmen ist, dass die Aufsichtsräte wissen, welche Hauptrolle sie momentan, und nicht generell, spielen müssen. Es geht um das Gesamtbild der Dinge, die Gesamtzusammenhänge und die Wettbewerbsfähigkeit, Innovationskraft und dazu in die Lage versetzende Komplexitätskompetenz des Unternehmens und seiner Top-Talente steht. Zwei Schlüsselfragen sind dabei ausschlaggebend. Zum einen müssen sich Aufsichtsräte kontinuierlich fragen, was momentan auf dem Spiel steht, sprich: welche Externalitäten zu berücksichtigen sind. Externalitäten stellen sowohl mehr oder minder wichtige Risiken als auch kleinere oder große Chancen dar, die es nicht zu verpassen gilt. Wenn also ein Wettbewerber schnell bei einer Plattform- oder Gleichteilestrategie vorankommt, dann muss nicht jeder die Lösungen blind kopieren und mit den identischen Erfolgsrezepten arbeiten. Es geht vielmehr um das Auffinden eigener Lösungen, die durchaus anders gelagert sein können. Doch keine Antwort parat zu haben und inaktiv auf bessere Tage hoffend zu verweilen, ist unmöglich.

Die zweite wichtige Frage ist, wie effektiv das Top-Management und der Vorstand die jeweiligen Aufgaben erfüllen. Ist der Vorstand aus Ergebnissicht wirklich Herr der Dinge und meistert die Externalitäten, oder gibt es mehr oder weniger deutliche Schwächen und versucht er auch noch, Sündenböcke bei anderen oder bei aktuellen externen Entwicklungen zu suchen? Wie in der folgenden *Abbildung 21* dargestellt, entstehen so vier mögliche Handlungsoptionen zum jeweiligen Zeitpunkt. Links unten sind alle Chefs und Vorstände zu positionieren, die Komplexität mit ähnlich überzeugenden Ideen, wie Themistokles sie hatte, steuern und auch effektiv Fortschritte machen.

Befindet sich das Unternehmen oder ein besonders kritischer Bereich auch noch in einer Situation, in der nichts Wesentliches auf dem Spiel steht, keine besondere externe Bedrohung naht und auch keine wichtige Marktchance ausgelassen wird, so kann sich die Rolle von Aufsichtsräten bei der Komplexitätsführung durchaus auf ein regelmäßig zu überprüfendes Vorankommen bei den gesetzten, vielleicht sogar quantifizierten Zielen konzentrieren. Zeigen Chefs jedoch in dieser Situation noch recht unbedeutender Externalitäten Schwächen, müssen sie im Hinblick auf ein Mehr an Effektivität mit Coaching aktiver werden. Ansonsten vernachlässigen sie sträflich ihre situative Rolle.

Nicht jedes Aufsichtsratsmitglied kann rasch die dominante Rolle[63] ändern, doch das sind die Erwartungen an ein so wichtiges Engagement. Von Chefs bzw. Vorständen und Führungskräften generell wird im Umkehrschluss erwartet, die Zeichen der Zeit zu erkennen, gegebenenfalls vergangene Erfolge hinter sich zu lassen und ein Coaching auch zuzulassen. Ansonsten werden hier fundamentale Fehler zugelassen. Drohen oder materialisieren sich handfeste Krisen und zeigen Chefs, Vorstände und Führungskräfte objektiv einen Mangel an Effektivität, ändern sich die dominanten Rollen im Rahmen moderner Komplexitäts-Governance erneut. Dann muss der Chef zulassen, dass der Aufsichtsrat temporär die Steuerung übernimmt und die Komplexität einem deutlichen Richtungswechsel unterzieht.

Dies kann durchaus bedeuten, dass sich Aufsichtsräte oder eine kleine Untergruppe in die „CSI"-artige Ausarbeitung von Komplexitätslösungen einarbeitet und den Ton sowie das Tempo vorgibt. Da Aufsichtsräte weder Vollzeit angestellt sind noch mittel- oder langfristig adäquate Zeitkontingente zur Verfügung stellen können, muss sich, wenn die Effizienz und Effektivität von Komplexitätslösungen einschließlich der involvierten Führungskräfte zunehmen, die dominante Rolle von Aufsichtsräten erneut ändern, hin zu einem Überwachen, bis die Krise vorbei ist oder die sich ergebenden Chancen gesichert sind.

AUF DIE ENTSPRECHENDE INFORMATIONSAUSSTATTUNG ACHTEN

Erwarten wir mit obigen Ausführungen zu viel von Aufsichtsräten? Da nichts anderes auf dem Spiel steht als die Wettbewerbsfähigkeit, Innovationskraft und eine aus Komplexitätsperspektiven optimierte Organisation, halten wir die Messlatte nicht nur für Führungskräfte, sondern auch für Aufsichtsräte hoch. Wir haben Aufsichtsräte befragt[64], was sie denn von ihrer Firma wissen bzw. wie zufrieden sie mit der Informationsausstattung sind. Die folgende *Abbildung 22* verdeutlicht die Ergebnisse. Leider ist es so, dass wir in den meisten Bereichen als Aufsichtsrat gar nicht wirklich leisten können, was erwartet wird, denn wichtige Informationen fehlen!

Nicht jedes Aufsichtsratsmitglied kann rasch die dominante Rolle ändern.

Erwarten wir zu viel von Aufsichtsräten? Leider ist es so, dass wir in den meisten Bereichen als Aufsichtsrat gar nicht wirklich leisten können, was erwartet wird, denn wichtige Informationen fehlen!

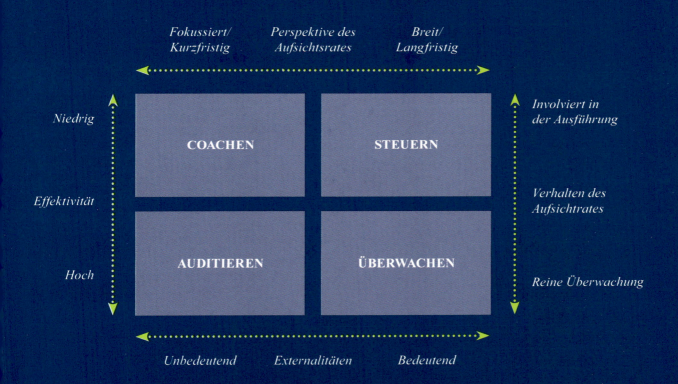

ABBILDUNG 21 | Rollen von Aufsichtsräten bei der Komplexitäts-Governance

Hinzu kommen noch folgende Relativierungen:

- Für mehr als die Hälfte der Aufsichtsräte sind nur 20 % oder noch weniger der zur Verfügung gestellten Informationen relevant.

- Die große Mehrheit der Aufsichtsräte verlässt sich aber vollkommen auf die zur Verfügung gestellten Informationen und stellt dabei selbst, z. B. extern, eigene Nachforschungen oder Überprüfungen an.

- Mehr als zwei Drittel der Aufsichtsräte beklagen sich konkret über einen „Information Overload".

- Ein Drittel gibt an, dass sie die erhaltenen Informationen für zu einseitig halten und dahinter klare Absicht und Informationsmanipulation vermuten. 80 % wünschen sich ganzheitlichere Informationen zum Gesamtbild.

- 90 % geben an, dass sie im Grunde genommen keine Informationen über unternehmensexterne Punkte wie Wettbewerber haben.

- Zwei Drittel wollen weniger detaillierte Finanzzahlen. Es droht die Gefahr der Paralyse durch Analyse.

- 80 % geben an, dass die Informationen viel zu vergangenheitsorientiert und nicht ausreichend ex ante sind.

- Nur in einem Drittel der Fälle war Aufsichtsräten die Zeit gegönnt, die entsprechenden Informationssysteme von den Anforderungen her richtig und nach ihren Wünschen zu definieren.

- Ein Drittel gibt zu, dass ihre Informationssysteme wahrlich nicht „Best Practice" sind.

Insgesamt sind sowohl die Quantität als auch die Qualität der Informationen nicht ausreichend. Sie werden nicht als „gut" bezeichnet. Wer das große Potenzial der Einbindung von Aufsichtsräten im Rahmen einer modernen Komplexitäts-Governance heben will, muss hier besser sein als das Allgemeinbild!

ANWENDUNG DER FLEXIBLEN ROLLEN AUF ALLEN EBENEN

Obige Rollen für Aufsichtsräte, die sich an der Managementeffizienz und den Externalitäten orientieren sowie sich über die Zeit weiterentwickeln können und müssen, gelten nicht nur für die oberste Steuerungsebene in Unternehmen. Ihr Pendant auf der Führungskräfteseite ist dazu auf-

Mehr als zwei Drittel der Aufsichtsräte beklagen sich konkret über einen „Information Overload".

Zwei Drittel wollen weniger detaillierte Finanzzahlen. Es droht die Gefahr der Paralyse durch Analyse.

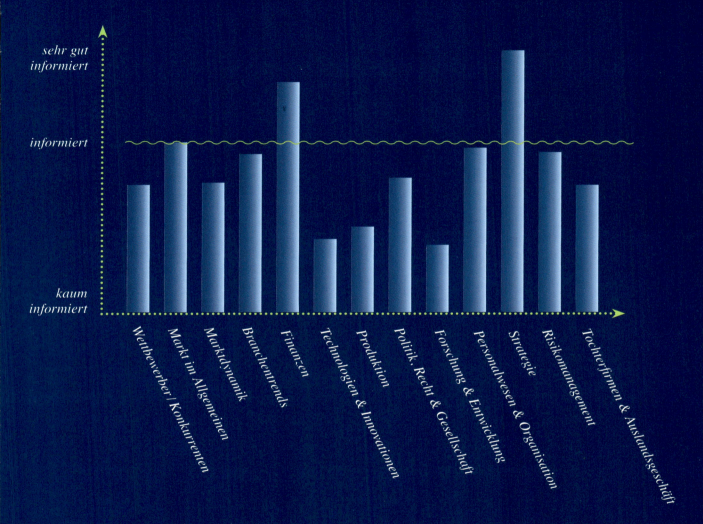

ABBILDUNG 22 | Wissensstände von Aufsichtsräten

gefordert, ihre dazu passende Rolle und entsprechende Aufgabenerfüllung nicht nur im Hinblick auf die ihnen übergeordnete Ebene anzupassen, sondern dies kaskadenförmig auf untere Ebenen herunterzubrechen.

Wir sehen in dem oben dargestellten Modell einen hilfreichen und praxiserprobten Orientierungsrahmen für erfolgreiche Führung auf allen Ebenen. Die sich ableitenden Handlungsanweisungen, wie Führungskräfte ihrerseits mit ihnen berichtenden Teams umgehen können, müssen die gleiche Flexibilität, Effektivitäts- und Externalitätenorientierung aufweisen. Jeder Direktor kann dieses Modell mit seinen untergeordneten Komplexitätsmanagern auf die jeweilige Ebene herunterbrechen. Damit erreichen sie eine deutlich flexiblere Führungsmöglichkeit als wenn sie ausschließlich und ohne fallabhängige Anpassung immer dezentral oder zentral, mit hohem Involvement oder durch Management by Objectives führen. Dies verlangt natürlich, dass das Rahmenmodell vorab gemeinsam besprochen und abgestimmt wird, was die Erwartungen klärt und auf Dynamik vorbereitet.

Ein solches Führungs- und Steuerungsmodell stellt zweifelsohne höhere Anforderungen an die involvierten Individuen. Führungskräfte müssen ihre Rollen flexibel und schnell anpassen können. Mitarbeiter hingegen dürfen sich nicht zu sehr nur auf einen Arbeitsstil einstellen und daran gewöhnen. Sie müssen sich kontinuierlich der Effektivitäts- und Externalitätenfrage stellen. Alle betroffenen Personen müssen diese Rollendynamik akzeptieren und rasch umsetzen können. Auf Komfortzonen im Sinne eines Beibehaltens nur einer Rolle als Mitarbeiter oder Führungskraft, an die man sich gewöhnt hat, darf im Hinblick auf die Zielerreichung keine Rücksicht genommen werden. Unternehmen, die an dieser Stelle an Mitarbeiterqualität oder Weiterbildungsmaßnahmen sparen wollen, verursachen nur Kosten und Risiken an anderer Stelle. Hier geht es im Kern um die absorptive Kapazität eines Unternehmens, mit Veränderungen und Komplexität am besten geeignet umgehen zu können. Da sich Rollen schnell anpassen können und je nach Leistungskraft Dezentralisierung als Vereinfachungsstrategie zum Tragen kommt, kann hier die Komplexitäts-Governance zu einem Erfolgsfaktor werden. Diese Orientierung an tatsächlichen Gegebenheiten muss dabei immer Vorrang haben vor einer ursprünglich für das Komplexitätsmanagement ersonnenen Struktur. Es gibt von der Struktur her viele Optionen und Organisationsmöglichkeiten, wie die folgende *Abbildung 23* verdeutlicht.

1. *Option:* Der CEO kümmert sich persönlich um das Thema. Es wird direkt an den CEO berichtet. Der CEO delegiert Steuerungs- und Überwachungsverantwortung und -denkarbeit nicht an untere Ebenen. Das Thema genießt hohe Priorität in jeglicher Hinsicht. Da das Thema Komplexitätsmanagement durchaus rasch abteilungsübergreifend bedeutend werden kann, ist durch eine so hohe Aufhängung sichergestellt, dass „Abteilungsfürsten" und „Silo-Könige" leichter zu koordinieren sind. Sie können sich nicht hinter Aussagen wie „Ich bin in meinem Bereich für die Ergebnisse verantwortlich, daher entscheide ich alleine" verstecken.

Ein solches Führungs- und Steuerungsmodell stellt zweifelsohne höhere Anforderungen an die involvierten Individuen.

Diese Orientierung an tatsächlichen Gegebenheiten muss dabei immer Vorrang haben vor einer ursprünglich für das Komplexitätsmanagement ersonnenen Struktur.

1. *Aufhängung als Sonderthema beim CEO*

2. *Sonderthema für Gesamtvorstand*

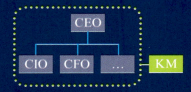

3. *Erweiterung auf Vorstandsebene*

4. *Personalunion auf Vorstandsebene*

5. *Unterordnung bei einem Vorstandsressort (z. B. CFO)*

6. *Duale Verbindung zum CEO und Vorstandsressort*

7. *Dezentrale Projektstruktur*

8. *Sekundärstruktur mit zu besetzenden Komitees und Arbeitsgruppen*

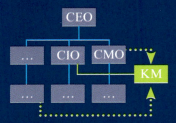

LEGENDE

CCO = Chief Complexity Officer
CEO = Chief Executive Officer
CFO = Chief Financial Officer
CIO = Chief Innovation Officer
CMO = Chief Marketing Officer
KM = Komplexitätsmanagement

ABBILDUNG 23 | *Strukturierungsmöglichkeiten des Komplexitätsthemas*

2. Option: Der Gesamtvorstand kümmert sich um das Komplexitätsthema. Wie bei *Option 1* kann und muss das Thema in größeren Organisationen kaskadenförmig auf untere Ebenen heruntergebrochen werden. Eine untergeordnete Programmstelle in verschiedenen Business Units kann wiederum dieser direkt an den Vorstand berichtenden Stelle und Person gegenüber verantwortlich sein. Wiederum untergeordnete Stellen fokussieren sich auf die für sie relevanten Teilbereiche des Komplexitätsthemas, wobei Ergebnisse dann Ebene für Ebene noch oben hin integriert werden.

3. Option: Hier wird das Thema mit einem Vorstandsressort ausgestattet. Es kann somit zu einem Chief Complexity Officer kommen oder einer anderen Bezeichnung, die mehr auf die Wirkung eines erfolgreichen Komplexitätsmanagements abzielt. Auch hier werden Ansprechpartner auf den unteren Ebenen zu verankern sein.

4. Option: Ein bestehendes Vorstandsmitglied übernimmt in Personalunion die Gesamtverantwortung für das Komplexitätsmanagement. Wichtig ist dabei, dass es ausreichend weit oben in der Organisation verankert bleibt.

5. Option: Erst auf der Ebene unter dem Vorstand findet das Thema strukturell Berücksichtigung in Form eines Programmes oder Projektes mit einem Leiter sowie dazugehörigem Team. Es muss sichergestellt sein, dass das Thema nicht mit vielen anderen um die notwendige Aufmerksamkeit und Ressourcen zu kämpfen hat oder im Zweifelsfall durch andere, temporär als dringender eingestufte Themen verdrängt wird.

6. Option: Sie stellt eine Variante der *5. Option* dar. Durch eine duale Berichtsstruktur wird verhindert, dass das Top-Management, insbesondere der CEO, von wichtigen Informationen abgekapselt wird. Bei dieser Option wird weiterhin verdeutlicht, dass die mit dem Komplexitätsmanagement betraute Person sich stets der Autorität bzw. Unterstützung des CEOs sicher sein kann. Die Verantwortung für das Thema muss immer einhergehen mit einem möglichst von ganz oben kommenden offiziellen Auftrag.

7. Option: Hier wird das Thema noch dezentraler in der Organisation verankert – mit allen Vor- und Nachteilen. Top-Management-Unterstützung in Form von Aufmerksamkeit und personellen sowie finanziellen Ressourcen wird schwieriger. Das Thema droht zu versanden und riskiert, nicht mehr als wirkliche strategische Waffe wahrgenommen zu werden und dienen zu können. Andererseits mag dies oft der einzige Weg sein, um Fortschritte zu machen, wenn das Top-Management das Thema nicht sofort und mit der notwendigen Konsequenz forciert. Eine alternative Sichtweise kann aber auch dem noch frühen Stadium des Themas in einer Organisation

Rechnung tragen. *Option 7* kann sich insbesondere dann anbieten, wenn man erst einmal verschiedene Testprojekte lancieren will, um den Nutzen, die Machbarkeit und eigene Kompetenz in dem Bereich zu testen. Dies gilt insbesondere für die Untergruppe von größeren, reiferen Unternehmen, welche etwas festgefahrener in ihren Denk- und Arbeitsweisen sind. Erst nach dieser Pilotphase erhält das Thema eine bereichsübergreifende, höher im Organigramm aufgehängte Bedeutung.

8. *Option:* Mehr oder weniger temporäre Sekundärstrukturen mit lateral besetzen Teams aus allen wichtigen Bereichen ermöglichen zudem, ein Steuerungs- oder Lenkungskomitee und ihnen untergeordnete Arbeitsgruppen zu organisieren. Neben Entscheidungsträgern sind in diesen Komitees auch Experten aus anderen Bereichen oder von außerhalb eingebunden. Es bleibt den situativen Faktoren überlassen, ob man dabei Analyseprozesse von Gestaltungsprozessen trennt, damit sich die Umsetzenden nicht bewusst oder unbewusst die Interpretation der Ausgangslage besonders passend gestalten. Anderseits können gemischte Teams, in welche Entwicklungs-, Produktions-, IT- oder Marktexperten eingebunden sind, bereits Chancen und Risiken früh antizipieren und konkretisieren.

Aus der Perspektive der zuvor genannten, dynamischen Rollen, die sich an der Effektivität und den Externalitäten orientieren, sind solche aufbauorganisatorischen Aspekte weniger wichtig als das tatsächliche Leben und Verändern dieser Strukturen über die Zeit hinweg. Bei der Art und Weise, wie wir diese Strukturen zum Leben erwecken, gibt es wiederum mehrere Vorgehensweisen, die wir genauso im Folgenden ausführen wie die tatsächlichen Entscheidungsinhalte beim Komplexitätsmanagement.

OPTIMIERUNG DER TEMPORÄREN KOMPLEXITÄTS-GOVERNANCE

Wir sind kein Freund von Lösungen, die immer und überall gelten sollen. So sehen wir in gut funktionierenden Vorständen einschließlich der dazugehörenden Beziehungen zum Aufsichtsrat bereits einen anzustrebenden Ansatz, um Komplexität tief in diese Ebenen und die entsprechenden Gespräche, aber auch Erfolgsbeurteilungen einzubauen. Im Hinblick auf die zuvor geführte Diskussion von Ashby, Luhmann und Ockham muss eine zusätzliche C-Level-Position im Sinne eines Chief Complexity Officers nicht immer damit gerechtfertigt werden, dass irgendein Glaubenssatz in ausgewählten Köpfen existiert, dass Komplexität nur durch Komplexität gesteuert oder entkräftet werden kann. Gleiches gilt für den Glaubenssatz, wie er auch von Einstein bekannt ist, dass die Lösung immer so einfach sein sollte wie möglich, aber nicht einfacher. Die „Jünger des Ockham-Kultes" hingegen würden, ihrem Glaubenssatz treu ergeben,

Die „Jünger des „Ockham-Kultes" würden erst mit überproportional vereinfachten Strukturen, Prozessen und Lösungen umfassend zufrieden sein.

erst mit überproportional vereinfachten Strukturen, Prozessen und Lösungen umfassend zufrieden sein.

Wir möchten an dieser Stelle alle Chefs und Führungskräfte dazu ermuntern, ihre eigenen Glaubenssätze grundsätzlich zu kennen, aber auch zugunsten einer Analyse des situativ wirklich Notwendigen in den Hintergrund treten zu lassen. Man kann natürlich eine neue Stelle oder Abteilung schaffen und muss nicht „auch noch zusätzlich" Komplexität selbst managen. Wenn das Themenfeld Komplexität nicht voll in die eigenen Gespräche integriert werden kann, ist vollkommen akzeptabel, lieber andere zu führen, die sich des Themas voll und ganz annehmen und es so mit größerer Sicherheit vorantreiben. Dies kann eine neue C-Level-Stelle sein, zu einer neuen Abteilung führen oder in die Unternehmensentwicklungsabteilung (oder ihrem Pendant mit anderem Namen) einfließen.

Denkbar sind auch flexiblere Lösungen über projektspezifische Lenkungsausschüsse oder Themencluster, die dann nach und nach abzuarbeiten sind. Im Folgenden stellen wir verschiedene Governance-Varianten dar[65]. Keine davon ist besser oder schlechter. Sie werden lediglich an ihrer situativen Notwendigkeit und objektiven Wirksamkeit bei der Komplexitätsführung und dem Komplexitätsmanagement gemessen.

TRANSPARENTE GESTALTUNG DER ENTSCHEIDUNGSFELDER

Als Nächstes halten wir fest, was inhaltlich zu entscheiden ist. Zudem gilt es, Klarheit zu schaffen bezüglich der Frage, welche inhaltlichen Themen „nur" mit Input versehen werden, wer mit am Tisch sitzen und mitreden oder auch tatsächlich entscheiden darf. Es bedarf der Transparenz, wer was bei den folgenden Aspekten lediglich mitredet oder auch mitbestimmt:

Es bedarf der Transparenz, wer was mitbestimmt.

1. *Komplexitätsprinzipien:* Die abstrakten Grundsätze, in welche Richtung sich das Komplexitätsniveau entwickeln soll, einschließlich erster Ideen und grober Grundregeln, was wie zu tun ist, z. B. die konsequente Einführung eines Baukastensystems, Outsourcing, Ablösung verschiedener inkompatibler IT-Systeme durch eine neue Lösung usw.

2. *Komplexitätsbedürfnisse:* Die Festlegung, welche „neuralgischen Komplexitätspunkte" priorisiert werden und welche gegebenenfalls absichtlich ignoriert werden.

3. *Komplexitätsarchitektur:* Die konkreten Entscheidungen zur Umsetzung von Komplexitätsideen. Dieses beinhaltet genauere Vorschriften und Regeln dazu, was erlaubt ist und was nicht. Mit

GOVERNANCE-TYP	BESCHREIBUNG
Business-Monarchie	Führungskräfte optimieren die Firma und haben dabei Komplexität mehr oder weniger auf ihrem Radarschirm. Das Thema Komplexität kämpft kontinuierlich um Aufmerksamkeit.
Komplexitäts-Monarchie	Zur Steigerung der Innovationskraft oder Sicherung von Kostenvorteilen übernehmen die Komplexitätsexperten unter den Führungskräften das Ruder. Dies kann in Personalunion der CEO, der Chief Strategy Officer, der Leiter der Unternehmensentwicklung, aber auch ein in der einen oder anderen Art fungierender Chief Complexity Officer sein. Auf Dauer müssen die Projekte und Verantwortlichkeiten in andere Kernbereiche integriert werden.
Feudalismus	Nicht immer rational ausgewählte Gruppen bestimmen, wohin die Komplexitätsreise geht. Andere fügen sich, teils mit innerer Kündigung. Wichtige Bottom-up-Ideen können genauso verloren gehen wie die notwendige Begeisterung, Lösungen umzusetzen.
Föderalismus	Angeleitet von einer hoch positionierten Führungskraft, die dem Komplexitätsmanagement glaubhafte Unterstützung „von oben" sichert, werden diskursbasiert gemeinsam die besten Lösungen entwickelt und umgesetzt. Die Koordination mag länger dauern, die Umsetzung erfolgt jedoch schneller.
Duopol	Zwei Bereiche oder zwei Führungskräfte verbünden sich und ziehen, oft anderen Kollegen weit voraus, bestimmte Komplexitätsprojekte durch.
Anarchie	Es gibt eine Reihe unkoordinierter Komplexitätsinitiativen. Jeder arbeitet vor sich hin. Das Gesamtbild fehlt. Man ist weit weg von einem Orchester, das gut durchorganisiert ist. Es ist auch keine Jazz-Combo, denn hier besteht zumindest ein Mindestmaß an Harmonie und gemeinsamem Voranschreiten.

TABELLE 4 | Alternativen in der Komplexitäts-Governance

eingeschlossen sind Entscheidungen und Anweisungen, wie, bis wann und mit wem in der Führungsrolle die Migration von einem Komplexitätsniveau zum nächsten stattfinden soll.

4. *Komplexitätsinfrastruktur:* Die IT-, Personal- und auch Raumausstattung, um entsprechende Komplexitätsprojekte verwaltungstechnisch bewältigen zu können. Hier können „war rooms" eingerichtet werden, in denen wie in Schaltzentralen alle Fäden und Informationen zusammenlaufen. Es können aber auch Komplexitäts-Showrooms sein, in denen die angefangenen Projekte verbildlicht und somit auch physisch zugänglich gemacht werden. Dieser Showroom kann dann zugleich als zentraler Treff- und Koordinationsraum dienen.

5. *Komplexitätsmanagementbudgets*: Das Gestalten, Absegnen, Kontrollieren und Anpassen der notwendigen Budgets.

ZUSAMMENFASSUNG – WORAUF WIR ZUERST ACHTEN MÜSSEN [5.6]

Kapitel 5 beschäftigt sich mit dem Thema „Kurs setzen". Was ist hierfür zu tun? Wie ausgeführt, lehnen wir isolierte Interventionen als „Eintagsfliegen" oder Einmalevents ab. Ohne Einbettung in umfassend verstandene und umgesetzte Ansätze werden die isolierten Aktivitäten weit hinter dem Potenzial und den Erwartungen zurückbleiben. Jede Komplexität hat Ursachen und Wirkungen. Die Interdependenzen müssen erkannt und umfassend angegangen werden. Wir präsentierten und diskutierten in diesem Zusammenhang drei sich gegenseitig ergänzende, bedingende und von der Wirkung her multiplizierende Stellhebel, die gemeinsam bedient werden müssen. Unsere „Erfolgsstatistiken" von Firmenkapitänen am Buchanfang verdeutlichen, dass der erste Stellhebel der effektiven Einstimmung der Crew oft vernachlässigt wird. Viel zu schnell mag man der Versuchung unterliegen, sofort technische Lösungen anzustreben, ohne dabei die involvierten Menschen adäquat auf die Veränderungsreise einzustimmen und sie gleich von Anfang an mitzunehmen. In ihnen, wie schon bei Antoine de Saint-Exupéry beschrieben, die Sehnsucht nach dem Meer zu wecken, reicht heute bei Weitem nicht mehr aus. Ganz ohne Auf- und Ausbau der Kompetenzen wird es nicht gehen. Denn das tatsächliche Simplifizieren, Verlagern und Amplifizieren von Komplexität sind herausfordernd. Schließlich muss auch die Governance stimmen, wobei wir, wie verdeutlicht, jeweils fallabhängig Lösungen erarbeiten, keine Lösung nach dem Copy-and-Paste-Prinzip. Wir fassen im Folgenden die wichtigsten Botschaften zusammen.

Ohne Einbettung in umfassend verstandene und umgesetzte Ansätze werden die isolierten Aktivitäten weit hinter dem Potenzial und den Erwartungen zurückbleiben.

WORAUF WIR ZUERST ACHTEN MÜSSEN

① *Die richtige Einstimmung der Crew kann genauso beschleunigen wie die vorhandene Schiffstechnik.*

② *Die richtige Einstimmung schließt dabei auch die gesamte Unternehmensspitze und den Aufsichtsrat mit ein.*

③ *Ohne die richtigen (Komplexitäts-)Kompetenzen an Bord wird die Fahrt riskanter. Aus- und Weiterbildung dürfen keine nachgeordnete Rolle spielen, sondern müssen zuerst erledigt sein.*

④ *Kompetenzvorsprung erlaubt nicht nur eine sichere Fahrt, sondern ist Grundvoraussetzung für das Gewinnen einer Regatta.*

⑤ *Komplexität wirkt sich im Idealzustand für uns positiv und für den Wettbewerb negativ aus. Auch hier helfen Komplexitätskompetenzen beim Erreichen dieses Idealzustandes.*

⑥ *Die Komplexitäts-Governance sichert den Erfolg oder wird zu einer Schwachstelle, die jeden Fortschritt ins Stocken bringen kann.*

SINNVOLL BESCHLEUNIGEN → 6

SINNVOLL
BESCHLEUNIGEN

Kontinuierlich entwickelt sich das unternehmensinterne und -externe Umfeld. Betrachtet man z. B. die Historie verschiedener Firmen in der letzten Dekade, so brachte jedes Jahr oft massive Veränderungen mit sich. Auch entwickelten sich technische Möglichkeiten sowie Managementkonzepte weiter. Es stellt sich in diesem Zusammenhang die Frage, wie schnell man neue Lösungen finden und wie schnell man auch das Niveau der Lösungen verändern kann. Dies bringt uns zu dem Konzept von Komplexitätslösungen in verschiedenen Graden in Anlehnung an organisationales Lernen, wie es von Gurus wie Agyris und Schön vorgeschlagen wurde. Doch beginnen wir mit einfachen Komplexitätslösungen.

ENTWICKLUNG HIN ZU
KOMPLEXITÄTSLÖSUNGEN 3. GRADES [6.1]

Eine sogenannte „Einschleifen"-Komplexitätslösung oder *Komplexitätslösung 1. Grades* ist das, was wir in vielen Firmen heute beobachten. In international aktiven Unternehmen wächst Komplexität teils absichtlich, teils nicht wirklich bedacht. Ein Synergie-, Modularisierungs- oder Standardisierungsprogramm wird für eine Abteilung beschlossen, das dann in vielen Fällen auch die gewünschten Ergebnisse bringt. Man lernt, dass man beim nächsten subjektiven Empfinden oder objektiven Messen eines Zuviels an Komplexität durchaus wieder das bewährte Mittel anwenden kann. Auch kann man rasch eine andere Produktdivision mit der gleichen, bewährten Komplexitätslösung beglücken. Vergleichbar ist dies mit dem Haarwachstum und einem Haarschnitt. Wenn die langen Haare stören, geht man zum Frisör. Die gewünschte Wirkung wird erzielt. Zufriedenheit stellt sich ein. Der Lösungsprozess wird in eine Routine verwandelt und fast schon regelmäßig mechanisch ausgeführt. Warum sich weiter darüber Gedanken machen? In der Realität konnten wir zum Beispiel beobachten, wie Manager bei VW erfolgreich den Einkauf zentralisiert sowie Plattformen und modulare Systeme im Pkw-Geschäft eingeführt haben. Auch die Nutzfahrzeugsparte litt nach dem erfolgreichen Einstieg bei MAN und Scania an einem Zuviel an Komplexität, und mehr Integration war die geplante Lösung. Was in der Vergangenheit funktioniert hat, wird im Detail wiederholt. Rasch wurden beim Einkauf der Integrationsgrad erhöht und zudem Konzepte für Modularität und markenübergreifende Plattformen erstellt. Die bekannte Lösung wurde wiederholt. Hier liegt die Interpretation nahe, dass jedes Problem wie ein Nagel aussieht für den, der einen Hammer hat, den er gut zu benutzen weiß. Dies ist auch in der folgenden Grafik in *Abbildung 24* so dargestellt. Bei *Komplexitätslösungen 1. Grades* verfolgt man mit der Komplexitätsführung ein bestimmtes Ziel. Ein Mittel wird dafür gesucht, gegebenenfalls selbst entwickelt und in der tatsächlichen Arbeit an der Komplexität eingesetzt. Sollten diese Bemühungen dann auch von Erfolg gekrönt sein, lernt man, dass dieses Mittel sinnvoll ist.

Bei der „Doppelschleifen"-Komplexitätslösung oder *Komplexitätslösung 2. Grades* verändern wir unsere Ziele und unser generelles Anspruchsniveau an uns sowie an unser Unternehmen. Es reicht nicht mehr aus, Komplexität in bestimmten Abschnitten „gemäß der gewünschten Haarlänge zurückzuschneiden". Es muss gegebenenfalls eine nachhaltigere Lösung her, und diesem aufgezwungenen, ablenkenden „Zurückschneiden" muss mit andersgelagerter Komplexitätsführung ein Ende gesetzt werden. Sollte dies das Ziel sein, ist der Lösungsraum zu erweitern. Das gilt auch bei den Nutzfahrzeugen von VW. Synergien im Einkauf waren die eine Seite. Der Widerstand bei der technischen Integration von Produkten und nachfolgend dann der Produktion war zumindest kurzfristig so groß, dass die Zusammenführung nicht gleich durchgeführt werden konnten.

Es stellt sich in diesem Zusammenhang die Frage, wie schnell man neue Lösungen finden und wie schnell man auch das Niveau der Lösungen verändern kann.

Bei der Komplexitätslösung 2. Grades verändern wir unsere Ziele und unser generelles Anspruchsniveau an uns sowie an unser Unternehmen.

ABBILDUNG 24 | *Sinnvoll beschleunigen – mit Lösungen 3. Grades*

Wechseln wir zu einer anderen Analogie. Haben wir bisher einen Nagel mit dem gleichen Hammer auf die gleiche Art und Weise in die Wand geschlagen, geht es nun um grundsätzlichere Veränderungen der Herangehensweise. Das mit dem Nagel zu lösende Problem muss erkundet werden. Vielleicht gefundene neue Lösungen hingegen riskieren natürlich wieder, der Routine der *Komplexitätslösung 1. Grade*s zum Opfer zu fallen, doch immerhin fand temporär Doppelschleifen-Denken mit Reflexion und Änderung der Herangehensweise statt.

Eine *Komplexitätslösung 3. Grade*s geht noch eine Stufe weiter. Sie ruft nach eigenen Einsichten, wie wir in unseren Organisationen Komplexitätsführung erlernen. Es stellen sich folgende Fragen:

- Was kann unser Lernen auf eine ganz andere Ebene katapultieren?

- Wie können wir schneller lernen, mit Komplexität umzugehen, als dies der Wettbewerb zu leisten imstande ist?

- Wie können wir somit sinnvoll unsere Komplexitätsreisen an der richtigen Stelle beschleunigen?

Der *Komplexitätslösungsansatz 3. Grade*s erlaubt uns, die Veränderungsprozesse unserer Komplexitätsführungskunst unabhängiger zu reflektieren. Man kann sich ausreichend auch von eigenen Komplexitätslösungen in der Vergangenheit dissoziieren und angesichts neuer Herausforderungen diese Lernprozesse verbessern. Wenn jede Komplexität Ursache und Wirkung hat, geht es hier um das Angehen der Ursache im ganzheitlichsten Sinne – und um das Schnellerwerden bei der Ursachenbekämpfung. In der Realität kann sich das in neuen Lern- und Koordinationsroutinen zeigen. Wie schnell kann Volkswagen nun neue Komplexitätslösungen „aus dem Hut zaubern"? Dabei geht es allerdings nicht um Glück, sondern ein wirkliches Verbessern der Lösungsfindungsprozesse. Folgende Reflexionsfragen können in einer ersten Situationsanalyse helfen:

- Empfindet derjenige, der eine großartige Komplexitätslösung erfunden oder erarbeitet hat, so viel Stolz, dass er niemanden sein Werk zerstören lässt?

- Zementieren wir die Autorität des Erfinders einmaliger Lösungen derart, dass neue „Helden" gar nicht erst zu Wort kommen können?

- Besteht ein allgemeines Bewusstsein dafür, dass jede Lösung, auch wenn sie noch so erfolgreich oder teuer war, einem Lebenszyklus unterliegt und irgendwann wirklich einmal in den Ruhestand verabschiedet werden muss?

Der Komplexitätslösungsansatz 3. Grades erlaubt uns, die Veränderungsprozesse unserer Komplexitätsführungskunst unabhängiger zu reflektieren.

- Sind wir uns bewusst, dass dieser Lebenszyklus schneller enden kann (oder beendet werden muss), als es ein viertel- oder ganzjähriger Planungsprozess erlaubt?

- Hören wir bei Innovationsprojekten im Komplexitätsbereich mit dem Nachdenken auf, wenn wir die Lösung gefunden haben, oder muss es immer schon Bestandteil der Denksportaufgabe sein, nachfolgende Lösungen für den Zeitstrahl grob zu skizzieren?

- Haben wir Antworten parat, wenn der Wettbewerb uns in kürzester Zeit kopiert und somit den absoluten Vorteil vollkommen zunichtemacht?

- Erlauben wir genügend Diversität in unseren Teams, um für diese Zeit genügend heterogene Projektideen zuzulassen?

- Reservieren wir früh genug ausreichende Budgets für wirklich kreative Denkprozesse, um Lösungen auf ganz anderen Anspruchsniveaus zu finden?

- Messen wir die Zeit und die anderen Ressourcen, um Komplexitätslösungen zu finden?

- Beurteilen wir den Prozess, um Komplexitätslösungen zu finden?

- Verfügen wir über Experten im engeren oder weiteren Netzwerk, um fundiert genug über Lernprozesse zu reflektieren?

- Statten wir Schlüsselpersonen gegebenenfalls mit ausreichend Coaching-Möglichkeiten aus, um ein „Gefühl" für das Ausmerzen von Suboptimalem oder für weitere Verbesserungs- und Beschleunigungschancen in etwas Konkretes weiterzuentwickeln?

- Schließen wir solche Reflexionen immer mit drei konkreten Ideen ab, um Lernbarrieren abzubauen und lernbeschleunigende Maßnahmen zu realisieren?

- Sind wir uns bewusst, dass das, was uns so weit gebracht hat, nicht sicher den Erfolg im nächsten Spiel der „Champions League" garantiert, wir gegebenenfalls neue Systeme, neue Personen, ein schnelleres Gespür dafür, was umsetzbar ist und was nicht, sowie ein beschleunigtes Umsetzen von Lösungen benötigen?

Dies bringt uns zurück zu dem im *Kapitel 2* beschriebenen sehr subjektiven Charakter von Komplexität. Denn Erkenntnisse zu *Komplexitätslösungen 3. Grades* sind wiederum sehr subjektiv, und selbst Experten kämen zu unterschiedlichen Beurteilungen der Lage. Diese Gedanken zum Entstehen von Komplexität und Erlernen von Lösungen werden oft nur von einer oder sehr wenigen Personen geteilt, was jedoch nicht verunsichert, sondern akzeptiert wird. Die Interpretationen sind zudem hoch fall- und firmenspezifisch. Deshalb wird klar, dass, wenn wir in diesem Kapitel über das Thema „Sinnvoll beschleunigen" reflektieren, wir keine generellen Gesetzmäßigkeiten mehr suchen, sondern nichts anderes als temporär gültige Einsichten und Lösungen. Mit einem richtigen *Ansatz 3. Grades* ausgestattet werden neue Lösungen ohne Vorlage, oft anderen zeitlich voraus, eigenständig ersonnen, temporär genutzt und dann wiederum – ganz ohne verletzten Stolz – verabschiedet. Ein „Nach-mir-die-Sintflut" gibt es für eine entsprechend verantwortungsvolle Komplexitätsführungskraft nicht, sie kümmert sich nachhaltig um die Komplexitätsherausforderungen. Diejenige Firma, die solche Führungskräfte mit Kompetenzen für *Komplexitätslösungen 3. Grades* beschäftigt, hat sicher Wettbewerbsvorteile.

Im Folgenden wollen wir die Bestandteile unseres Komplexitätssteuerrads, das wir in diesem Buch beschreiben, anhand einer anonymisierten Fallstudie verdeutlichen. Wir beschreiben die Entwicklungsreise in einem bestimmten Fall und werden damit auch der Erwartung und Anforderung gerecht, dass Komplexitätslösungen immer einen firmenspezifischen Charakter aufweisen. Copy-and-Paste-Verhalten ohne Anpassungen wird nicht funktionieren. Insofern dient das folgende Beispiel nur als Inspirationsquelle.

… temporär genutzt und dann wiederum – ganz ohne verletzten Stolz – verabschiedet. Ein „Nach-mir-die-Sintflut" gibt es für eine entsprechend verantwortungsvolle Komplexitätsführungskraft nicht, sie kümmert sich nachhaltig um die Komplexitätsherausforderung.

SITUATIV ENTSCHEIDEN – FALLSTUDIE AUS DER KONSUMGÜTERINDUSTRIE [6.2]

Die folgende Fallstudie beschreibt ein vornehmlich im B-to-C-Bereich tätiges Unternehmen, das langfristig genutzte, elektrisch betriebene Konsumgüter in verschiedenen Bereichen herstellte. Wir haben diese Fallstudie anonymisiert, denn es geht vornehmlich um das erarbeitete Erfolgsmuster, nicht um die Marke. Das Unternehmen, das einen Umsatz im niedrigen einstelligen Milliardenbereich erzielte, hatte gleich mit mehreren Komplexitätstreibern zu kämpfen. Als in Deutschland ansässiger europäischer Marktführer wies es lange Zeit attraktive Margen auf. Zukäufe und Unternehmensverschmelzungen führten zu einem bunten Markenportfolio, das alle Segmente *(siehe Abb. 25)* teils mehrfach abdeckte. Historisch bedingt produzierte es dadurch auch an vielen oft sehr unterschiedlichen Standorten. Fast alle Standorte wiesen Überkapazitäten auf. Die Produktion war sehr dezentral organisiert. Dort herrschten andersartige Unternehmenskulturen und Prozessabläufe vor.

```
                    ┌─► Hohe Funktionalität
      Premium       │   Hohes Maß an Innovation
                    │   Viel Individualisierungsbedarf
    ─────────────────────────────────────────────────
                    ┌─► Wichtigste Funktionen
  Oberes Mittelsegment │ Weniger Individualisierungsbedarf
    ─────────────────────────────────────────────────
                    ┌─► Eingeschränkter Funktionenumfang
  Unteres Mittelsegment │ Preisvorteil
                    │   Keine Individualisierungsmöglichkeit
    ─────────────────────────────────────────────────
                    ┌─► Minimumausstattung
   Einstiegssegment │   Kampfpreise
```

ABBILDUNG 25 | *Marktsegmente mit andersgelagerten Anforderungen*

Das Unternehmen sah sich nun von Wettbewerbern aus allen Himmelsrichtungen in allen Märkten und Käufersegmenten auf überwältigende Weise angegriffen und unter enormem Wettbewerbsdruck. Es mussten zudem Lösungen her, wie mit folgenden Megatrends umgegangen werden sollte:

- Konnektivität: Das Verbinden verschiedenster Geräte über das Internet für einen modernen, optimierten Einsatz.

- Intelligente Stromnetze: Auch hier wiederum die kommunikative Vernetzung und Steuerung von Stromerzeugern, Speichern sowie Verbrauchsgeräten zur Optimierung und Überwachung miteinander verbundener Bestandteile.

- Ökologische Nachhaltigkeit: Geräte, die nicht nur in der Gebrauchs-, sondern auch in der Herstellungs- und Entsorgungsphase aus Umweltgesichtspunkten deutlich nachhaltiger sind.

Die Produktlebenszyklen in dieser Branche verkürzten sich immer mehr. Die Komplexitätskosten durch immer schnellere Baureihenwechsel explodierten, während ein Marktwachstum schon seit Jahren auf sich warten ließ. Auch war unklar, wie wirklich effektiv mit den unterschiedlichen Segmenten umgegangen werden sollte, die das Unternehmen bediente und die gleichzeitig andere Anforderungen hatten.

Was konnte getan werden? Ausschlaggebend für Veränderungen im Komplexitätsmanagement war in diesem Fall der CFO. Nach nur wenigen Wochen schienen ihm die Entscheidungsvorlagen für Investitionen nicht mehr akkurat zu sein. Bestimmte Variablen veränderten sich zu schnell, was zuvor getroffene Entscheidungen bereits nach kurzer Zeit wieder infrage stellte. Grundsätzlich hätte sich dieser CFO leicht aus der Affäre ziehen können: Die Entscheidungsvorlagen wären nicht richtig gewesen oder hätten dies nicht bedacht. Doch das wäre ihm zu trivial gewesen. Er mochte Ausreden nicht und war kein Vertreter der „Nach-mir-die-Sintflut"-Kategorie von Führungskräften, die sich über Verbesserungen keine Gedanken machen und ein turbulentes Umfeld relativ fatalistisch als gegeben erachten.

Ausschlaggebend für Veränderungen im Komplexitätsmanagement war in diesem Fall der CFO. Er war kein Vertreter der „Nach-mir-die-Sintflut"-Kategorie.

Der Beschluss wurde gefasst, im Rahmen einer Komplexitäts-Monarchie einen Programm-Manager auf Direktionsebene zu etablieren, der sich strategischeren Antworten widmete. Dieser verfügte durchaus über die Autorität, Inhalte, Zeitpunkte und Meilensteine eines weiter professionalisierten Komplexitätsmanagements zu bestimmen und zu überwachen. Noch viel wichtiger war, dass das ganze Top-Management hinter den Veränderungen stand. Der Programm-Manager war kein einsamer, auf weiter Flur alleingelassener Kämpfer. Externe Komplexitäts-

Der Programm-Manager war kein einsamer, auf weiter Flur alleingelassener Kämpfer.

berater sowohl mit Ingenieurs- als auch Komplexitätsführungskompetenzen wurden zum „Aufschlauen", zur Entwicklung der Lösung und auch zur Sicherung ausreichender Kapazitäten hinzugezogen. Hilfreich war hier ein Denken in Schalenmodellen für sechs Hauptmodule und Baugruppen, die vom Projektteam im Rahmen einer losgetretenen Produktarchitektur identifiziert wurden. Die im Folgenden beschriebene und in *Abbildung 26* verbildlichte Grundlogik sah drei Bereiche bzw. Schalen vor:

- *Schale 1* beschäftigte sich primär mit dem Strukturbaukasten und war voll und ganz auf das Prinzip „Skaleneffekte" ausgerichtet. Hier fokussierte man sich auf alle Baugruppen, die das physische Gerüst der Produkte darstellten bzw. auch all die, die nur sehr schwer oder mit überproportional hohem Aufwand verändert werden konnten. Ideen und Lösungen in diesem Bereich sollten durchaus bis zu zehn Jahre lang genutzt werden, damit sich die angestrebten Skaleneffekte auch tatsächlich materialisieren.

- *Schale 2* befasste sich primär mit dem Funktionsbaukasten. Er wurde vom Prinzip „Innovation" geleitet. Hier waren die Lebenszyklen von Ideen und Lösungen deutlich länger und dauerten mehrere Jahre. Das Unternehmen brachte an dieser Stelle weitere, wenngleich etwas begrenztere Stabilität in die Produktarchitektur, um die Entwicklungskosten für Innovationen amortisieren zu können.

- *Schale 3* betraf den Veränderungsbaukasten. Hier galt das Prinzip „Dynamik" im Sinne von selbstgeschaffener und als strategische Waffe eingesetzter „Dynamik". Alle Baugruppen, die z. B. das Erscheinungsbild beeinflussten und über die Zeit leicht veränderlich waren, fielen in diesen Kreis. Hier konnte man sogar bis zu zweimal im Jahr recht rasch Neuerungen anbieten und somit schnell auf Trends reagieren oder diese selbst schaffen.

Mit einer solchen Strukturierung und Ausrichtung wurden unterschiedliche Marken, Märkte und Kundensegmente deutlich leichter bedient, da man durch Standardisierung Komplexität wie mit Ockhams Rasierklinge drastisch beschnitt. Die Vielfalt im Kern wurde heruntergefahren. Gleichzeitig erhöhte man die Komplexität im Sinne von nutzenstiftender Interdependenz über Baureihen hinweg. Zudem konnte die Vielfalt nach oben geschraubt werden und proaktiv Dynamik im Sinne von hoher Innovationsgeschwindigkeit als Nutzen für den Kunden bzw. als Nachteil für andere im Wettbewerb organisiert werden. Sollte man also in Zukunft einen Trend bemerken, der z. B. eine Produktsteuerung durch ein iPad (mini) oder eine berührungsempfindliche Oberfläche vorsieht oder als Innovation attraktiv macht, so könnte das Unternehmen als Marktführer dies rasch adressieren und dennoch durch einen hochstandardisierten Kern Skaleneffekte an anderer Stelle sichern.

Gleichzeitig erhöhte man die Komplexität im Sinne von nutzenstiftender Interdependenz über Baureihen hinweg.

Das Thema Interdependenz als konditionierender Faktor der ersten Komplexitätsdimension des in *Kapitel 2* vorgestellten Kubus gilt es, noch weiter zu vertiefen. Es hat, wie zuvor erwähnt, konzeptionell, aber auch praktisch gesehen ein Janusgesicht, denn es kann beides hervorrufen: Nutzen und Schaden. Interdependenz wurde in diesem Schritt vorausschauend bedacht, indem die Denkarbeit bei der Komplexitätsführung und beim Komplexitätsmanagement nicht bei der Produktarchitektur unterbrochen wurde. Die marktorientierte Produktplanung wurde eng mit der Produktentwicklung sowie der Produktion verwoben. Die Produktmodule, die in obiger Produktarchitektur als häufiger anpassbar galten, mussten sich in einem flexibleren Produktionsbaukasten niederschlagen. Die dazu benötigten Werkzeuge und Produktionsprozesse sollten besonders kostengünstig ausgetauscht oder neu ausgerichtet werden können bzw. insgesamt mehr Vielfalt bewältigen können. Besonders erwähnenswert ist hier, dass diese Firma kurzfristig deutlich in Komplexität investierte, nämlich in die Analysemodelle und darüber hinaus in ein sehr atmungs- und anpassungsfähiges Gesamtsystem. Die Vordenker analysierten, welche Veränderungstreiber für das Produktdesign und die Nachfrage generell existierten. Es kamen über 50 Treiber zusammen. Genauso wichtig wie diese Einsicht war der soziale Prozess, mit welchem die einzelnen Experten und im Unternehmen wichtige Positionen einnehmende Personen zusammenkamen, um ihre Interpretation der Produktwelt und Zukunft zusammenzuführen. In einem nächsten Schritt wurde identifiziert, welche Produktionselemente von diesen Veränderungstreibern besonders betroffen waren und wie teuer die Anpassungen hauptsächlich in der Produktion wären, aber darüber hinaus natürlich auch im Einkauf, der Logistik, im Abverkauf und Wartungsservice. Dies wurde mit einer Wahrscheinlichkeitsrechnung[66] hinterlegt, denn nicht alle Veränderungstreiber realisieren sich mit einer 100-prozentigen Wahrscheinlichkeit in vollem Ausmaß. Es ergaben sich konzeptionell und praktisch vier Fälle mit den jeweiligen Handlungsanweisungen:

Es folgte im Sinne des Quadranten links oben eine Neuausrichtung des Produktionsbaukastens, um aus Produktionssicht insbesondere die häufig einem Wechsel ausgesetzten Produktkomponenten möglichst flexibel handhaben zu können. Verfeinerte Analysen und daraus abgeleitete Produkt- und Produktionsbaukästen, also ein deutliches Mehr an Komplexität, führten in der sich anschließenden Phase der Umsetzung zu deutlich mehr Einfachheit. Nutzenstiftende Dynamik im Sinne von schnelleren und kostengünstigeren Überarbeitungen der Produktvarianten wurde geplant und erfolgreich erreicht. Zusammenfassend hat dieses Unternehmen gemäß unserem Steuerrad erfolgreich gehandelt:

1. Verantwortung klären: Der CFO hat die Realität nicht verneint, einen Realitätscheck nicht gemieden und falsche Schuldzuweisungen nicht geduldet. Es wurde eine dauerhafte Lösung angestrebt, und zwar eine, die zumindest vom Prinzip her an Themistokles erinnert. Es handelte sich um eine gewinnbringende Idee. Aus einer als Gefahr und wirklich leidig empfundenen

Verfeinerte Analysen führten in der sich anschließenden Phase der Umsetzung zu deutlich mehr Einfachheit.

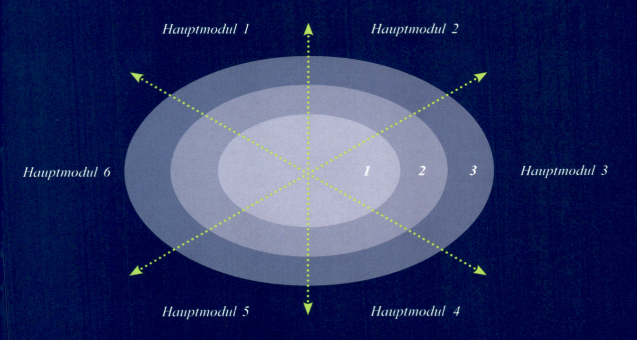

ABBILDUNG 26 | Schalenmodell im Rahmen des Komplexitätsmanagements

Situation sollte Stärke gewonnen werden. Es sollte dauerhaft ein Vorteil aufgebaut werden. Eine Führungsstelle bringt Verantwortung mit sich. Vom CFO wurde sie akzeptiert. Das heißt nicht, dass er von da an nichts anderes machen sollte als Komplexitätsführung. Es reichte, dass er das Thema richtig auf den Weg brachte. Ausgewählt wurde zudem ein wichtiges Geschäftssegment, und nicht ein kleiner Bereich, um von vornherein Aufmerksamkeit zu sichern und das Verantwortungsbewusstsein auf breiterer Basis zu verankern.

2. Neuestes Kartenmaterial sichten: Das Unternehmen schickte sich zudem an, dem vorliegenden Sachverhalt auf den Grund zu gehen. Trotz der Marktmacht und Unternehmensgröße konnte die verunsichernde Dynamik im Markt nicht verhindert werden. Folglich musste die Antwort in der Art und Weise liegen, wie auf diese reagiert wird. Komplexitätsberater halfen, schneller einen Überblick über die Situation zu gewinnen.

3. Kompass ausrichten: Das Unternehmen klärte, dass nur die Fähigkeit, schnell Innovationen lostreten zu können, helfen wird. Dies muss zudem ohne explodierende Kosten möglich werden! Das Unternehmen verfügte über bestehende Management- und Produktionsstrukturen, hochausgebildete und leistungsstarke Ingenieure und mehrere Standorte. Es wurde entschieden, diese Faktoren konsequent nach den Prinzipien des Lean Innovation kundenorientierter und verschwendungsfreier auszurichten.

4. Fallstricke antizipieren: Besonders nennenswert ist in diesem Zusammenhang, dass man den Schlüsselpersonen die Veränderungsvorhaben nicht zusätzlich zu anderen anfordernden und voll auslastenden Aufgaben gegeben hat. Anderes musste dafür Platz machen. Man hat Beschleunigungsfallen im Sinne von Überlastungsfallen bewusst vermieden. Zusätzliche Kapazitäten wurden mit einem kleinen Beraterkontingent von außen besorgt. Diese konnten bei kurzfristigen Spitzen der Arbeitsauslastung helfen. Ferner wäre es naheliegend gewesen, nur technische Lösungen anzudenken. Doch es war genauso wichtig, bei der erfolgreichen Projektumsetzung die betroffenen Menschen mit einzubinden. Entwickler, Produktionsverantwortliche sowie Marketingexperten müssen zusammengebracht werden, damit die Expertise von allen als Input berücksichtigt werden kann und Lösungen schneller akzeptiert werden. Das Not-invented-here-Syndrom wurde durch diesen Veränderungsansatz, der nicht nur die Technik, sondern auch die Menschen im System ganzheitlich berücksichtigt, vermieden. Eine integrierendere Vorgehensweise war geplant und wurde auch umgesetzt. Die Grundelemente erfolgreicher Veränderungen wurden vorab kommuniziert. Silos und Kapitäne, die denken, sie könnten ihre eigenen Bereiche vollkommen unabhängig steuern, helfen nicht. Sie sind es, die Schaden verursachen und somit für mangelnde Innovationskraft, Wettbewerbsfähigkeit und Kostenvorteile verantwortlich zu machen sind.

Eine integrierende Vorgehensweise war geplant und wurde auch umgesetzt.

ABBILDUNG 27 | Interdependenz der Markt- und Produktionssicht

5. Kurs setzen: Das frühe und bereichsübergreifende Abholen von Führungskräften erleichterte deren Sensibilisierung und Aktivierung für das Thema. In der Kommunikation wurde die beeindruckende Vorteilhaftigkeit des Ansatzes betont, also ein „Prinzessinnen erobern"-Ansatz umgesetzt. Dieser passte besser, da die Firma nach wie vor eine zu starke Marktstellung mit attraktiven Marken und nennenswerte andere Ressourcen hatte. Neben der Berücksichtigung der Einstimmung der Crew ging es rasch an die Relokation. Die Antwort lag in einer schlauen Produktarchitektur, die in entsprechende Koordinationsprozesse über Marken, Standorte und Märkte hinweg eingebettet sein muss. Dazu war es zunächst notwendig, Transparenz bei Marktentwicklungen und Variantenkosten herzustellen, damit Entscheidungen fundierter getroffen werden können. Dafür musste man auch im Detail die Interdependenzen verstehen, denn durch eine nicht mit in die Lösung integrierte Veränderung eines Bauteils könnten leicht Millionen Euro an Extrakosten entstehen, ganz ohne böse Absicht, aber aus einem mangelnden Komplexitätsverständnis heraus.

Interessanterweise gab es intern schon viele Teilstudien, die genutzt werden konnten, aber bisher nie zu einem Gesamtbild integriert worden waren. Ein Produktionsbaukasten führte das Streben nach mehr Flexibilität, das schon beim Produktbaukasten zum Ausdruck kam, konsequent weiter. Was die Firma kurzfristig erfolgreich gelöst hat, war das Thema zusätzlicher Komplexitätsführungs- und -managementkompetenz durch weitere Kapazitäten von außen. Führungskräfte erhielten dadurch auch wichtiges Mentoring, denn zu viel stand auf dem Spiel. Involvierte Projektmitarbeiter bekamen die klare Ansage, nicht nur die Arbeit zu verrichten, sondern auch zu lernen, solche Projekte in Zukunft eigenständiger durchzuführen. Weiterbildung war kurzfristig nicht auf der Agenda, soll aber verstärkt werden. Die Notwendigkeit dazu wurde erkannt. Auch wurde realisiert, dass kurzfristig eine pragmatische Herangehensweise und das Vermeiden von Perfektionsfallen sinnvoll waren.

Zudem kann es immer Gründe geben, warum der Zeitpunkt zum Start falsch ist. Daher kann man auch direkt mit der Umsetzung beginnen. Wenn man nicht beginnt, bleibt die hoffnungslose Situation mit Komplexitätswildwuchs bestehen. Bezüglich der Komplexitäts-Governance wählte das Unternehmen die Variante Komplexitäts-Monarchie und stattete den Themenexperten mit der notwendigen Autorität aus, Lösungen voranzutreiben. Dieser Monarch und seine Teilprojektleiter für die Unternehmen Markt, Produkt, Produktion und Change Management berichteten direkt an das Top-Management und waren nicht irgendwo tief in der Organisation vergraben. Diese Zentralisierung und Allokation von genügend Ressourcen für eine neue Stelle sind in diesem Beispiel aus vielerlei Gründen sinnvoll. Einer zusätzlichen Belastung der ohnehin schon sehr ausgelasteten Kollegen kann entgegengewirkt werden.

Wenn man nicht beginnt, bleibt die hoffnungslose Situation mit Komplexitätswildwuchs bestehen.

Hätte man eine Optimierung nach Standorten zugelassen, wäre dies einem Weiterbestehen von Zentrifugalkräften gleichgekommen. Der Komplexitäts-Monarch und die Teilprojektleiter koordinieren die Umsetzung in mindestens monatlich stattfindenden Steuerkreissitzungen, bei denen alle Teilprojektleiter Zwischenergebnisse präsentieren mussten. Diese Steuerkreissitzungen waren echte Diskussionsforen und wurden nicht als PowerPoint-Schlachten missbraucht. Ein zentraler Komplexitäts-Monarch sorgt nun dafür, dass Zentripetalkräfte losgetreten werden, die sich in höherer Interdependenz, Standardisierung und wirtschaftlich attraktiven Skaleneffekten zeigen, ohne jedoch den Entwicklern oder Marketingexperten die Möglichkeit zu nehmen, Variantenvielfalt – begrenzt auf den äußeren Kreis – zu nutzen. Ein per Intranet auch in den entlegensten Regionen zur Verfügung gestelltes Video, das dies verbildlicht, klärt die Grundausrichtung, sodass sie alle Bereiche penetriert.

6. **Sinnvoll beschleunigen:** In diesem Zusammenhang muss man natürlich erkennen, was kurzfristig alles möglich war und was nicht. Es gab Komplexitätsherausforderungen, die mit dem Baukastenprinzip in einem Geschäftsfeld zumindest vom Prinzip her erfolgreich adressiert wurden. Es bestand das Empfinden, eine wirklich strategische Waffe gefunden zu haben, obwohl natürlich erst die Zukunft und wirklich materialisierte Gewinnsprünge zeigen werden, dass der Ansatz – auch einschließlich des ganzheitlichen Veränderungsmanagements – richtig war. Daran besteht jedoch derweil innerhalb der Firma und von außen betrachtet kein Zweifel, auch wenn der Wettbewerb in der Zwischenzeit nicht schlafen sollte und ebenfalls Fortschritte mit Mitteln erzielen wollte, die die Komplexitätslösung der Fallstudienfirma teilweise neutralisieren könnten. Dies änderte nichts an dem subjektiven Eindruck, dass ein funktionierendes Mittel zum Zweck gefunden worden war. Zuvor verwendeten wir hierfür den Begriff „*Komplexitätslösung 1. Grades*". In der Tat verfügte das Fallstudienunternehmen über andere Produktbereiche, die nun nach dem gleichen Schema F angegangen wurden, gegebenenfalls mit etwas weniger externer Unterstützung. Hiermit sind wir natürlich erst am Anfang von *Komplexitätslösungen 2. Grades*. Das Anforderungsniveau an die Komplexitätsführung begann sich zu verändern. Die Lösung war jedoch nach wie vor die Gleiche.

Das Anforderungsniveau an die Komplexitätsführung begann sich zu verändern.

In Zukunft muss sich diese Firma weitere Gedanken machen, wie sie:

- *Komplexitätslösungen 2. Grades* weiter ausbauen kann.

- die Anzahl möglicher Lösungsmittel über die Zahl 1 hinaus erhöhen kann.

- auch auf der *Komplexitätslösungsebene 3. Grades* über die Lernbehinderungen und -beschleuniger reflektiert und entsprechende Systemveränderungen lostreten will, sie also sinnvoll bei der Ausarbeitung von *Lösungen 3. Grades* beschleunigt.

ZUSAMMENFASSUNG – WORAUF WIR ZUERST ACHTEN MÜSSEN [6.3]

„Sinnvoll beschleunigen" im Sinne eines wirklichen Vorankommens hängt natürlich stark vom Anspruchsniveau ab. Wir können uns mit dem Auffinden von Komplexitätslösungen im Sinne von „Einschleifen"-Lösungen zufriedengeben. Es wird eine Komplexitätsherausforderung festgestellt und gelernt, wie man sie mit einer gefundenen und angewendeten Lösung adressiert. Kurzfristig und auf diesem Anspruchsniveau könnte man sich damit begnügen. Wie ausgeführt, gibt es Vertreter von Segmenten, die höhere Erwartungen haben. Sie wollen „Doppelschleifen"-Lösungen, die insgesamt zu einem dauerhaften Lösen von Komplexitätsherausforderungen führen. Noch weiter gehen alle diejenigen, die im Rahmen von *Komplexitätslösungen 3. Grades* die Fähigkeit reflektieren und ausbauen, Komplexitätslösungen rascher zu erlernen. Wird Führen, Managen, Wirtschaften in Zukunft einfacher? Wir glauben nicht, daher laden wir zu deutlich mehr *Komplexitätslösungen 3. Grades* ein, als wir sie bisher in Firmen bemerken. Diese sind situativer und fallabhängiger gestaltet.

WORAUF WIR ZUERST ACHTEN MÜSSEN

① *Jede Komplexitätslösung weist einen Lebenszyklus auf und hat nur eine temporäre Nutzenwirkung und somit Daseinsberechtigung.*

② *Je besser die Komplexitätslösungen einer Firma sind, desto mehr zwingen sie die Wettbewerber, gegebenenfalls noch bessere Lösungen zu erarbeiten. Auch andere Firmen können einen Themistokles haben. Dies verkürzt die Lebenszyklen von Lösungen, unabhängig davon, wie großartig sie auch sein mögen.*

③ *Da jede interne Komplexitätslösung in einem dynamischen Muster Reaktionen von Wettbewerbern hervorruft, wird die Geschwindigkeit, mit welcher wir Lösungen zuerst umsetzen, nachahmen, loslassen oder neu aufsetzen können, zum kritischen Erfolgsfaktor.*

④ *Wer verliebt in seine Komplexitätslösung ist, stellt eine Gefahr für sein Unternehmen dar, denn früher oder später muss sie Platz machen für neue Lösungen.*

⑤ *Zur wahren Kür im Umgang mit Komplexität wird somit, für die Katalysatoren zu sorgen, die das Ersinnen und Umsetzen von Komplexitätslösungen beschleunigen oder diesbezügliche Barrieren abbauen.*

⑥ *Wir brauchen immer eine firmenspezifische Sicht. Was woanders funktioniert, kann inspirieren, muss aber im eigenen Unternehmen nicht unbedingt den Erfolg sichern.*

AUSBLICK → 7

AUSBLICK

Aus der Kommunikationstheorie wissen wir: Ein Mensch kommuniziert immer. Dies gilt auch dann, wenn die Botschaften in der non-verbalen Kommunikation oder im Schweigen liegen. Jede Kommunikation ist Verhalten, und da man sich nicht nicht verhalten kann, kann man nicht nicht kommunizieren.[67] *Ähnlich ist es mit Komplexitätsführung und -management. Man kann Komplexität nicht nicht managen. Komplexität ist in der einen oder anderen Form Teil der Herausforderungen einer jeden Firma. Es ist nur eine Frage der Beurteilung, ob Komplexität zu einem gegebenen Zeitpunkt aktiv und richtig angegangen wird oder als Gefahren- und Erfolgsquelle schlichtweg falsch adressiert wird. Daher bedarf es eines Orientierungsrahmens bzw. – wie in diesem Buch dargestellt – eines Steuerrads, um besser durch die herausfordernden Gewässer der Komplexität navigieren zu können.*

Für Sie als Führungskraft haben wir in diesem Buch dargelegt, was Komplexität ist und was sie treibt. Sie wird insbesondere von den Komplexitätsdimensionen der interdependenten Vielfalt, der verunsichernden Dynamik und der ihnen entgegengebrachten Wahrnehmung charakterisiert. Wir haben gezeigt, dass wir in der Komplexität den wesentlichen Erklärungsgrund für das Scheitern von Firmen und Führungskräften, aber auch für den Erfolg sehen. Wenn Führungskräfte eine der Komplexität entsprechende Lösung ersinnen, halten wir ähnlich Glorreiches, wie unser Held Themistokles im alten Griechenland bewirkte, für möglich.

Als Führungskräfte sind wir jedoch nicht für das Steuern von Maschinen verantwortlich, die nach logischen Mechanismen vorhersagbar und beherrschbar sind. Wir handeln mit und durch Menschen, die sich kaum technokratisch verstehen und nur auf andere Art und Weise teilweise steuern lassen. Deshalb verwenden wir in diesem Buch das Bild des Steuerrads. Wir können nicht vollends beherrschen. Durch vorausschauende Sichtweise, kompetenzbasiertes Navigieren und klare Verantwortungen können wir steuern, doch werden wir immer mit anderen (Natur-)Kräften zu kämpfen haben. Wir lösen unsere Aufgaben mit und durch Menschen, die wiederum die entsprechenden Arbeitsschritte ausführen oder andere Menschen leiten, durch die die Verrichtung der Arbeit geschieht. Dies ist der Grund dafür, dass wir besonderes Gewicht auf die weichen Faktoren des Führens und die in *Kapitel 2* beschriebene „Führungsperspektive" gelegt haben. Deshalb betonen wir Wahrnehmungs- und Denkfallen, machten dabei aber auch klar, dass sich nicht immer nur die anderen verändern müssen, sondern dass diese Denkfallen auch und insbesondere für Führungskräfte gelten. Wir reflektierten Aspekte der Energieausstattung der Mitarbeiter genauso wie deren Fokus. Über die Betrachtungsweise von Einzelnen hinausgehend, beschäftigten wir uns mit dem nach wie vor wichtigen Thema der Unternehmenskulturen. Die Notwendigkeit der Kompatibilität von (Komplexitäts-)Strategie und Unternehmenskultur kann nicht überbetont werden.

Vom Grundtenor her präsentierten wir *Komplexitätsmanagement in der Version 3.0*, wie wir es nannten, als wirklich strategische Waffe. Diese gilt es für bestimmte nutzenstiftende Zwecke einzusetzen. Wir sehen in der Innovationsfähigkeit eines Unternehmens diesen Unternehmenszweck – in den meisten Fällen in unseren Breiten- und Längengraden. Wir geben der Komplexitätsführung und dem Komplexitätsmanagement als Mittel eben genau so einen Zweck vor. Es gibt natürlich viele andere Gründe, Komplexität auf- oder abzubauen. Vorstände und Führungskräfte wissen, dass sich Vergütungen vervielfachen, je größer und komplexer Organisationen werden. Wir beobachteten insbesondere in vergangenen Wellen von Unternehmenskäufen und -verschmelzungen, dass viele Vorstände aus Egogründen auch dabei sein und ein großes Problem haben wollen. Dieses hielt die Organisation auf Jahre hin beschäftigt und lenkte von anderen Problemen ab, für die man keine Lösungen finden konnte oder wollte. Auch haben Vorstände und Führungskräfte gegen-

Wir haben gezeigt, dass wir in der Komplexität den wesentlichen Erklärungsgrund für das Scheitern von Firmen und Führungskräften, aber auch für den Erfolg sehen.

Vom Grundtenor her präsentierten wir Komplexitätsmanagement in der Version 3.0, wie wir es nannten, als wirklich strategische Waffe.

AUSBLICK → 7

über sonstigen externen Aufsichtsratsmitgliedern klare Informationsvorteile. Die Informationsasymmetrie verschiebt sich zugunsten der Internen. Externe Kontrolle oder ein „Reinreden" wird schwerer. Wir hingegen unterstützen vorbildlichere Absichten, indem wir auf Innovationskraft abzielen.

Dabei betonen wir besonders, dass Komplexität nicht immer nur durch „Ockhams Rasiermesser" radikal beschnitten werden muss, obwohl viele Unternehmen grundsätzlich zu viel Komplexität und diese auch noch an der falschen Stelle aufweisen. Unser Ansatz der Komplexitätsführung und des Komplexitätsmanagements weist weitere Merkmale auf. Zum einen ist dies die Kontingenzsicht. Komplexitätsprobleme sind immer im Hinblick auf die damit verbundenen Akteure zu interpretieren und verfügen somit über eine subjektive Komponente. Diese Akteure sind auch Teil des Problems bzw. können Teil der Lösung werden. Zum anderen ist mit dieser fallabhängigen Sichtweise, die wir proklamieren, nicht eine fatalistische Situation gemeint. Wir sehen enorme Chancen, dass Firmen und ihre Führungskräfte ihre Komplexitätskompetenzen deutlich ausbauen können. Wir haben dazu ein fünfstufiges Kompetenzmodell entwickelt und vorgestellt. Es soll als Reflexionsrahmen dienen, damit sich jede Führungskraft im Hinblick auf gegenwärtige und zukünftige „Must-Win-Battles" verdeutlichen kann, wo es Stärken und Schwächen gibt. Wir führten in diesem Buch aus, dass angesichts der Erfolgsquoten leider die Schwächen vielerorts überwiegen. Doch die Führungskraft, die wirklich ehrlich zu sich selbst ist, wird dies vor dem Hintergrund der anstehenden Aufgaben als Beweggrund ansehen, etwas zu unternehmen. Es ist genau diese Offenheit und Bereitschaft, für neue Aufgaben auch Neues zu lernen, sich also dynamisch über die Zeit selbst weiterzuentwickeln, die Erfolg verspricht. Nur so kann man das Eintreten des Peter-Prinzips vermeiden – genau auf die Stufe der eigenen Inkompetenz hochbefördert zu werden oder derart mit den eigenen Teammitgliedern zu verfahren.

Wir wollen jedoch nicht nur vor Komplexitätsfallen warnen, sondern so gut dies mit einem Buch möglich ist, auch Führungskräfte in die Lage versetzen, Lösungen zu konstruieren. Dabei denken wir durchaus an Lösungen, die Neuland darstellen. Damit regen wir konkret dazu an, dass Führungskräfte ihre eigenen Versionen des Komplexitätsmanagements in ihren Unternehmen ersinnen.

Die folgende *Abbildung 28* fasst dabei die wichtigsten Reflexionsfragen als Orientierung zusammen:

- Haben wir wirklich die Zeichen der Zeit erkannt? Sind wir durchweg auf der persönlichen und unternehmensweiten Ebene wie geplant erfolgreich? Oder halten uns die Komplexitätstreiber davon ab? Verstehen wir diese Komplexitätstreiber vollends – auch wie sie konkret in unserem Unternehmen wirken? Katapultieren uns unsere Komplexitätslösungen bei der Innovations-

Dabei betonen wir besonders, dass Komplexität nicht immer nur durch „Ockhams Rasiermesser" radikal beschnitten werden muss.

kraft auf die nächste Ebene? Sind wir dabei hinreichend realistisch und nutzen mögliche Erfolgshebel bei gleichzeitiger Vermeidung von Fallstricken wie Beschleunigungsfallen? Besteht Einsicht dahingehend, dass neue Fähigkeiten auf- und ausgebaut werden müssen, wenn damit neue Aufgaben auch wirklich gemeistert werden können? Welche Ebenen an Komplexitätskompetenzen können wir dabei proaktiv aufbauen und sichern? Wie kommen wir dabei am schnellsten voran? Wie und wo steuern wir den Aufbau von Komplexitätskompetenzen und die konkreten Komplexitätsprojekte von übergeordneter Bedeutung, und stellt dabei die Komplexitäts-Governance schon eine wirkliche Stärke dar?

Schließen möchten wir an dieser Stelle mit einem Ausblick zum Thema Komplexitätsmanagement. Wir formulieren dabei drei Thesen:

1. Die Führungskraft selbst wird beim Komplexitätsmanagement immer mehr in den Vordergrund rücken. Technische Lösungen wie Baukästen, Produktplattformen, organisatorische Lösungen wie Zentralisierung oder Dezentralisierung oder politische Lösungen wie als Ablenkungsmanöver oder Selbstbeschäftigungsmaßnahmen, losgetretene Unternehmenskäufe oder Prestigeprojekte werden nicht ganz verschwinden. Wenn sich Erfolg nicht einstellt, wird man nicht einfach die Währungskrise, den „dummen Kunden", der trotz hoher in die Werbung investierter Summen auch beim Wettbewerber einkauft, oder die Bürokratie als Sündenbock missbrauchen können. Auch wenn Informationen nicht immer vollständig und eindeutig sind, selbst wenn sich die ihnen zugrunde liegenden Aspekte stetig ändern und wir regelmäßig mit massiven Schocks des Systems rechnen müssen, gibt es Helden wie Themistokles, die Lösungen ersinnen, dafür Zustimmung und Begeisterung wecken und die Lösungen gemeinsam umsetzen – zum Wohle der Mitstreiter, nicht primär für sich selbst.

Die Führungskraft selbst wird beim Komplexitätsmanagement immer mehr in den Vordergrund rücken.

2. Wir werden extreme Ausprägungen der dominanten Komplexitätsmanagementansätze sehen. Wir haben in diesem Buch zunächst den CSI-Weg besprochen. Er beruht auf einer soliden Entscheidungsvorbereitung durch verfeinerte Analysemethoden. Diese werden sich immer mehr auf eine entsprechende Software stützen müssen, um die Datenvielfalt und -tiefe handhaben zu können. Diese wird verstärkt durch immer fortschreitende Quantifizierung und somit auch Mathematisierung dieses Ansatzes. Das Thema Big Data wird schon von vielen fälschlicherweise, da zu einseitig, als das nächste Allheilmittel gefeiert. Es wird auf viele noch ein langer, steiniger Weg warten, bis sich Investitionen und ein Engagement hier lohnen. Dazu brauchte es unweigerlich Spezialisten im Team oder im Netzwerk. Ähnlich radikal wird der „staatsmännische Ansatz". Es wird sich eine immer größere Gruppe an Führungskräften bilden, die ihr Heil nicht in einem „Ran-Zoomen", sondern im genauen Gegenteil suchen und finden. Es geht um die alles rettende, aber auch viele Aspekte radikal und rücksichtslos ignorierende Idee.

Es wird sich eine immer größere Gruppe an Führungskräften bilden, die ihr Heil nicht in einem „Ran-Zoomen", sondern im genauen Gegenteil suchen und finden.

So hatte Honda während der Wirtschaftskrise in den USA als einziger Anbieter die Idee und auch den Mut dazu, den Kunden anzubieten: „Hey, bringt doch einfach euer Auto zurück, solltet ihr arbeitslos werden." Die Einfachheit dieser Idee entzieht sich jeder Analysierbarkeit und gängigen Risikoeinschätzung. Man kann natürlich pro forma Szenarien entwickeln, Wahrscheinlichkeiten berechnen und den einen Erwartungswert des Ergebnisses dieser Maßnahme bestimmen. Oder man kann einfach diese Freidenker ans Werk lassen (und separat dazu Puffer und Risikomanagement organisieren). Diese, sich am großen Gesamtbild orientierenden Führungskräfte würde man nie mit Analysen davon überzeugen, dass eine Idee entweder gut oder falsch ist. Ein hinreichend gutes Team, so die Erläuterung, kann alles zum Laufen bringen, auch wenn nicht alle Aspekte auf 700 Folien ausgearbeitet sind. Die wirklich weise und vorausschauende Führungskraft hingegen weiß genau, was den eigenen Stil ausmacht und realistische Erfolgsaussichten betrifft. Dazu gehört auch ein Bemühen und wirkliches Interesse, das Umfeld zu verstehen. Idealerweise vermag es eine Führungskraft, sich über die Zeit die Fähigkeit zur beschriebenen Meta-Detaillierung entweder selbst anzueignen oder die entsprechenden Personen mit passenden, ergänzenden Kompetenzprofilen mit ins Team, in die Firma oder das firmenübergreifende Wertschöpfungsnetzwerk zu holen. Es geht dabei also um das Management von Komplexitätskompetenzen nicht nur bei einem selbst, sondern im erweiterten Umfeld. Der Erfolg einer Führungskraft wird in Zukunft immer mehr an der Genialität festgemacht, mit welcher sie Komplexität begreift und managt. Dabei spielt es weniger eine Rolle, wie, sondern nur dass das Ziel erreicht wird. Es geht also um die Selbsterkenntnis und intelligente Organisation der Kompetenzen, in welcher Form auch immer. Damit einhergehen muss der Auf- und Ausbau der Motivationsfähigkeit. Die in Zukunft besonders erfolgreiche Führungskraft wird Wege finden, die Kompetenzen zu organisieren, damit ihre Mitarbeiter sich mit vollem Einsatz und Schwung zum „Drachen töten" oder „Prinzessinnen erobern" aufmachen.

3. Komplexität muss und wird in Zukunft noch stärker in der Managementausbildung sowie Führungskräfteweiterbildung verankert werden. Wenn wir uns Strategie-, Marketing- oder Organisationskurse anschauen, dann wird schnell klar, dass diese nicht nur sehr siloartig vereinzelte Aufgaben isoliert darstellen. Über diese mangelnde Integration hinausgehend, beschreiben diese Kurse primär nur, was grundsätzlich zu tun ist. Viel wichtiger ist es jedoch zu wissen, was die Komplexitätstreiber sind, die uns dann vom Erfolg abhalten können. Dies wird kaum berücksichtigt. Managementausbildung findet zu sehr in klinischen Verhältnissen statt. Es werden Modelle und Prozesse vorgestellt, die, wenn sie logisch die beste Option darstellen, dann auch so umgesetzt werden sollen. Die Machbarkeit wird kaum angezweifelt, Komplexitätsfähigkeit höchstens in Ansätzen trainiert. Wenden wir uns den Firmen zu. Eine Reihe von Blue-Chip-Firmen und erfolgreichen Mittelständlern organisieren bereits für ihre Führungs-

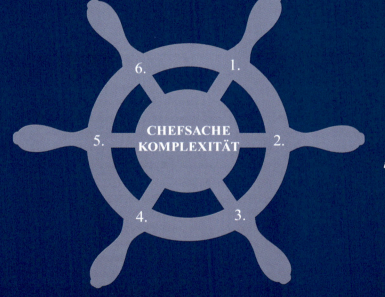

ABBILDUNG 28 | *Reflexionsfragen*

AUSBLICK → 7

und Nachwuchskräfte Weiterbildungsseminare. Dies nicht nur regelmäßig, sondern insbesondere kurz vor oder nach Beförderungen. Da sich jedoch Komplexitätswissen sowie Übungsmöglichkeiten rasch weiterentwickeln, gilt es sicherzustellen, dass Firmen und Führungskräfte mit der letzten „mentalen Softwareversion" arbeiten, nicht mit einer veralteten und weniger leistungsfähigen. Dies erinnert an die oft zitierte Konversation zwischen einem CEO und seinem CFO. Der CFO, natürlich immer etwas vorsichtig, wenn es um den bezüglich des Erfolgs kaum messbaren ROI von Training geht, fragt: „Was passiert und was machen wir, wenn wir unsere Führungskräfte für wirklich teures Geld weiterbilden, und dann verlassen sie uns?" Der CEO antwortet: „Was passiert, wenn wir sie nicht weiterbilden und sie bleiben?"

Mit diesem Ausblick kommen wir zum vorübergehenden Ende unserer gemeinsamen Lernreise zum Thema „Chefsache Komplexität". Die Autoren werden sich auch weiterhin für ein schnelles und fundiertes Vorantreiben des Wissens und der Methoden eines effektiven Komplexitätsmanagements einsetzen. Wir stehen für Rückfragen, Feedback sowie als Diskussionspartner gegebenenfalls zu einem *Komplexitätsmanagement in der Version 4.0* oder *5.0* zur Verfügung.

ÜBER DIE AUTOREN → GÜNTHER SCHUH, STEPHAN KRUMM, WOLFGANG AMANN

Prof. Dr. Günther Schuh studierte Maschinenbau und Betriebswirtschaftslehre an der RWTH Aachen. Er promovierte 1988, war zunächst Habilitand an der Universität St. Gallen (HSG) und dann dort Professor für betriebswirtschaftliches Produktionsmanagement und Mitglied des Direktoriums am Institut für Technologiemanagement. Im September 2002 übernahm er den Lehrstuhl für Produktionssystematik der RWTH Aachen und wurde Mitglied des Direktoriums des Werkzeugmaschinenlabors (WZL) der RWTH Aachen und des Fraunhofer IPT in Aachen. Seit Oktober 2004 ist er ebenfalls Direktor des Forschungsinstituts für Rationalisierung e. V. (FIR) an der RWTH Aachen. Prof. Schuh ist Gründungsgesellschafter der Schuh & Co. Firmengruppe und Mitglied in verschiedenen Aufsichtsräten und Beiräten.

Dr. Stephan Krumm studierte Maschinenbau und Betriebswirtschaftslehre an der RWTH Aachen und promovierte dort 1994. Er ist geschäftsführender Partner der Schuh-Gruppe mit Niederlassungen in Aachen (D), St. Gallen (CH) und Atlanta (USA). Methoden und Tools zum Komplexitätsmanagement zu entwickeln und zu implementieren, ist das zentrale Anliegen des Beratungsunternehmens. Die Schwerpunkte bilden dabei das Variantenmanagement, die Produktstrukturplanung sowie die strategische und operative Unternehmensentwicklung. Dr. Krumm war mittlerweile in weit über 100 Projekten in unterschiedlichen Branchen im In- und Ausland tätig und ist Mitglied in verschiedenen Beiräten.

Dr. Wolfgang Amann studierte Betriebswirtschaftslehre in Nürnberg, Bloomington und Tokyo, bevor er in St. Gallen promovierte. Er lehrte und forschte dann am IMD und fungierte als geschäftsführender Direktor der Executive Education an der Goethe Business School in Frankfurt am Main sowie als Direktor internationaler Programme an der Executive School der Universität St. Gallen. Er war zudem Visiting Fellow und Gastprofessor an verschiedenen Universitäten wie der Hosei Universität in Tokyo, der Tsinghua in Peking, dem Indian Institute of Management in Bangalore, dem ISP St. Petersburg, der Warwick Business School und der Henley Business School in Großbritannien, der Corvenius-Universität in Budapest, der Mzumbe-Universität in Tanzania sowie an der Wharton School in Philadelphia. Er veröffentlichte eine Reihe von Büchern insbesondere zu den Themen Komplexitätsmanagement, Strategie, Führung und Governance, aber auch Führungskräfte- und Managementausbildung generell. Heute leitet er die Complexity Management Academy in Aachen, St. Gallen und Atlanta.

WORTVERZEICHNIS

STICHWORTVERZEICHNIS

ABB	107	Hierarchieeffekt	104	Must-win-Battles	148
Abgelenkte	116	Hinauszögernde	116	Nische	54
Ambiguität	34	In search of excellence	35	Nutzenkurve	130
Apple	45	Innovation, radikale	44	Ockham	55
Ashby	7	Innovationspotenzial	74	Perlenkette	37
Attributionsfehler	105	Interdependenz	34	Pflicht	21
Ausbildungseffekt	104	Jazz-Combo	165	Post hoc ergo propter hoc	105
Ausgekoppelte	115	Kognitive Dissonanz	103	Primäreffekt	103
Bandwaggon-Effekt	106	Komplex	32	Prinzessinnen erobern	130
Barnevik	107	Komplexitätsarchitektur	164	Prisma	48
Beschleunigungsfalle	180	Komplexitätsbedürfnisse	164	Produktvielfalt	138
Built to last	35	Komplexitätsführung	25	Rezenzeffekt	103
China	73	Komplexitätsführungskraft	37	Rolleneffekt	104
Chrysler	151	Komplexitäts-Governance	25	Rosenthal-Effekt	103
CSI-Stil	66	Komplexitätsinfrastruktur	166	Rosenzweig, Phil	203
Cum hoc non est propter hoc	105	Komplexitätskompetenzen	25	Salamis	17
Daimler	40	Komplexitätsmanagementbudgets	166	Schwarzer Schwan	106
DaimlerChrysler	152	Komplexitätsmanager	36	St. Galler Schule	32
Datenkonsistenz	92	Komplexitätsprinzipien	164	Staatsmännischer Stil	66
Vielfalt	6	Komplexitätstreiber	42	Strukturperspektive	58
Drachen töten	128	Kompliziert	32	Themistokles	17
easyJet	44	Kontakteffekt	104	Ulrich, Hans	32
Erfolg	7	Kontrasteffekt	104	Unsicherheit	76
Exoten	62	Kür	64	Unternehmenskultur	37
F&E	76	La parade de Cirque	68	Unternehmenskulturfallen	119
Fluch des Wissens	106	Lean Innovation	76	Vielfalt	7
Führungsperspektive	58	Lebhaftigkeitseffekt	105	Volkswagen	86
Dynamik	32	Leitidee	17	Wal-Mart	42
Geisteshaltung	34	Liquidität	75	Walt Disney	42
Good to great	35	Lösungsraum	52	Xerxes	16
Grenzkosten	131	Luhmann	55	Zielgerichtete	116
Grenznutzen	130	Meta-Detaillierung	21	Zuhörereffekt	105
Halo-Effekt	103	McKinsey	201	Zukunftspotenzial	9
Hawthorne-Effekt	103	Moral	18		

LITERATUR

LITERATUR

Adler, G. und W. Amann (2011) // Case writing for executive education. IAP.

Amann, W. and A. Stachowicz (Eds.) (2013) // Integrity in organizations – Building the foundations for humanistic management. Palgrave.

Amann, W., Kerrets-Makau, M., Fenton, P., Zackariasson, P. und S. Tripati (2012) // New perspectives on management education. Excel.

Amann, W., Nedopil, Chr. und U. Steger (2012) // Understanding and managing complexity. European Business Review, März/April, S. 52 – 57.

Amann, W., Pirson, M., Dierksmeier, C., Von Kimakowitz, E. und H. Spitzeck, (2011) // Business schools under fire. Palgrave.

Amann, W. (2007) // Managing complexity in global firms starts by understanding global business environments. In: Henley Manager, Sommer 2007, S. 14.

An. (2011) // Resiliente Organisationen. In: Trend-Update, August, S. 10 – 13.

Arnoscht, J. (2011) // Beherrschung von Komplexität bei der Gestaltung von Baukastensystemen. Apprimus.

Ashby, W. (1956). An introduction to Cybernetics. Wiley.

Beamish, P. (2006) // The high cost of cheap Chinese labor. In: HBR, Juni, S. 23 – 24.

Berne, E. (2002) // Spiele der Erwachsenen: Psychologie der menschlichen Beziehungen. rororo.

Bleicher, K. (2011) // Das Konzept integriertes Management. 8. Auflage. Campus.

Birchall, D. and G. Torstiga, G. (2005) // Capabilities for strategic advantage: Leading through technological innovation. Palgrave.

Bruch, H. und J. Menges (2010) // The acceleration trap. In: HBR, Januar, S. 80 – 88.

Bruch, H. und B. Vogel (2009) // Organisationale Energie – Wie Sie das Potenzial Ihres Unternehmens ausschöpfen. Gabler.

Bruch, H. und S. Goshal (2002) // Beware the business manager. In: HBR, Februar, S. 62 – 69.

Bullinger, H.-J. (2006) // Fokus Innovation. Kräfte bündeln – Prozesse beschleunigen. Carl Hanser.

Charan, R., Drotter, S. and J. Noel (2000) // The leadership pipeline – how to build the leadership-powered company. Jossey-Bass.

Collins, J. (2001) // Good to Great: Why some companies make the leap … and others don't. Harper Business.

Collins, J. und J. Porras (1997) // Built to last: successful habits of visionary companies. Harper Business Essentials.

Collis, D. und M. Rukstad (2008). Can you say what your strategy is? In: HBR, April, S. 82 – 90.

Courtney, H., Kirkland, J. and P. Viguerie (2000) // Strategy under uncertainty. In: McKinsey Quarterly online, http://www.mckinseyquarterly.com/ Strategy_under_uncertainty_1064

Ghemawat, P. (2011) // World 3.0: Global prosperity and how to achieve it. In: HBR Press.

Hofstede, G., Hofstede, G. und M. Minkov (1996) // Cultures and organizations, software of the mind: Intercultural cooperation and its importance for survival. McGraw-Hill.

Hutcheson, J. (2007) // The End of a 1,400-Year-Old Business. From: http://www.businessweek.com/smallbiz/content/apr2007/sb20070416_589621.htm

Kegan, R. und L. Lahey (2009) // Immunity to change. Harvard Business Press.

Killing, P., Malnight, T. and T. Keys (2006) // Must-win battles: How to win them, again and again. Pearson Prentice Hall.

Klesse, H.-J. (2012) // Neues Produktionssystem – VW spart 1500 Euro pro Auto. Wirtschaftswoche, Nr. 3 vom 16.1.12., S. 72 – 75.

LITERATUR

Krueckeberg, K., Amann, W. und M. Green (2011) // Leadership and personal development. IAP.

Lo, A. (2010) // Why economists hate physicists. http://www.fool.co.uk/news/investing/ 2010/02/08/why-economists-hate-physicists.aspx.

Malik, F. (2002) // Strategie des Managements komplexer Systeme – Ein Beitrag zur Management-Kybernetik evolutionärer Systeme. Haupt.

Miller, W. und L. Morris (1999) // Fourth generation R&D. Managing knowledge, technology, and innovation. Wiley.

Mintzberg, H. (2004) // Managers not MBAs: A hard look at the soft practice of managing and management development. Berrett-Koehler.

Nedopil, Chr., Steger, U. und W. Amann (2011) // Managing Complexity in Organizations: Text and Cases. Palgrave Macmillan.

Norton, D. und R. Kaplan (2005) // Creating the office of strategy management. Working paper.

Nußbaum, C. (2011) // Modell zur Bewertung des Wirkungsgrades von Produktkomplexität. Apprimus.

Peters, R. (2001) // Tom Peters's true confessions. Fast company, November 30, 2001: http://www.fastcompany.com/magazine/53/peters.html?page=0%2C2.

Peters, T. (1987) // Thriving on Chaos. Alfred A. Knopf.

Peters, T. und R. Waterman (1982) // In search of excellence. Harper & Row.

Pümpin, C. und M. Pedergnana (2007) // Strategisches Investment Management. Haupt.

Rathnow, P. (1993) // Integriertes Variantenmanagement: Bestimmung, Realisierung, und Sicherung der optimalen Produktvielfalt. Vandenhoeck & Ruprecht, S. 167.

Rosenzweig, Ph. (2007) // The halo effect … and eight other business delusions that deceive managers. Simon & Schuster.

Rosenzweig, Ph. (2004) // What do we think happened at ABB?: pitfalls in research about firm performance. In: Journal of Management and Decision Making, Vol. 5/4, S. 267 – 281.

Rovit, S., Harding, D. und C. Lemire (2004) // A simple M&A model for all seasons. In: Strategy & Leadership, Vol. 32/5, S. 18 – 24.

Ruigrok, W., Amann, W. und H. Wagner (2007) // The internationalization-performance relationship at Swiss firms: A test of the S-shape and extreme degrees of internationalization? In: Management International Review, Vol. 47/3, S. 22 – 34.

Schmidt, T. (1990) // Die Bestimmung der optimalen Sortimentstiefe für einen Konsumgüterhersteller. Dissertation. Universität Köln.

Schueffel, P., Amann, W. und E. Herbolzheimer (2011) // Internationalization of new ventures: tests of growth and survival. In: Multinational Business Review, Vol. 19/4, S. 376 – 403.

Schuh, G., Lenders, M. und C. Nußbaum (2010) // Maximaler Wirkungsgrad von Produktkomplexität – Kosten und Nutzen integriert bewerten. In: ZWF Zeitschrift für wirtschaftlichen Fabrikbetrieb, Vol. 5, S. 473 – 477.

Schuh, G., Lenders, M. und D. Bender (2009) // Szenariorobuste Produktarchitekturen. In: Gausemeier, J. (Hrsg.), Vorausschau und Technologieplanung, 5. Symposium für Vorausschau und Technologieplanung, Paderborn. Heinz Nixdorf Institut, 2009, S. 99 – 119.

Schuh, G. (2005) // Produktkomplexität managen: Strategien – Methoden – Tools. Hanser.

Schuh, G. (1988) // Gestaltung und Bewertung von Produktvarianten – Ein Beitrag zur systematischen Panung von Serienprodukten. Dissertation RWTH Aachen.

Steger, U. und W. Amann (2008) // Corporate governance. Wiley.

Strebel, P. (2003) // Trajectory management: Leading a business over time. Wiley.

Taleb, N. (2010) // The Black Swan. Penguin.

Thompson, J. und F. Martin (2005) // Strategic management: awareness and change. Thomson.

Ulrich, H. und G. Probst (1995) // Anleitung zum ganzheitlichen Denken und Handeln. Haupt.

Weill, P. und J. Ross (2004) // IT governance: how top performers manage IT decision rights for superior results. Harvard Business School Press.

QUELLENANGABEN / ERLÄUTERUNGEN / BILDNACHWEISE

QUELLENANGABEN / ERLÄUTERUNGEN

1 / Siehe dazu ausführlicher z. B. http://en.wikipedia.org/wiki/Battle_of_Salamis, auch als ursprüngliche Quelle der folgenden, angepassten Grafik.

2 / Basierend auf einer Vorlage des Department of History der US Military Academy.

3 / Es gibt mehrere Versuche, die Einsichten aus dem Militär und von großen Schlachten auf die Wirtschaftswelt zu übertragen. Berühmt geworden sind insbesondere die Modelle von Igor Ansoff, einem russischen Militärberater der amerikanischen Streitkräfte im 2. Weltkrieg. Er entdeckte US-Konzerne für sich und sein Gedankengut, nachdem nach Kriegsende die Nachfrage seitens des Militärs schwand. Die hier aufgeführten Analysen haben ihren Ursprung in gemeinsamen Lehr-, Beratungs-, Forschungs- und Buchveröffentlichungsprojekten mit HSG Prof. em. Cuno Pümpin, dem wohl bis dato führenden Strategieexperten in Europa. Die Schlacht von Salamis kann dabei ganzheitliches strategisches Denken und Führungsverhalten verbildlichen – dies auch in einer fast schon hoffnungslosen, komplexen Situation. Prof. Pümpin ist es dabei hauptsächlich zu verdanken, dass dieses wirklich strategische Denken Eingang in strategisches Asset Management und Investitionsdenken fand. Siehe dazu auch Pümpin, C. und M. Pedergnana (2007). Strategisches Investment Management. Haupt.

4 / *Vgl. An. (2011) //* Resiliente Organisationen. In: Trend-Update, August, S. 10-13.

5 / *Amann, W., Nedopil, Chr. und U. Steger (2012b) //* Understanding and managing complexity. European Business Review, März/April, S. 52 – 57.

6 / Vgl. *Norton, D. und R. Kaplan (2005) //* Creating the office of strategy management. Working paper.

7 / Vgl. *Bruch und Ghoshal (2002)*.

8 / Vgl. *Norton, D. und R. Kaplan (2005) //* Creating the office of strategy management. Working paper.

9 / Vgl. Norton, D. und R. Kaplan (2005) // Creating the office of strategy management. Working paper.

10 / Vgl. *Norton, D. und R. Kaplan (2005) //* Creating the office of strategy management. Working paper.

11 / Vgl. *Norton, D. und R. Kaplan (2005) //* Creating the office of strategy management. Working paper.

12 / *Hutcheson, J. (2007) //* The End of a 1.400-Year-Old Business. From: http://www.businessweek.com/smallbiz/content/apr2007/sb20070416_589621.htm

13 / Vgl. hierzu *Nedopil, Chr., Steger, U. und W. Amann (2011) //* Managing Complexity in Organizations: Text and Cases. Palgrave Macmillan.

14 / *Ulrich, H. und G. Probst (1995) //* Anleitung zum ganzheitlichen Denken und Handeln. Haupt.

15 / *Siehe Malik, F. (2002) //* Strategie des Managements komplexer Systeme – Ein Beitrag zur Management-Kybernetik evolutionärer Systeme. Haupt.

16 / Siehe dazu *Peters, T. und R. Waterman (1982) //* In search of excellence. Harper & Row.

17 / Siehe *Rosenzweig, Ph. (2007) //* The halo effect ... and eight other business delusions that deceive managers. Simon & Schuster.

18 / *Malik, F. (2002) //* Strategie des Managements komplexer Systeme – Ein Beitrag zur Management-Kybernetik evolutionärer Systeme. Haupt.

19 / Siehe *Nedopil, Chr., Steger, U. und W. Amann (2011) //* Managing Complexity in Organizations: Text and Cases. Palgrave Macmillan. S. 9.

20 / Siehe *Ruigrok, W., Amann, W. und H. Wagner (2007) //* The internationalization-performance relationship at Swiss firms: A test of the S-shape and extreme degrees of internationalization? In: Management International Review, Vol. 47/3, S. 22 – 34; sowie *Schueffel, P., Amann, W. und E. Herbolzheimer (2011) //* Internationalization of new ventures: tests of growth and survival. In: Multinational Business Review, Vol. 19/4, S. 376 – 403.

21 / Vgl. *Strebel, P. (2003) //* Trajectory management: Leading a business over time. Wiley.

QUELLENANGABEN / ERLÄUTERUNGEN / BILDNACHWEISE

22 / *Ghemawat, P. (2011)* // World 3.0: Global prosperity and how to achieve it. In: HBR Press.

23 / Siehe http://www-static.shell.com/static/aboutshell/downloads/our_strategy/shell_global_scenarios/exsum_23052005.pdf

24 / Vgl. dazu auch *Amann und Stachowicz-Stanusch (2013)* // Integrity in organizations. Palgrave.

25 / Die folgende Übersicht ist eine Erweiterung, weiterführende Interpretation und Anwendung des Konzeptes der Plateaus komplexer Erwachsenengehirne des Harvard-Professors Robert Kegan, mit welchem die Feinheiten der Gehirnentwicklungen diskutiert wurden. Siehe dazu auch Kegan und Lahey (2009).

26 / Siehe *Mintzberg, H. (2004)* // Managers not MBAs: A hard look at the soft practice of managing and management development. Berrett-Koehler.

27 / *Lo, A. (2010)* // Why economists hate physicists. http://www.fool.co.uk/news/investing/2010/02/08/why-economists-hate-physicists.aspx.

28 / *Ashby, W. (1956)* // An introduction to Cybernetics. Wiley.

29 / *Nedopil, Chr., Steger, U. und W. Amann (2011)* // Managing Complexity in Organizations: Text and Cases. Palgrave Macmillan.

30 / In Anlehnung an *Schwandt, A. (2009)* // Measuring and managing organizational complexity: An empirical study about the impact of organizational complexity on organizational performance. SVH, S. 274.

31 / Siehe *Schwandt, A. (2009)* // Measuring and managing organizational complexity: An empirical study about the impact of organizational complexity on organizational performance. SVH.

32 / Siehe http://thebreakthrough.org/blog/2011/02/china_rd_investment_to_grow_fa.shtml

33 / Siehe *Nedopil, Chr., Steger, U. und W. Amann (2011)* // Managing Complexity in Organizations: Text and Cases. Palgrave Macmillan.

34 / *Collis, D. und M. Rukstad (2008)* // Can you say what your strategy is? In: HBR, April, S. 82 – 90.

35 / Siehe *Adler, G. und W. Amann (2011)* // Case writing for executive education. IAP.

36 / Siehe *Taleb, N. (2010)* // The Black Swan. Penguin.

37 / *Rosenzweig, Ph. (2004)* // What do we think happened at ABB?: pitfalls in research about firm performance. In: Journal of Management and Decision Making, Vol. 5(4), S. 267 – 281.

38 / Siehe *Rosenzweig, Ph. (2004)* // What do we think happened at ABB?: pitfalls in research about firm performance. In: Journal of Management and Decision Making, Vol. 5(4), S. 267 – 281.

39 / *Bruch, H. und J. Menges (2010)* // The acceleration trap. In: HBR, Januar, S. 80 – 88.

40 / *Bruch, H. und J. Menges (2010)* // The acceleration trap. In: HBR, Januar, S. 80 – 88.

41 / http://www.fakd.org/files/symposium_bruch.pdf

42 / *Bruch, H. und S. Goshal (2002)* // Beware the business manager. In: HBR, Vol. 80 (2), S. 62 – 69.

43 / Siehe http://www.imn.htwk-leipzig.de/~bunk/books/alice.htm

44 / Siehe dazu *Bruch, H. und B. Vogel (2009)* // Organisationale Energie – Wie Sie das Potenzial Ihres Unternehmens ausschöpfen. Gabler.

45 / Zur Bestimmung des Nutzens von Produkten siehe *Schuh, G., Lenders, M. und C. Nußbaum (2010)* // Maximaler Wirkungsgrad von Produktkomplexität – Kosten und Nutzen integriert bewerten. In: ZWF Zeitschrift für wirtschaftlichen Fabrikbetrieb, Vol. 5, S. 473 – 477.

46 / Für eine detaillierte Analyse zum Management von Komplexität in Baukastensystemen siehe *Arnoscht, J. (2011)* // Beherrschung von Komplexität bei der Gestaltung von Baukastensystemen. Apprimus.

47 / Siehe dazu *Klesse, H.-J. (2012)* // In: Wirtschaftswoche, Nr. 3 vom 16.1.12, S. 72 – 75.

48 / http://www.handelsblatt.com/auto/nachrichten/suv-boom-vw-plant-kompaktes-gelaendemodell-auf-up-basis/6597010.html

49 / Vereinfachte Darstellung in Anlehnung an *Schmidt, T. (1990)* // Die Bestimmung der optimalen Sortimentstiefe für einen Konsumgüterhersteller. Dissertation. Universität Köln, S. 327; und *Rathnow, P. (1993)* // Integriertes Variantenmanagement: Bestimmung Realisierung, und Sicherung der optimalen Produktvielfalt. Vandenhoeck & Ruprecht, S. 167

50 / Siehe dazu ausführlich ibm.com/ceostudie/de

51 / Siehe Auszüge von http://natune.net/sternzeichen/forum-archiv/falsche-prognosen-t318.html

52 / Siehe http://www.handelsblatt.com/unternehmen/banken/deutsche-bank-das-chef-duo-ist-nicht-ackermanns-traumkonstellation/6586560-3.html

53 / Siehe http://www.cnet.com/8705-4_1-0.html?username=Steve%20Tsuida.

54 / Siehe http://gizmodo.com/5878957/apple-sells-37-million-iphones-15-million-ipads-in-huge-money+grabbing-quarter

55 / Basierend auf einer Vorlage von *N. Tworky.*

56 / Siehe http://hossgifford.com/harley-davidson-ux/

57 / Diese Sichtweise beruht im Wesentlichen auf einer Anpassung von *Charan, R., Drotter, S. and J. Noel (2000)* // The leadership pipeline – how to build the leadership-powered company. Jossey-Bass, sowie von Krueckeberg, K., Amann, W. und M. Green (2011). Leadership and personal development. IAP.

58 / Siehe *Krueckeberg, K., Amann, W. und M. Green (2011)* // Leadership and personal development. IAP.

59 / Diese Typologisierung ist eine Anpassung von *Strebel, P. (2003)* // Trajectory management: Leading a business over time. Wiley, wobei Strebel noch nicht auf Komplexitätsmanagement eingeht.

60 / Siehe *Nedophil et al. (2011)* mit zahlreichen Beschreibungstexten und Fallstudien dazu.

61 / Siehe *Berne, E. (2002)* // Spiele der Erwachsenen: Psychologie der menschlichen Beziehungen. rororo.

62 / Siehe dazu *Steger, U. und W. Amann (2008)* // Corporate governance. Wiley.

63 / Siehe dazu *Steger, U. und W. Amann (2008)* // Corporate governance. Wiley. Die Autoren diskutieren darin ihre Value School of Governance, die am IMD entwickelt wurde und die Arbeiten zu dominanten Rollen von Paul Strebel umfasst.

64 / In der IMD Global Governance Research Initiative gemeinsam mit Prof. Ulrich Steger.

65 / In Anlehnung an Governance-Problematiken in anderen Bereichen wie z. B. *Weill, P. und J. Ross (2004)* // IT governance: how top performers manage IT decision rights for superior results. Harvard Business School Press.

66 / Siehe dazu auch die konzeptionellen Ausführungen in *Schuh, G., Lenders, M. und D. Bender (2009)* // Szenariorobuste Produktarchitekturen. In: *Gausemeier, J. (Hrsg.)*. Vorausschau und Technologieplanung, 5. Symposium für Vorausschau und Technologieplanung. Paderborn. Heinz Nixdorf Institut, 2009, S. 99 – 119.

67 / Diese Einsicht ist Teil der fünf Axiome der Kommunikation nach Watzlavik. Siehe dazu detailliert http://www.paulwatzlawick.de/axiome.html

BILDNACHWEISE

S. 69 / http://en.wikipedia.org / alle Bilder
S. 15 / DT10 © shutterstock.com
S. 29 / Andrew Buckin © shutterstock.com
S. 30 / Kathy Konkle © istockphoto.com
S. 41 / akindo © istockphoto.com
S. 54 / Rich Carey © shutterstock.com
S. 73 / tele 52 © shutterstock.com
S. 101 / Zoran Kolundzija © istockphoto.com
S. 102 / SkillUp © shutterstock.com
S. 110 / Dmitrijs Bindemanis © shutterstock.com
S. 118 / Sergey Nivens © shutterstock.com
S. 126 / Creativeye99 © istockphoto.com
S. 129 / akindo © istockphoto.com / alle Bilder
S. 169 / Jütlloac © shutterstock.com
S. 187 / Ben Hung © istockphoto.com
S. 188 / njaj © shutterstock.com
S. 194 / rudall30 © shutterstock.com